Universitätsjubiläum und Erneuerungsprozeß

Universitätsjubiläum und Erneuerungsprozeß

Die Martin-Luther-Universität
Halle-Wittenberg im dreihundertsten
Jahr ihres Bestehens 1994

Mit Beiträgen von Walter Rüegg, Alfred Grosser,
Hans Maier, Manfred Riedel,
Wolfgang Schluchter, Hans-Hermann Hartwich,
Hans Mohr, Gunnar Berg

Herausgegeben von Hans-Hermann Hartwich

Leske + Budrich, Opladen 1995

ISBN 978-3-322-95770-2   ISBN 978-3-322-95769-6 (eBook)
DOI 10.1007/978-3-322-95769-6

© 1995 by Leske + Budrich, Opladen

Softcover reprint of the hardcover 1st edition 1995

Inhalt

Vorwort

Die Gründung der Universität Halle vor dreihundert Jahren am 12. Juli 1694 durch Kurfürst Friedrich III. von Brandenburg, dem späteren König Friedrich I. von Preußen, war Anlaß, die Martin-Luther-Universität mit ihren vielen Facetten der Öffentlichkeit vorzustellen. Dazu gehört es selbstverständlich auch, neben der Historie den Stand der Universitätserneuerung nach zwei Diktaturen sowie die Aufgaben für die Zukunft darzustellen.

Der vorliegende Band ist ein Resümee des Jubiläumsjahres 1994. Als 1991/92 unter dem Rektorat von Prof. Dr. Günter Schilling die ersten Überlegungen angestellt wurden, wie das Jubiläum zu begehen sei, befand sich nach den ersten freien Wahlen der Universitätsgremien im Frühjahr 1990 der Neuaufbau mit allen seinen Schwierigkeiten gerade in seiner ersten Phase. Naturgemäß gab es Diskussionen darüber, ob es überhaupt angebracht sei, in solch einer Situation ein Jubiläum „in großem Stile" zu begehen. Sehr schnell setzte sich jedoch die Meinung durch, daß das Jubiläum auch eine Chance bietet, die Gelegenheit nämlich, die Universität und ihren Erneuerungswillen öffentlich zu präsentieren. In einem Kuratorium aus Vertretern der Universität, der Stadt sowie des Landes wurden erste Vorschläge gesammelt, aber auch bereits die Finanzierungsmöglichkeiten erwogen. Nach den Universitätswahlen im Herbst/Winter 1992 übernahm Prorektor Prof. Dr. Hans-Hermann Hartwich die Leitung der Vorbereitungen. Die Landesregierung Sachsen-Anhalts stellte für das Haushaltsjahr 1994 zusätzliche Mittel bereit, die nochmals in etwa der gleichen Höhe von der „Vereinigung der Freunde der Martin-Luther-Universität" unter ihren Präsidenten Dr. Gerhard Holland und Dr. Wolfgang Röller aufgebracht wurden. Allen Verantwortlichen und Spendern sei herzlich gedankt!

Die eigentliche Organisation konzentrierte sich auf das Jahr 1993. Prorektor Hartwich stand das eigens eingerichtete „Büro 300" unter der Leitung von Frau Dr. Margarete Wein mit den Mitarbeiterinnen Frau Dr. Monika Lindner, Frau Sigrun Giest und Frau Karin Schubert zur Verfügung, in dem alle Fäden zusammenliefen. Besonders engagiert in Vorbereitung und Durchführung der Jubiläumsveranstaltungen waren darüber hinaus die Mitarbeiterinnen und Mitarbeiter der Zentralen Kustodie der Universität unter ihrem Leiter, Herrn Dr. Ralf-Torsten Speler, das Medienzentrum der Universität unter ihrem Leiter, Herrn Dr. Claus-Dieter Edlich, sowie der Kanzler der Universität. Herr Wolfgang Matschke, der immer wieder die Ressourcen der Zentralen Universitätsverwaltung zur Verfügung stellte, der aber insbesondere persönlich die Vorbereitung des Universitätsstadtfestes in die Hand genommen und viele notwendige Absprachen mit Einrichtungen außerhalb der Universität getroffen hatte. Nicht unerwähnt bleiben darf der weit über das übliche Maß hinausgehende Einsatz der Mitarbeiterinnen des Rektorates, Frau Katrin Rehschuh, Frau Ellinor Heller, Frau Ingrid Jacobshagen und Frau Juliane Eisenkrämer, besonders auch während des Jubiläumsjahres 1994. Allen sei herzlich gedankt!

Ein Jubiläum dieser Art lebt aber besonders auch von der Unterstützung durch auswärtige Gäste, durch die zahlreichen Referenten, die mit ihren Vorträgen zum Gelingen beitrugen (im 2. Teil dieses Bandes sind einige der Referate der zentralen Veranstaltungen abgedruckt). Alle waren sofort spontan und uneigennützig zur Mitwirkung bereit, was wesentlich zum wissenschaftlichen Gewicht des Jubiläums beitrug. Darüber hinaus erfreute sich die Universität der engagierten Unterstützung durch die Stadt, besonders ihres Oberbürgermeisters Dr. Klaus Rauen, sowie des Landes Sachsen-Anhalt, dessen Ministerpräsidenten Dr. Christoph Bergner und dessen Ministers für Wissenschaft und Forschung Prof. Dr. Rolf Frick. Ihre Beteiligung verlieh dem Festakt im April 1994 besonderen Glanz. Gedankt sei aber auch der Stadt Karlsruhe, die durch großzügige finanzielle und organisatorische Unterstützung die Ausstellung „Schätze aus den Sammlungen und Kabinetten der Universität" und die Herstellung des dazugehörigen prachtvollen Kataloges ermöglichte, genannt sei besonders die Mitwirkung von Kulturdezernent Dr. Michael Heck.

Große deutsche Wissenschaftsorganisationen wie Hochschulrektorenkonferenz und Deutsche Forschungsgemeinschaft, aber auch mehrere Fakultätentage sorgten mit ihren Jahresversammlungen dafür, daß der Universitätsstandort Halle weithin bekannt wurde.

Es ist nicht möglich, allen den zahlreichen Helfern namentlich zu danken, die die vielen im 3. Teil dokumentierten. Einzelveranstaltungen konzipierten, organisierten und durchführten. Jeder und jede einzelne war bemüht, Teilnehmern und Gästen den Aufenthalt so angenehm und interessant wie möglich zu machen. So ist es vielen kleinen Beiträgen und Aufmerksamkeiten zu verdanken, daß sich die Martin-Luther-Universität würdig der Öffentlichkeit präsentieren konnte. Viele Reaktionen zeugen vom Erfolg dieser Bemühungen. In diesem Sinn und als Dank sei der vorliegende Band allen am Universitätsjubiläum beteiligten Mitgliedern und Angehörigen der Universität gewidmet.

Prof. Dr. Dr. Gunnar Berg
Rektor der Martin-Luther-Universität Halle-Wittenberg

1. Teil:

Die Martin-Luther-Universität im Jahre 1994

Hans-Hermann Hartwich

Lorbeeren der Zukunft?
Zum Zusammenhang von Universitätsjubiläum und Universitätserneuerung

1. Das 300jährige Universitätsjubiläum im historischen Kontext

1.1. Die Universität zu Halle und ihre Jubiläen

Die heutige Martin-Luther-Universität Halle-Wittenberg wurde im Jahre 1694 vom preußischen Kurfürsten Friedrich III, später König Friedrich I., gegründet. Sie erhielt den Namen „Friedrichs-Universität". 1817 wurde sie mit der an Preußen gefallenen ehemals sächsischen „Friedrichs-Universität" zu Wittenberg, 1502 von Kurfürst Friedrich dem Weisen gegründet, vereinigt. Die „Vereinigte Friedrichs-Universität" erhielt im November 1933 den Namen „Martin-Luther-Universität".

Die Geschichte der Universität ist ebenso wechselvoll wie die seiner Hundertjahr-Feiern. Schon bald nach ihrer Gründung wurde die Universität in Halle unter dem Einfluß von Thomasius und Christian Wolff, den Philosophen der deutschen Frühaufklärung, sowie August Hermann Francke, dem Pietisten und Begründer der berühmten Erziehungsanstalten (heute „Franckesche Stiftungen"), zur weithin bekannten preußischen Reformuniversität. Diesen Ruf konnte sie nicht über 100 Jahre konservieren. Im 19.Jahrhundert war sie „eine mittlere Universität in der Provinz". Im 20.Jahrhundert hinterließen die Wechsel der politischen Systeme, insonderheit die zwei Diktaturen von 1933 bis 1990 (s.hierzu: Martin-Luther-Institut. Von der Gründung bis zur Neugestaltung nach zwei Diktaturen,hrsg.v.G.Berg und H.H. Hartwich, 1994), tiefe Spuren in Wissenschaftsverständnis, akademischer Kultur, Forschung und Lehre.

Die erste Hundertjahr-Feier 1794 stand – vor dem Hintergrund der fernen Französichen Revolution – im Zeichen von Eingriffen des Staates in die Lehrfreiheit, deren sich die theologische Fakultät nach dem preußischen Religionsedikt von 1788 zu erwehren hatte. Der Widerstand war erfolgreich, führte aber zum Verbot der offiziellen Gedenkfeier zur Gründung der Universität durch die Regierung.

Ganz anders verhielt es sich mit der Zweihundertjahrfeier im Jahre 1894. Sie war geprägt durch den Stil des selbstgewissen wilhelminischen Deutschen Reiches. Zum Festakt in der Aula des heutigen „Löwen-Gebäudes" waren Repräsentanten zahlreicher Universitäten aus Europa und Übersee gekommen. Gefeiert wurde im Freien mit Bootskorso und Feuerwerk, einem Festumzug der Universitätsangehörigen und Gäste durch die Stadt sowie Ehrenpromotionen durch die vier Fakultäten. Den Abschluß bildete ein Besuch in der Lutherstadt Wittenberg.

Das 300.Jubiläum der Martin-Luther-Universität im Jahre 1994 bedeutete für die Universität, daß sie inmitten eines tiefgreifenden Prozesses der inneren Umwälzungen und personellen Erneuerungen vor die Frage gestellt wurde, wie sie „mit dem Zufall" des Universitätsjubiläums umzugehen gedachte. Es waren noch keine vier Jahre seit der (Wieder-)Vereinigung Deutschlands am 3.Oktober 1990 verstrichen. Einer friedlichen „Wende" von 1889 waren tiefe Eingriffe in das jahrzehntelang gewachsene „sozialistische" System der DDR-Universitäten gefolgt, die das Wissenschaftsverständnis und die Regeln akademischer Selbstverwaltung, Lehre und Forschung ebenso radikal veränderten wie die Personalstruktur. Der Prozeß der „Transformation" in das westliche System der Freiheit von Forschung und Lehre sowie der Universitätsautonomie und gruppenorientierter akademischer Selbstverwaltung war noch nicht abgeschlossen. Der „Prozeß" verursachte manigfache Verletzungen persönlicher und fachlicher Art (Vgl.dazu: Aufbruch und Reform von oben. Ostdeutsche Universitäten im Transformationsprozeß,hrsg.v.R.Mayntz, 1994)

Bestand unter diesen Bedingungen ein Grund zum „Feiern"? Waren nicht alle finanziellen Ressourcen auf die Wiederherstellung der Voraussetzungen von Lehre und Forschung, auf notwendige bauliche Maßnahmen, auf die Sicherheitstechnik in den naturwissenschaftlichen Labors zu lenken? Konnte man Hilfe vom Landtag oder gar von privaten Spendern erwarten ? Und: Was konnten die „Lorbeeren der Vergangenheit" noch in der gegebenen Situation bedeuten. Lorbeeren verwelken. Gibt es die „Lorbeeren der Zukunft", wie die ZEIT einen Essay über die Universität zu Halle überschrieb?(4. Teil).

Die Universität hat ihre Antwort gegeben: Sie hat das Jubiläum vier Jahre nach der deutschen Vereinigung als eine Chance begriffen, mit aller Kraft und viel Phantasie die erneuerte Universität lokal, regional, national und international bekannt zu machen. Der folgende Bericht sucht die Überlegungen und Ziele zu verdeutlichen, die mit dem „Zufall" des Universitätsjubiläums verbunden wurden. Er äußert sich zu den Schwierigkeiten, Erfolgen und Defiziten.

1.2.   Die Universität im Erneuerungsprozeß 1990 bis 1994

Nach der Maueröffnung im November 1989 wurde im Frühjahr 1990 eine neue Universitätsleitung gewählt. Ende 1990 begann die „Abwicklung" der rechts- und der wirtschaftswissenschaftlichen Fakultäten sowie weiterer Universitätssektionen marxistisch-leninistischer Provenienz. Das Jahr 1991 war desweiteren von politisch bedingten Personaländerungen bestimmt; so mußten die zwei neu gewählten Prorektoren sowie rund die Hälfte der gerade gewählten Senatsmitglieder aus ihren Positionen ausscheiden. Im Frühjahr 1992 wurden die Personalevaluationen durchgeführt. Bis zum Herbst folgten für ein Viertel der Professorenstellen der Universität Neuberufungen. Die in diesem Verfahren zu Professoren neuen Rechts berufenen Hallenser sowie die neuberufenen, vorwiegend aus den Alt-Bundesländern kommenden, Professoren, wählten im November 1992 ein neues Rektorat und einen neuen Akademischen Senat. Zum 1.4.1993 wurden die Pädagogische Hochschule Halle/Köthen und die naturwissenschaftlichen sowie zwei technische Fachbereiche der aufgelösten Technischen Hochschule Merseburg in die Universität Halle integriert.

1.3.   Erste Vorbereitungsphase (1990 bis 1992)

Das Jubiläumsjahr 1994 hatte schon 1989/90, d.h. in der DDR-Zeit, auf der Tagesordnung der Universitätsleitung gestanden. Es war vor allem der Romanist Prof.Dr.Ricken, der im Zusammenhang mit der von westdeutscher Seite finanziell geförderten Aufklärungsforschung und der Restaurierung der Franckeschen Stiftungen mit der Realisierung einer umfassend angelegten Festschrift mit Beiträgen der derzeitigen Wissenschaftler begann. Er schloß darüber für die Universität einen Vertrag mit dem Akademie-Verlag in Berlin. Prof.Ricken wurde 1992 pensioniert. Das Schicksal des Projekts blieb offen.

Der im Frühjahr 1990 neu gewählte Rektor Prof.Dr.Schilling lud 1991 und 1992 mehrfach einen größeren Kreis kulturell interessierter Wissenschaftler und weiterer Personen von außerhalb der Universität zur Erarbeitung von Vorschlägen für die Durchführung des Jubiläumsjahres ein.

Daneben wurde ein „Kuratorium" mit landesweiter Besetzung gegründet, das der Koordinierung diente und vor allem die Finanzierungsfragen klären sollte. Diese Tätigkeit war von Erfolg gekrönt; in den Landeshaushalt wurden für die Haushaltsjahre 1993 und 1994 Mittel für das Jubiläumsjahr eingestellt, die sich letztlich auf rd. 1 Million DM beliefen.

1.4.   Endgültige Vorbereitungsphase(Dezember 1992 bis Dezember 1993)

Die Neuwahl des Rektorats und des Akademischen Senats im Dezember 1992 bedeuteten, daß die konkrete Ausgestaltung des Jubiläumsjahres in neue Hände überging. Angesichts des verbliebenen kurzen Vorbereitungszeitraums von einem Jahr übertrug das Rektorat die Leitung der Vorbereitungen an Prorektor Prof.Dr.Hans-Hermann Hartwich und Kanzler Wolfgang Matschke. Außerdem richtete das Rektorat ein besonderes „Büro 300 Jahre Universität in Halle" („Büro 300") ein, das aus einer Leiterin (Frau Dr.Wein) und drei weiteren Mitarbeiterinnen für verschiedene Sachgebiete (Frau Dr. Lindner, Frau Schubert und Frau Giest)bestand. Dem Kuratorium wurde in unregelmäßigen Abständen berichtet. Mit den Präsidenten der Vereinigung der Freunde der Martin-Luther-Univesität kam ein enger Kontakt, vor allem wegen des privaten Sponsoring des Jubliäumsjahres, zustande.

Die Universitätsleitung entschied sich außerdem nach reiflicher Überlegung dafür, den Ministerpräsidenten des Landes Sachsen-Anhalt und keine Persönlichkeit außerhalb des Landes um die Übernahme der Schirmherrschaft zu bitten. Dies erleichterte die Abstimmung in finanziellen und organisatorischen Fragen wesentlich.

2.   Ziele, die mit der Durchführung des Jubliäumsjahres verbunden wurden.

2.1.   Das Rektorat hat unmittelbar nach seiner Wahl im Dezember 1992 ein klar konturiertes Zielkonzept für das Jubiläumsjahr erarbeitet.

Es wurde kein „Akademisches Festjahr" im üblichen Sinne angestrebt. Vielmehr sollte mit den Aktivitäten vor allem erreicht werden, daß

– die Besonderheiten der Situation vier Jahre nach der deutschen Vereinigung,
– der Wille zur Erneuerung der Universität und
– die Wiederbelebung elementarer Grundsätze der einstigen „Aufklärungs-Universität" zu Halle nach ihrer Gründung im Jahre 1694,

regional, national und international bekannt wurden und die Universität damit sichtbar wieder einen Platz in der „scientific community" einnahm.

Ausdruck dieser generellen Zielsetzung sollte das Motto

AUFKLÄRUNG UND ERNEUERUNG

für das gesamte Universitätsjahr 1994 sein.

Unterlegt wurde dieses Motto mit einem eigens für das Jubiläum geschaffenen Signe´ des bekannten Hallenser Künstlers Hans-Helmut Brade. Es umgibt das traditionelle Siegel des halleschen Zweiges der Universität mit einem in gelb gehaltenen Strahlenkranz, dem Symbol der Aufklärung, Dieses Signe´hat alle öffentlichen Ankündigungen und Veröffentlichungen im Jubliäumsjahr gekennzeichnet.

2.2.   *Neben dieser generellen Perspektive standen besondere, aber durchaus auch unterschiedliche Zielsetzungen:*

2.2.1   Die Existenz und Erneuerung der traditionsreichen Alma mater halensis, eine der „klassischen mitteldeutschen Universitäten" der deutschen Universitätsgeschichte, sollte national und international wieder bekannt gemacht werden. Sie hatte mit dem weitgehend erneuerten Lehrkörper, ihren neuen Ausbildungsstandards sowie der Fortführung erstklassiger, vor allem naturwissenschaftlicher Forschung im Jahre 1994 bereits wieder ein wissenschaftliches Niveau erreicht, das eine solche öffentliche Darstellung im nationalen und internationalen Rahmen rechtfertigte und nützlich machte. Dieser Aspekt bot auch die Möglichkeit, bestehende Defizite, z.B. im baulichen Zustand vieler Lehr- und Forschungsstätten, bekannt zu machen und auf Abhilfe zu drängen.

2.2.2   Das Jubiläumsjahr bot zugleich eine einzigartige Gelegenheit, den inneren Prozeß der personellen Erneuerung und Integration ost- und westdeutscher Professoren voranzutreiben, Innovationen in Lehre und Forschung zu fördern, Vitalität wissenschaftlichen Austausches zu wecken und die Notwendigkeit von Modernisierungen in der inneren Organisation, vor allem der Institutionen und Prozesse der akademischen Selbstverwaltung, zu begründen.

2.2.3   Die Stadt Halle erhielt mit dem Jubiläumsjahr „ihrer" Universität die Chance, sich als „Universitätsstadt" zu präsentieren und damit das Negativimage der luftverschmutzten Chemiestadt abzubauen. Dadurch wurde es möglich, zahlreichen Besuchern, die ohne den Anlaß der Dreihundertjahrfeier nicht nach Halle gekommen wären, die kulturellen Schätze der Stadt, Aufbauleistungen und auch ein „neues" Stadtbild vorzuzeigen.

2.2.4   Wichtiges Ziel war daneben ein wirtschaftliches. Die Universität wollte mit ihren Aktivitäten anläßlich der 300 Jahr-Feier eine möglichst große Zahl von Besuchern in die Stadt holen und damit ihren Beitrag als Wirtschaftsfaktor in der Stadt verstärken. Sie ist schon als Universität mit rd.11.000 Studenten und rd.6000 Beschäftigten einer der größten Arbeitgeber, Nachfrager und Investoren in Halle. Die Aktivitäten zum Jubiläumsjahr sollten darüberhinaus engere Kontakte zur Wirtschaft, den Unternehmen, Verbänden und Managern herstellen.

2.2.5   Die Universität wollte schließlich mit ihrem Jubliäumsjahr in die Stadt hineinwirken, die Bevölkerung für die Bildungs- und Kulturstätten interessieren und auf ihre Weise Kulturbewußtsein fördern. Die vereinzelt vorhandenen Verbindungen zu den hallenser Künstlern, Theatern und Orchestern samt den einschlägigen Institutionen sollten vertieft und ausgebaut werden.

2.3   Die Ziele fanden in unterschiedlichen Typen von Veranstaltungen ihren Niederschlag. Es waren

– die nach außen gerichteten zentralen Veranstaltungen mit zwei „Festwochen", in denen international bekannte Gäste Vorträge hielten, und die interdisziplinären Konferenzen, unter denen die zusammen mit der „Leopoldina" veranstaltete Tagung über den „Transformationsprozeß" der ostdeutschen Universitäten herausragte; hinzu kamen die Jahrestagungen der Hochschulrektorenkonferenz und der Deutschen Forschungsgemeinschaft sowie Fakultätentage.
– eine besondere Eröffnungsveranstaltung „Die Stadt begrüßt ihre Universität" im Januar 1994, die Gelegenheit zur Selbstdarstellung der Stadt gab;
– die primär inneruniversitären Zielen dienenden Veranstaltungen, unter denen die „Tage"(spezifische Symposien) der Interdisziplinären Wissenschaftlichen Zentren im Frühjahr sowie der verschiedenen Fachwissenschaften während des gesamten Jahres eine besondere Rolle spielten;
– Konzerte und kulturelle Veranstaltungen, vor allem Ausstellungen, die offen waren für das interessierte Publikum außerhalb der Universität; entsprechende Anleitungen („Führer") sowie eine Grafikmappe; Exkursionen durch Halle und nach Bad Lauchstädt,einem Modebad der Goethe-Zeit, Naumburg mit dem weltberühmten Dom, der Bauhausstadt Dessau und zum Park Wörlitz, dem frühesten englischen Landschaftsgarten auf dem europäischen Kontinent;

- öffentliche wissenschaftliche Vorträge zur Universitätsgeschichte
  („Montagsvorträge"), die sich insbesondere mit der jüngsten Vergangenheit („Neugestaltung nach zwei Diktaturen") auseinander-
  setzten;
- ein „Universitäts-Stadtfest" Anfang Juli 1994, zu dem die Bürger
  der Stadt auf den Campus eingeladen waren; im Mittelpunkt
  stand dabei ein historischer Umzug mit Bildern der Universitätsgeschichte seit 1694.

Der Verwirklichung der oben genannten Ziele dienten auch Publikationen, die sich an ein breiteres Publikum wandten, das an der Universitätsgeschichte, wissenschaftlichen Persönlichkeiten und Entwicklungen, Leistungen der einzelnen Fachwissenschaften sowie grund-
sätzlich an wissenschaftlichen, öffentlichen Reden und Diskursen interessiert ist.

Ein weiteres Ziel war es, Schüler für die Martin-Luther-Universität
zu interessieren. Dazu dienten Werbeveranstaltungen („Offene Tür"
und „Schnupperstudium") größeren Umfanges sowie auch privat ge-
sponserte Exkursionen ausländischer und westdeutscher Schulklassen
nach Halle zu ganztägigen Aufenthalten in der Universität.

3. Die Veranstaltungen im einzelnen

Im folgenden geht es vor allem um die „Philosophie" der jeweiligen
Veranstaltungen, ihre Inhalte, Formen und Wirkungen. Eine chrono-
logisch geordnete Auflistung aller Aktivitäten enthält die Dokumentation im 3. Teil.

3.1 Festveranstaltungen

Die großen Festveranstaltungen lassen sich in drei Ereignisse mit unterschiedlicher Zielsetzung und auch unterschiedlichen Adressaten
unterteilen.

3.1.1 Universität und Stadt

Eingeleitet wurde das Jubiläumsjahr mit dem Thema

Die Stadt und ihre Universität

Damit sollte auf die enge Verbindung zwischen den Städten und den
frühen Universitätsgründungen aufmerksam gemacht werden. Somit
richtete sich diese Veranstaltung gleichermaßen an die Bürger der

Stadt und die Universitätsangehörigen. „Der Oberbürgermeister der
Stadt Halle begrüßt die Universität zu ihrem Jubiläum" war der Tenor
eines ganzen Tages (23.Januar 1994), in dessen Mittelpunkt eine öffentliche Veranstaltung in der Stadt (Konzerthalle an der Leipziger
Straße) mit dem Orchester des Opernhauses – Händelfestspielorche-
ster – stand.

Den Festvortrag hielt Professor Dr. **Walter Rüegg** aus Bern. Er war
wegen seiner Publikationen über die klassischen europäischen Uni-
versitätsstädte gebeten worden. Sein Thema „**Europäische Städte und
ihre Universitäten**" stellte die Frühzeit der Universität Halle Ende des
17.Jahrhunderts in den Kontext vergleichbarer Universitätsgründungen und behandelte vor allem die durchaus spannungsreichen Beziehungen zwischen den Bürgern und Ständen der Stadt einerseits, dem
preußischen Staat und seinen Professoren sowie den Studenten andererseits.

3.1.2   Die Universität in der nationalen und internationalen „scientific community"

Nach dieser Introduktion im Januar des Jubiläumsjahres folgte ab
12.April 1994 die 1.Akademische Festwoche, bestehend aus dem eigentlichen Akademischen Festakt und einem „Akademischen Forum".

Der *Festakt* in der Aula der Universität wurde durch den Minister-
präsidenten des Landes, Dr. Christoph Bergner, und durch zahlreiche
Gäste aus dem In- und Ausland, die Grüße überbrachten, eingeleitet.
Nach der Ansprache des Rektor über den Stand der Erneuerung der
Universität, ihr Selbstverständnis in bezug auf ihre Reformgeschichte
und ihren Weg zu einem leistungsstarken Bestandteil der Scientific
Community hielt Professor Dr. **Alfred Grosser** aus Paris den Festvor-
trag zum Thema

**Deutschland, Frankreich und die Wurzeln der europäischen
Grundwerte**

Die Schwerpunkte dieses Vortrages waren die Betonung der europäischen Gemeinsamkeiten, die Bedeutung der nun schon jahrzehn-
telangen deutsch-französischen Kooperation und die Verdeutlichung
dieser „westlichen" Komponente, die die Bundesrepublik Deutschland in die deutsche Wiedervereinigung einbringt. Letzteres schien
gerade in einer Universität der ehemaligen DDR mit einer jahrzehntelang völlig entgegengesetzten Orientierung von besonderer Wichtigkeit.

Das *Akademische Forum „Aufklärung und Moderne"* bildete den
zweiten Teil der 1. Akademischen Festwoche. Wie schon die Überschrift andeutet, kreisten die Vorträge der international renommierten

Referenten um die Begriffe der „Aufklärung" einerseits, der „Moderne" andererseits. Dabei war es der Universität wichtig, daß hierbei auch die Naturwissenschaften zu Worte kamen.

Professor Dr. **Reinhard Kosellek**, einer der führenden Historiker Deutschlands, der in Bielefeld und Chicago arbeitet, sprach „**Über den Stellenwert der Aufklärung in der deutschen Geschichte**". Professor Dr. **Hans Maier**, Bayerischer Staatsminister a.D., von der Universität München, dessen große wissenschaftliche Veröffentlichungen vor allem ältere deutsche Staats- und Verwaltungslehre zum Gegenstand haben, referierte über das Thema „**Halle und die deutsche Staatswissenschaft**".

Die Naturwissenschaften schließlich kamen mit einem Vortrag von Professor Dr. **Hans Mohr** aus Stuttgart zum Thema „**Sind die Naturwissenschaften ‚modern'**? zu Worte.

Wenn auch die Wirkung der Vorträge durch den Ort, die Aula der Universität Halle, auf die teilnehmende Zuhörerschaft begrenzt war, so kam es doch neben dem Inhaltlichen nicht zuletzt darauf an, daß bedeutende Repräsentanten deutscher wissenschaftlicher Disziplinen in der erneuerten Martin-Luther-Universität auftraten und damit begannen, etwas Selbstverständliches wieder selbstverständlich zu machen.

3.1.3 Die Universität Halle in der Reform der deutschen Wissenschaft

Die 2. Akademische Festwoche im Jubiläumsjahr 1994 zielte stärker als die 1. Festwoche auf den Erneuerungs- und Modernisierungsprozeß der Universität selbst. Die Festveranstaltung am 19.Oktober 1994 leitete eine ganze Reihe von fachwissenschaftlichen Symposien unter dem Sammelbegriff „**Profile**" ein (siehe unter 3.3.).

Thematische Zentrierung und Öffentlichkeitswirksamkeit wurde durch den Festvortrag des Vorsitzenden des Wissenschaftsrates, Professor Dr. Karl-Heinz Hoffmann über das Thema „**Empfehlungen des Wissenschaftsrates und ihre Umsetzung: Wunschvorstellunngen und Realität beim Aufbau der Wissenschaftslandschaft in den neuen Bundesländern**" erreicht. Korrespondierend hierzu referierte der Heidelberger Soziologe Professor Dr. Wolfgang Schluchter auf der Grundlage intimer Erfahrungen mit den Schwierigkeiten der Transformation der DDR-Universitäten in das westdeutsche System über das Thema „**Perspektiven der ostdeutschen Universitäten**". In beiden Vorträgen ging es um Anspruch und Reformbedürftigkeit der deutschen Universitäten, um Anpassung und Reformfähigkeit der erneuerten Universitäten in den neuen Bundesländern, darunter der Martin-Luther-Universität.

In dieser Hauptveranstaltung der 2. Akademischen Festwoche nahm die Universität die Gelegenheit wahr, drei Persönlichkeiten, die sich um die Martin-Luther-Universität besonders verdient gemacht hatten, mit der Ehrensenatorwürde der Universität auszuzeichnen.

Zum einen erhielten die beiden Präsidenten der Vereinigung der Freunde der Martin-Luther-Universität e.V., Senator e.h.Dr.Gerhard Holland und Dr.Wolfgang Röller, zum anderen der Präsident des Deutschen Hochschulverbandes, Prof.Dr.Hartmut Schiedermair, die Würde eines Ehrensenators der Universität. Dr. Holland und Dr. Röller dankte die Universität für ihre Leistungen als großzügige Mäzene, insonderheit bei der Verwirklichung der mit dem Jubiläumsjahr verbundenen Ziele. Professor Schiedermair erhielt den Dank der Universität für seine auch persönliche Förderung der ersten Initiativgruppen zur Erneuerung der Universität in den Jahren 1989 und 1990.

3.1.4 Abschluß des Jubiläumsjahres mit der Disputation des Akademischen Senats in Wittenberg

Die Reihe der Festveranstaltungen zum Jubiläumsjahr wurde mit einer Festsitzung des Akademischen Senats der Martin-Luther-Universität Halle-Wittenberg in Wittenberg am Reformationstag, dem 31.Oktober 1994, abgeschlossen. Zum zweiten Mal (nach dem Reformationstag 1993) wurde dabei eine „Disputation" von Universitätsprofessoren mit dem Wittenberger Pfarrer und Friedenspreisträgers des Deutschen Buchhandels, Friedrich Schorlemmer, unter der Leitung des Rektors durchgeführt. Mit der Thematik **„Leben ohne Arbeit? – Arbeit als Los ?"** stellte die Universität ihr Engagement bezüglich der aktuellen Gegenwartsprobleme unter Beweis. Sie sah darin einen würdigen und angemessenen Abschluß aller ihrer Bemühungen, mit einer Reihe bedeutender Festveranstaltungen die Martin-Luther-Universität in ihrem 300.Gründungsjahr einer breiten Öffentlichkeit zu präsentieren.

3.2. *Wissenschaftspolitische Veranstaltungen*

Auch wenn keine scharfe Trennung zwischen den Zielen und Adressaten der zentralen Veranstaltungen zum Jubiläumsjahr möglich ist, so waren doch einige weitere bedeutsame Veranstaltungen „Arbeitstagungen" und nicht Festveranstaltungen.

Inhaltlich kann dabei zwischen primär fachwissenschaftlichen und primär wissenschaftspolitischen Veranstaltungen unterschieden werden. „Wissenschaftspolitisch" wird im folgenden in einem sehr umfassenden Sinne verstanden. Zusammengefaßt sind dabei Veranstaltungen, die im engeren Sinne über „Wissenschafts- und Universitätspolitik" handeln, ebenso wie Veranstaltungen, die für die Universität, ihre Arbeit, Belange und Interessen, höchst unterschiedlich und gerichtet an sehr unterschiedliche Gruppen werben.

3.2.1   An erster Stelle stand das Wissenschaftliche Symposium mit dem Thema „**Zur Situation der Universitäten und der außeruniversitären Forschungseinrichtungen in den neuen Ländern**", das das Rektorat der Universität zusammen mit der Präsidentschaft der „Leopoldina", der Deutschen Akademie der Naturforscher Leopoldina, in den Räumen der Leopoldina am 23.und 24.März 1994 durchführte. An dieser Veranstaltung nahm auch Bundespräsident Richard von Weizsäcker teil. Zentrale Aspekte dieses Symposiums waren die Einwirkungen des Wissenschaftsrates, der Hochschulstrukturkommissionen der Länder sowie der neu gewählten Landtage auf die Umgestaltung der ostdeutschen Universitäten und die außeruniversitären Forschungseinrichtungen (Stichwort „Akademieabwicklung"), die Frage, inwieweit die betroffenen Universitäten unter den gegebenen Bedingungen ein eigenes Profil entwickeln konnten sowie zur selbstbewußten und verantwortlichen Wahrnehmung der ihre Automomie begründenden akademischen Selbstverwaltung in der Lage und fähig waren (Vgl. Nova Acta Leopoldina, NF 71, Nr.290, 1994).

3.2.2   Auf die konkrete innere Universitätsreform zielte der **TAG der Interdisziplinären Wissenschaftlichen Zentren** der Universität am 27. Januar 1994. Eingeleitet durch ein Referat zum Thema „Universitätsreform durch interdisziplinäre Zentren und Netze" stellten sich die bis zu diesem Zeitpunkt gegründeten Interdisziplinären Wissenschaftlichen Zentren (IWZ) mit eigenen Symposien vor:

– Zentrum für die Erforschung der Europäischen Aufklärung,
– Zentrum für Pietismusforschung,
– Zentrum für Materialwissenschaften,
– Biozentrum,
– Zentrum für Schulforschung und Fragen der Lehrerbildung,
– Universitäres Zentrum für Umweltwissenschaften.

Sinn dieser Reformeinrichtungen ist es, neben den Fachwissenschaften interdisziplinäre Verbünde der Zusammenarbeit von Fachwissenschaftlern zu schaffen und universitätsseitig zu fördern, um neue Forschungsthemen, neue Ausbildungswege, neue institutionell-organisatorische Kooperationen zu erproben.

3.2.3   Eine weitere zentrale Veranstaltung anläßlich des Jubiläumsjahres zielte auf die inneruniversitäre Belebung der Studienreform. Im Mittelpunkt des **Tages der Studienreform** stand das Referat über

„Studienreform – gefälliger Trend oder zeitlose universitäre Selbstverpflichtung?" des Erziehungswissenschaftlers Prof. Dr. Jan Olbertz. Daran schlossen sich verschiedene Arbeitsgruppen mit universitätsweiter Themenstellung an. Die Einwirkung auf die Aktivitäten der Fachbereiche wurde schließlich noch durch eine Podiumsdiskussion zu den Berufsperspektiven akademischer Absolventen vertieft.

3.2.4   Anläßlich der 1. Akademischen Festwoche kam es am 14. April 1994 zu einem offiziellen Treffen der Rektorate und Senate der „klassischen mitteldeutschen Universitäten" Leipzig, Halle und Jena. In vorangegangenen Treffen hatten die Rektorate der regional zwar eng verbundenen, politisch-administrativ aber durch ihre Zugehörigkeit zu unterschiedlichen Bundesländern deutlich geschiedenen drei Universitäten eine Fülle von Gemeinsamkeiten festgestellt. Vor allem war es für alle Beteiligten offensichtlich, daß im „Dreieck" von Leipzig, Jena und Halle eine regionale Bündelung von Problemlagen umfassender Art besteht, die eine formale Trennung wichtiger Akteure äußerst unglücklich, ineffektiv und für die Region kontraproduktiv erscheinen läßt. Darüberhinaus sind alle drei Universitäten in ihren jeweiligen Ländern mit dem Konflikt: Wiederaufbau, Belebung und Ausbau alter bestehender Universitäten versus Aufbau neuer universitärer Einrichtungen konfrontiert. Aus diesen Grundbedingungen heraus entstand die Idee der **Gründung eines Universitätsbundes Halle, Jena, Leipzig.** In einer gemeinsamen Festsitzung der drei Akademischen Senate und Rektorate wurde nach einem Festvortrag von Professor Dr. **Manfred Riedel**, Halle, zum Thema **„Europäische Bewegung und deutsche Aufklärung. Das geistige Dreieck der Universitäten Halle-Wittenberg – Leipzig – Jena im Spiegel der Philosophie"** eine schriftliche Vereinbarung durch die Rektoren unterzeichnet.

3.2.5   Bestandteil der Jubiläumsveranstaltungen waren auch
– die Jahresversammlung der Hochschulrektorenkonferenz und
– die Jahrestagung der Deutschen Forschungsgemeinschaft

in Halle. Die Hochschulrektoren befaßten sich vom 5.bis 7.Mai 1994 mit dem Thema **„Hochschulen im Wettbewerb"**; die Deutsche Forschungsgemeinschaft tagte vom 19. bis 22.Juni 1994. Nach Halle gekommen waren zu diesem Anlaß etwa 800 Teilnehmer.
     Erwähnt werden soll in diesem Zusammenhang noch das Absol+ententreffen des **Deutschen Akademischen Austauschdienstes.**

3.2.6   Mit den Problemen der ausländischen Studierenden an der Martin-Luther-Universität und dem Auslandsstudium deutscher Studierender befaßte sich der **TAG der ausländischen Kommilitonen** am 1. Juli 1994. Diese Veranstaltung wurde gemeinsam mit den Studierenden durchgeführt. Am Anfang stand nach einem einführenden

Vortrag von Professor Dr. **Gerhard Haupt**, Halle, zum Thema „**Studieren im Ausland**" die **Verleihung des Anton-Wilhelm-Amo-Preises** für die beste Abschlußarbeit eines ausländischen Studierenden in Halle.

3.2.7 An künftige Studierende richteten sich insgesamt drei zum Teil stark frequentierte Universitätsveranstaltungen im Sinne eines Schnupperstudiums. Ziel des von auswärtigen Sponsoren geförderten Besuchs von Abiturienten-Klassen aus Celle und Lehrte sowie von ausländischen Schulklassen aus Finnland, Frankreich, Österreich zusammen mit Schulklassen aus Halle – dies wurde gemeinsam mit Frau Bürgermeisterin Szabados organisiert – war es, die Universität bei künftigen Studierenden bekannt zu machen und zugleich vertiefte Einblicke in das Universitätsleben durch Teilnahme an Lehrveranstaltungen, Vorträgen und Diskussionen mit Professoren und Studenten der Universität zu gewähren.

3.3. Fachwissenschaftliche Veranstaltungen

Das Jubiläumsjahr gab den Fakultäten, Fachbereichen und Instituten der Universität eine vorzügliche Gelegenheit, sich selbst einer breiteren wissenschaftlichen Öffentlichkeit des In-und Auslandes vorzustellen und dabei zugleich die eigenen Mitarbeiter mit auswärtigen Wissenschaftlern in einen engeren wissenschaftlichen Kontakt zu bringen. Letzteres wurde angesichts der zeitgeschichtlichen Bedingungen (4 Jahre nach der deutschen Vereinigung) als besonders wichtig angesehen.

Die Fachwissenschaften haben die besonderen Chancen des Jubiläumsjahres, das ja auch die Finanzierung der Tagungen etwas leichter machte, rege wahrgenommen. Die Aktivitäten wurden mit dem erfolgreichen Verlauf der ersten zentralen Veranstaltungen im Januar, März und April deutlich stärker; daraus erklärt sich auch die Ballung der fachwissenschaftlichen Veranstaltungen in der zweiten Jahreshälfte. Die systematische Zusammenstellung (s. Dokumentation) führt 37 Fachtagungen auf, die hier im einzelnen nicht gewürdigt werden können. Auch verbietet sich eine Bewertung weitgehend, da es den beteiligten Fachwissenschaften gelang, für ihr Gebiet herausragende Gelehrte, wissenschaftliche Gesellschaften und Universitätsfakultäten nach Halle zu holen.

Exemplarisch hervorgehoben seien Veranstaltungen zu wissenschaftliche Gebiete wie

* Bevölkerungswissenschaft
* Herzinfarkt-Symposium

* Polymerphysik und Polymerwerkstoffe
* Sozialwissenschaftliche Methoden
* Strafrechtserneuerung im Postkommunismus
* Funktionentheorie (Mathematik)
* Lutherdeutsch und Wende-Sprache
* Organic Chemistry of Sulfur
* Tierzuchtwissenschaft
* Hermeneutik im europäischen Kontext
* Pflanzenbauwissenschaften
* Vereinigung der Deutschen Staatsrechtslehrer
* Theologischer Fakultätentag
* Kreislauf-Symposium
* Thorax-Symposium
* 225 Jahre Institut für Zoologie
* 60 Jahre Geiseltal-Museum
* Aufklärung und Universität im 18. Jahrhundert

Die Martin-Luther-Universität bot mit den fachwissenschaftlichen Tagungen ein eindrucksvolles Bild ihrer Vielfalt und Spezialitäten. Ausgehend von der Notwendigkeit, besonders auch die nach der Abwicklung neu aufgebauten Fakultäten, Fachbereiche und Institute in ihrer Leistungsfähigkeit darzustellen, wurde von der Universitätsleitung die Idee besonderer **TAGE** an diese Bereiche herangetragen. Daraus entwickelte sich in der 2.Akademischen Festwoche das Programm **„Universitätsprofile"**, mit dem

- **TAG** der Natur- und Technikwissenschaften,
- **TAG** der Aufklärungsforschung,
- **TAG** der Zeitgeschichte,
- **TAG** der Sozialwissenschaften,
- **TAG** der Wirtschaftswissenschaften,
- **TAG** der Umweltwissenschaften.

Mit diesen Spezialsymposien und ihren über den engeren Rahmen des Fachwissenschaftlichen hinausgehenden Zielen wurde das Veranstaltungsprogramm im Jubiläumsjahr durch interessante Referenten, in multimedialer Form und mit allgemein interessierenden Themen bereichert. Beispiele sind:

- eine Theater-Soiree Diderot mit Theateraufführung zur Aufklärungsforschung;
- eine Zeitzeugenbefragung zur Universitätsgeschichte 1946-1989
- die Frage nach den Rückwirkungen der „Wende" im Osten auf den Westen Deutschlands;
- die Frage nach den Perspektiven der Ostdeutschen Wirtschaft
- die Frage nach der ökologischen Sanierung im Sinne des „Industriellen Gartenreichs" in den neuen Ländern

– die Frage nach der „Umwelt 2000", dem künftigen Lebensraum der Menschen durch die Natur- und Technikwissenschaften.

3.4. Kommunikative Veranstaltungen

Im Zentrum der Bemühungen der Universität, die Bevölkerung der Stadt und der Region für sich zu interessieren, stand das **Universitäts-Stadtfest**. Der Universitäts-Campus nebst umliegenden Straßen standen dafür zur Verfügung. Neben den üblichen Attraktionen derartiger öffentlicher Schauveranstaltungen gab es einen großen Festumzug, in dem Personen, Gruppen und Institutionen der Universitätsgeschichte in historischen Gewändern dargestellt wurden. Es gab öffentliche Konzerte, Tanzveranstaltungen und einen „Walzer-Abend" in einem Ballzelt, ausgestattet von einem Absolventen der Hochschule Burg Giebichenstein. Der Auftritt des Akademischen Senats und historischer Gestalten fand großen Beifall. Das Auftreten von Burschenschaften in ihrer Tracht führte dagegen zu teilweise massiven studentischen Protesten.

Erheblich Beachtung fand das *Universitätssportfest* am 25.Mai 1994, das mit einem Staffellauf von der Lutherstadt Wittenberg nach Halle eingeleitet wurde. Die ganztägige Veranstaltung auf der Ziegelwiese erwies sich als äußerst attraktiv für die Studierenden und die Bevölkerung.

Für die Studierenden der Universität hat das Rektorat wiederholt eigene Feste „im Turm" der Moritzburg finanziert, hinzu kam ein **Turmfest** anläßlich des Tages der ausländischen Kommilitonen. Es muß aber konstatiert werden, daß sich die studentische Beteiligung an den Feierlichkeiten zum 300.Jubiläum der Universität in Grenzen hielt. Den studentischen Vertretern im Akademischen Senat und anderen studentischen Gremienvertretern war es offenbar nicht gelungen, die Ziele und die Bedeutung gerade des Jubiläumsjahres für die Erneuerung und Vitalisierung der Martin-Luther-Universität so stark zu begründen, daß mit einer Ausnahme eigene Kooperationsangebote und Aktivitäten daraus erwachsen wären.

Für das gesamte Universitätspersonal veranstaltete die Universität zum Abschluß der Jubiläumsfeiern einen großen **Jubiläumsball** in den Räumen der ehemaligen Pädagogischen Hochschule in Kröllwitz.

4. *Konzerte, Theater und Ausstellungen*

Anläßlich der 300-Jahr-Feier der halleschen Alma mater erarbeitete
die Kustodie der Universität eine Jubiläumsausstellung „**300 Jahre
Universität Halle 1694-1994. Schätze aus den Sammlungen und Kabinetten**", die im Prinz-Max-Palais der Partnerstadt Karlsruhe, im
Halloren- und Salinemuseum Halle und – im Frühjahr 1995 – im
Braunschweigischen Landesmuseum gezeigt wurde. In dieser auf-
wendigen Präsentation wurden erstmalig die wertvollsten und für die
Wissenschafts- und Universitätsgeschichte einzigartigen Kunstwerke,
naturwissenschaftlichen Objekte sowie Lehr-und Lernmittel aus Instituten aller Fakultäten und Zentralen Einrichtungen dargeboten. Über
400 Exponate wurden für diese Ausstellung ausgewählt, zum Teil restauriert und in einem umfangreichen Katalog (368 Seiten und 400
Abbildungen) wissenschaftlich bearbeitet. Eine derartige Gesamtschau
in aufwendiger Form wurde durch die großzügige finanzielle Unterstützung der Stadt Karlsruhe und anderer Mäzene ermöglicht.
    Konzeptionell teilte sich die Präsentation in zwei Schwerpunkte:
Der erste Teil widmete sich der Darstellung der Universitäts- und
Wirtschaftsgeschichte anhand der im Laufe des 300jährigen Bestehens
der halleschen Univesität angesammelten Zeugnisse.
    In einem zweiten Teil wurden die Kostbarkeiten aus den Museen,
Sammlungen, Kabinetten und Bibliotheken der Universität gezeigt.
Aus dem naturwissenschaftlichen Bereich waren Sammlungen der
Anatomie, Botanik, Mineralogie, Zoologie,Mathematik, Paläontologie
und Landwirtschaft ausgewählt worden. Die Geisteswissenschaften
waren vertreten durch das Archäologische Museum, die Münzsammlung, die Papyrussammlung, die Universitäts- und Landesbibliothek
und die Bibliothek der Deutschen Morgenländischen Gesellschaft, die
Prähistorisch-archäologische Sammlung, die Sammlung der Theologischen Fakultät und die Phonetische Sammlung des Instituts für
Sprechwissenschaft. Mit dieser Präsentation der „**Schätze aus Sammlungen und Kabinetten**" sollten sich im Jubiläumsjahr 1994 dem Besucher die großen Traditionen der Alma mater halensis et vitebergensis als ein Teil der deutschen und europäischen Kultur- und Wissen-
schaftsgeschichte erschließen. Diese kulturpolitische Dimension der
Universität zählte genauso wie die akademischen Festveranstaltungen
und wissenschaftlichen Tagungen zu den tragenden Säulen des Konzepts, „Aufklärung und Erneuerung" nach innen wie nach außen
sichtbar zu machen.
    Im gesamten Jubiläumsjahr 1994 fanden weitere Ausstellungen im
Universitätsmuseum „Burse zur Tulpe" statt (s.Dokumentation). Neben den traditionsreichen natur- und geisteswissenschaftliche Sammlungen wie z.B. im Geiseltal-Museum, im Archäologische Museum, im

Institut für Zoologie und im Haustier-Museum der Landwirt-
schaftlichen Fakultät rundeten die Museum der Stadt Halle, die Staat-
liche Galerie Moritzburg und das Städtische Museum mit besonderen
Ausstellungen das kulturelle Jubiläumsprogramm ab. Aus Anlaß des
Jubiläums wurde der Universität die in der Moritzburg bewahrte
Kupferstichsammlung von der Stadt zurückgegeben.

Chor und Orchester der Universität („Collegium musicum") sind
fest im Universitätsleben verankert und professionell geführt. Den
Hintergrund bildet die Stadt Halle als „Händel-Stadt" mit dem Hän-
delmuseum und einer reichhaltigen musikalischen Tradition. Während Chor und Orchester an jeder akademischen Veranstaltung in
unterschiedlicher Zusammensetzung mitwirkten, veranstaltete das
gesamte collegium musicum noch eine gesonderte Musikalische Festwoche. Die Einbeziehung des „Händel-Festspiel-Orchesters" (Orchester des Opernhauses Halle) und des Philharmonischen Staatsorche-
sters Halle mit jeweils zwei großen Konzerten lag nahe. Im Vorfeld
des Jubiläumsjahres gaben drei Benefiz-Konzerte kulturelle Impulse.

Das attraktive und kulturell außerordentlich aktive „neue theater"(nt) wurde ebenfalls einbezogen. Für die Universitätsangehörigen
und ihre Gäste wurden „Hamlet" in der 1. Festwoche und „Die Räuber" aufgeführt.

5. Öffentliche Vortragsveranstaltungen

In sogenannten „**Montagsvorträgen**" hat die Universität sich mit ihrer
eigenen Geschichte befaßt. Eine erste Reihe im Sommersemester 1994
umfaßte vorwiegend, aber nicht ausschließlich die Geschichte der
Universität seit 1945. Dies wurde für notwendig gehalten, weil darüber bis zur „Wende" kaum öffentlich diskutiert werden konnte und
auch die Wende selbst sowie ihre Folgen erstmals vor der eigenen
Universitätsöffentlichkeit und interessierten Zuhörern aus Halle dargestellt werden sollte. Diese erste Reihe ist noch im Jubiläumsjahr 1994
veröffentlicht worden. Eine zweite Reihe der „Montagsvorträge", im
Wintersemester 1994/95 von Universitätsmitgliedern gehalten, befaßte sich mit „Bedeutenden Gelehrten der Universität zu Halle" und
wurde ebenfalls als Beitrag zum Jubiläumsjahr veröffentlicht.

Mit den „Franckeschen Stiftungen" in Halle und ihrem kulturell
überaus aktiven Leiter Prof. Dr. Paul Raabe fand die Universität in ihrem Jubiläumsjahr wirkungsvollen Beistand in Form von
„Leseabenden" aus Publikationen weithin bekannter Hallescher Gelehrter wie August Hermann Francke, Christian Thomasius, Christian
Wolff, August Hermann Niemeyer, Friedrich Schleiermacher und

Henrik Steffens, sowie weitere Vorträge über Hallesche Gelehrte des 18.Jahrhunderts.

Es versteht sich von selbst, daß die weltberühmte Barock-Bibliothek der Franckeschen Stiftungen einer der wichtigsten Besichtigungsziele aller Halle-Besucher im Jubiläumsjahr der Universität war.

6. Schriften

Die anfänglichen Schwierigkeiten mit der **Festschrift** zum 300. Universitätsjubiläum (s.oben) konnten letztlich mit Hilfe einer Gruppe neu berufener Universitätsprofessoren gelöst werden. Im November 1994 wurde die Festschrift mit dem Titel **„Aufklärung und Erneuerung. Beiträge zur Geschichte der Universität Halle im ersten Jahrhundert ihres Bestehens 1694-1804"** dem Rektor überreicht. In dieser Festschrift leuchtet noch einmal die Vielfalt des wissenschaftlich-kulturgeschichtlichen Werdeganges der Universität zu Halle in ihrem ersten Jahrhundert auf. Damit wurde zugleich eine historische Anknüpfung an die „Montagsvorträge" erreicht.

Von Rang sind auch die beiden Disputationen des Akademischen Senats in Wittenberg. Sie befaßten sich mit dem Thema „Bindungsverlust und Zukunftsangst. Leben in der Risikogesellschaft" (1. Wittenberger Disputation 1993) und dem Thema „Leben ohne Arbeit? - Arbeit als Los?" (2. Wittenberger Disputation 1994).

Mit dem großen Katalog zur Ausstellung **„Schätze aus den Sammlungen aus den Kabinetten"** (s.o.) hat der Kustos der Universität, Dr.Ralf-Torsten Speler, ein Werk von bleibender Bedeutung geschaffen.

Es können an dieser Stelle nicht alle einschlägigen Publikationen aufgeführt werden. Deswegen sei der Leser an die Zusammenstellung in der Dokumentation verwiesen.

7. Preise und Auszeichnungen

Die Universitätsleitung hat das Universitätsjubiläum zum Anlaß genommen, um wieder eine Tradition freier akademischer Ehrungen zu begründen. Gestiftet und erstmals verliehen wurden im Jubiläumsjahr, z.T. dank finanzieller Förderung durch Mäzene, der **„Anton Wilhelm Amo-Preis"**, benannt nach dem ersten afrikanischen Studenten im 18.Jahrhundert in Halle, der nach dem ersten weiblichen Doktor der Medizin (1754) benannte **„Dorothea Erxleben-Preis"** und der nach dem Aufklärungsphilosophen benannte **„Christian Wolff-Preis"**. Hinzu kam der vom Land finanzierte **„Forschungsförde-**

rungspreis" an Forscher oder Forschergruppen, die außergewöhnliche Leistungen erbracht haben und erwarten lassen, daß sie diese
weiterhin erbringen. Das Preisgeld ist für die Unterstützung dieser
Forschungen vorgesehen.

Eine besondere Rolle spielten natürlich während der Vorbereitungen und der Durchführung des Jubiläumsjahres die finanziellen Fragen. Das Land hatte die Mittel frühzeitig begrenzt (s.u.) und sie 1994
de facto noch gekürzt. Man erwartete von der Universität Bemühungen um die Mobilisierung privater Mittel. Dies nun wäre für eine noch
im Umstellungsprozeß begriffene Universität der ehemaligen DDR,
vier Jahr nach der „Wende", auf sich allein gestellt, nahezu unmöglich
gewesen. Dennoch ist es gelungen, mit Hilfe vor allem der „**Vereinigung der Freunde der Martin-Luther-Universität e.V.**" tatsächlich
Summen für das Jubiläum aufzubringen, die denen der öffentlichen
Mittel kaum nachstanden.

Die Universitätsleitung hat in der Vorbereitung und während des
Jubiläumsjahres auf das engste mit den Präsidenten der „Vereinigung", **Dr. Gerhard Holland** und **Dr. Wolfgang Röller**, dem Vorstand und weiteren von ihm herangezogenen Persönlichkeit, wie z.B.
dem Verleger und Buchhändlicher Werner **Dausien** in Halle, sowie
vor allem auch mit den in Karlsruhe ansässigen „Freunden"der Universität, Rechtsanwalt **Dr. Ruppert**, Stadtrat **Vogel** und Kulturdezernent **Dr. Heck** zusammengearbeitet. Damit ist niemals eine finanzielle
Lücke entstanden, die die Durchführung wichtiger Veranstaltungen
generell oder die Lösung organisatorischer Probleme unmöglich ge-
machte hätte.

Aufgrund ihrer im einzelnen nicht benennbaren Verdienste hat
der Akademische Senat auf Vorschlag des Rektorats zum Abschluß
der Jubiläumsfeiern beiden Präsidenten der „Vereinigung der Freunde" mit der Verleihung der Würde eines Ehrensenators gedankt. Die
Universität verband mit den neuen Ehrensenatoren die Vorstellung,
daß deren Mitgliedschaft nicht Ende, sondern Verstärkung eines Prozesses enger Verbundenheit mit der Universität, ihren Erfolgen, aber
auch ihren Nöten, sein möge.

Die Universität sieht in der Bereitschaft außeruniversitärer Persönlichkeiten und Vereinigungen die moderne Form des klassischen
Mäzenatentums, dessen die heutige, vor allem öffentlich-rechtlich ge-
staltete Welt des Geistes, der Kultur und ihrer Zentren, der Universitäten, dringend als Ergänzung und Ferment bedarf. Im Gegensatz
zum modernen angelsächsischen Begriff des „Sponsors" weist das
Mäzenatentum inhaltlich in eine Richtung, die nicht raffinierteste Formen der Kommerzialisierung aller Kultur einschließt. Eine vitale Universität **bedarf** eines großzügen Mäzenatentums. Nach Ansicht der
erneuerten Martin-Luther-Universität und im Ergebnis des Jubiläumsjahres kann und darf der Staat, die öffentliche Hand, nicht allein für

die Wissenschaft im weitesten Sinne zuständig und verantwortlich sein. Die Erfahrungen des Jubliäumsjahres besagen: In das kultivierte Ambiente einer Universität, die mehr sein will als eine effektive Maschinerie für Ausbildung und (Drittmittel-)Forschung gehört das private Engagement des Mäzens.

8. Zur Finanzierung des Jubiläumsjahres 1994

Die Martin-Luther-Universität Halle-Wittenberg hat für ihr Anliegen, das 300jährige Jubiläum im Jahre 1994 als einen Bestandteil von Erneuerung, Aufbau und Reform der Universität selbst, der Stadt und der Region anzusehen, nennenswerte Unterstützung durch das neue Land Sachsen-Anhalt, seinen Landtag und seine Landesregierung, erhalten. Regierung und Landtag haben sofort die Notwendigkeiten und Chancen erkannt hat, die mit einem 300.Universitätsjubiläum 4 Jahre nach der „Wende" in einem neuen Bundesland verbunden waren. Dennoch: Das Land selbst befand sich im Aufbau und mußte Einsatz von Haushaltsmitteln sorgfältig dosieren. Deswegen mußten sich auch die Etatmittel für das Universitätsjubiläum in Grenzen halten.

Die Universität erhielt aus dem Landeshaushalt 1994 815.000,00 DM; hinzu kamen sogenannte „Lotto-Mittel" in Höhe von 180.000,00 DM. Mit diesen Summen waren auch alle Veranstaltungen der Landesregierungen in Halle aus Anlaß des Jubiläums abgegolten.

Als Spenden privater und anderer Art wurden insgesamt rd. DM 650.000,00 aufgebracht. Darunter förderte die Stadt Karlsruhe die große Kunstausstellung mit rd. 175.000,00 DM. Die „Vereinigung der Freunde der Martin-Luther-Universität e.V." brachte mithin weit über 450.000,00 DM als allgemeine oder zweckgebundene Spendenmittel auf. Die Universität war und bleibt sich bewußt, daß dieses Engagement für die Universität nicht zu trennen ist von dem Engagement ehemaliger Hallenser für ihre „Universitätsstadt".

So war es für diese Verbindung von Universität und Förderern symbolisch, daß die erste Goldprägung einer Jubiläumsmedaille in nummerierter Auflage „300 Jahre Universität Halle 1694-1994" vom Präsidenten der „Vereinigung der Freunde", Dr. Gerhard Holland, am 5.Januar 1994 dem Rektor für den Universitätsschatz überreicht wurde.

Der lateinische Text dieser Medaille bekräftigt die Intentionen des Jubiläumsjahres 1994

„SVB. SIGNO. LIBERTATIS. ARTIVM. RENOVANDAE. VNIVERSITAS. LITTERARIA. HALLENSIS. FERIAS. CELEBRAT. TRISAECVLARES. AO MCMXCIV" – „Im Zeichen der Erneuerung der Freiheit der Wissenschaft(en) feiert die hallesche Universität (ihr) Dreihundertjahrfest im Jahre 1994"

2. Teil
Universitätsreden zum Jubiläum

Walter Rüegg

Europäische Städte und ihre Universitäten

Die Alma mater und ihre Mutter, die Stadt

Seit altersher wird die Universität mit einer Mutter verglichen, die ihre Kinder geistig und teilweise auch materiell nährt. Auch die letzte Veröffentlichung der Martin-Luther-Universität von 1987 trägt den Titel: „Kunst- und Kulturschätze der *Alma mater halensis et vitebergensis*"[1]. Über die Rolle der Universität als einer „nährenden Mutter" ist unendlich viel nachgedacht, geredet, geschrieben, in den letzten Jahrzehnten auch legiferiert worden. Zu Recht; denn ohne Zweifel liegt es im allgemeinen Interesse, sich darüber klar zu werden, was die Universität nötig hat, um eine gesunde, kräftige Nährmutter zu sein, vielleicht erst zu werden, bestenfalls zu bleiben, wieviel Säuglinge sie nähren soll und kann, auf welche Weise und wie lange dies zu geschehen hat, bis die Zöglinge auf eigenen Füßen stehen und gehen können.

Das Bild der Alma mater und ihrer Kinder läßt jedoch eine wichtige Frage offen: Wo ist denn ihre eigene Mutter, die alma mater der Universität zu suchen? Der Titel meines Vortrags enthält implizit die Antwort: *Städte* sind die Mütter ihrer Universitäten. Freilich bringt der Plural zum Ausdruck, daß es sich dabei keineswegs um ein einfaches Verhältnis von Mutter und Kind, von Stadt und Universität handelt. Wie die Gründung der Universität Halle zeigt, kann die städtische Mutterrolle das Ergebnis einer Vergewaltigung sein. Bekanntlich hatten sich die Stadtbehörden erbittert gegen die Errichtung einer Universität gewehrt, doch umsonst. Sie traten denn auch ihr Wagehaus für akademische Zwecke nur unter dem Vorbehalt ab, daß der große Saal, den Thomasius für seine zahlreichen Hörer brauchte, „für große Hochzeiten und Aufführungen umherziehender Komödianten" freigehalten und auch für die übrigen Räume eine angemessene Miete bezahlt wurde. Erst vier Jahrzehnte später, so stellt der Chronist fest, nämlich „1731 überließ die Stadt sogar unentgeltlich die auf der Wage befindliche Brautküche der Universität für ihre Schreiberei. Allerdings waren bis dahin die Vorteile, welche die Stadt aus dem Bestande der Universität erwuchsen, selbst für blöde Augen deutlich geworden."[2]

Auch wo Städte nicht zum Glück einer eigenen Universität ge-
zwungen werden mußten: die Mutterrolle der Stadt war immer das
Ergebnis einer spannungsvollen, oft konfliktreichen Beziehung zu ihrer eigenwilligen Tochter. Denn diese wurde überhaupt erst mündig,
nachdem sie anfangs des 13. Jahrhunderts in Bologna, Paris und Oxford der Stadt die Freiheiten und Privilegien einer eigenen Rechtsperson abgetrotzt hatte. Das Bild der städtischen Mutterrolle gegenüber
der Universität könnte fast beliebig ergänzt werden: Nicht selten blieben fürstliche Universitätsgründungen wegen fehlender Unterstützung
durch Stadtbehörden und Stadtbevölkerung Totgeburten oder über-
lebten nur kurze Zeit. Andererseits gingen aus städtischen Initiativen
viele blühende Universitäten hervor, von denen Padua, Basel, Leiden,
Manchester und Frankfurt am Main einige wenige, wenn auch hervorragende Beispiele bieten.

Wo aber bleiben in unserem Bild die Väter? Sie sind schwerer aus-
zumachen. Wen soll man denn als Vater der Universität Halle bezeichnen? Zur Wahl stehen nicht weniger als vier mögliche Väter:

1. Thomasius, der 1690 mit seinen Vorlesungen de facto das
   Universitätsstudium in Halle einführte und deshalb als geistiger
   Gründer der Universität gilt.
2. Kurfürst Friedrich III., der 1691 und 1692 die Gründung der
   Universität anordnete und alles Notwendige vorkehren ließ, um am
   11. Juli 1694 die *Academia halensis* feierlich einweihen zu können.
   Seinen Namen trug die Universität auch nach ihrer Vereinigung
   mit Wittenberg bis zum 10. November 1933.[3]
3. Kaiser Leopold I., durch dessen Privileg die Universität de jure am
   29. Oktober 1693 gegründet wurde.
4. Der Papst, ohne dessen Stiftungsurkunde die universale Anerkennung der Universität fraglich gewesen wäre. Pikanterweise
   griffen die dem Pietismus und der Aufklärung verpflichteten Peten-
   ten auf eine Gründungsbulle zurück, die 1531 für die in Halle geplante, jedoch nicht ausgeführte katholische Gegengründung zu
   Wittenberg erlassen worden war.

Ähnliche Schwierigkeiten bei der Bestimmung der Vaterschaft ergeben sich bei manch andern Universitätsgründungen. Insgesamt gilt
auch hier: mater certa, pater semper incertus. Nur die Mutter der Universität steht mit Sicherheit fest, die Stadt.

Doch verlassen wir die etwas antiquierte Metaphorik der Alma
mater und wenden uns einer modernere Ausdrucksweise zu. „Städte
und ihre Universitäten" sind durch eine *special relationship*, eine ganz
besondere Beziehung miteinander verbunden: Es gibt keine Universität ohne ihre Universitätsstadt. Die Universität ist eine städtische Erfindung. Anders als die frühmittelalterlichen Bildungs- und Kultur-
zentren der Klöster und Burgen verdanken die Universitäten ihre

Entstehung und ihre Entwicklung der Bedeutung, welche die Städte als Zentren wirtschaftlichen, sozialen und politischen Handelns in Europa seit dem Hochmittelalter gewonnen haben. Es scheint mir angemessen zu sein, als Präludium zum Jubiläumsjahr der Universität Halle die besondere Beziehung der Städte zu ihren Universitäten in der frühen Geschichte der europäischen Universität etwas genauer zu untersuchen und die Faktoren herauszuarbeiten, welche zu erfolgreichen Universitätsgründungen beitrugen.

Der städtische Ursprung der Universitäten[4]

Die vier ältesten Universitäten Bologna, Paris, Oxford und Montpellier sind nicht gegründet worden, sondern entwickelten sich aus Vorläufern. Deshalb läßt sich an ihnen besonders deutlich die *special relationship* zwischen ihren Städten und ihnen zeigen. In allen vier Städten gab es im 12. Jahrhundert unter der Aufsicht der lokalen kirchlichen Behörden bedeutende wissenschaftliche Schulen und erfolgreiche Lehrer, die auch als freie Magister einen Schülerkreis um sich sammelten. So lehrte Abälard in den ersten vier Jahrzehnten des 12. Jahrhunderts in Melun, Corbeil und Paris Philosophie und Theologie, zum Teil in einer geistlichen Schule, zum Teil als wohl berühmtester freier Magister, dem seine Schüler von Stadt zu Stadt nachzogen. In der Folge führte in Paris die Konkurrenz zwischen verschiedenen Schulen zu einer Konzentration bedeutender Philosophen und Theologen und zu einem eigentlichen Studentenviertel am linken Seineufer. In Bologna hatten nach 1080 einzelne Lehrer begonnen, das römische Recht zu lehren; ihre Nachfolger systematisierten auf dieser Grundlage das Zivil- und das Kirchenrecht und zogen Lernbegierige von weither an. Montpellier besaß im 12. Jahrhundert eine berühmte Medizinschule und glänzte durch bekannte Juristen. Oxford war nach 1180 Sitz der königlichen Verwaltung und geistlicher Gerichte. Die dort tätigen gelehrten Juristen erteilten nebenher Rechtsunterricht. Ein Jahrzehnt später war Oxford als Studienort so bekannt, daß zwischen 1190 und 1206 mindestens 70 Magister, darunter einer der bekanntesten Theologen seiner Zeit, Alexander Neckham, dort lehrten.[5]

Auch zahlreiche andere Städte besaßen im 12. Jahrhundert hervorragende Lehrstätten, vor allem Domschulen, von denen diejenige von Chartres dem Pariser *Quartier latin* ebenbürtig war.

Wissenschaftliches Medizinstudium hatte in Salerno begonnen und kam von dort nach Montpellier. Rechtsschulen hatten sich auch in anderen italienischen und südfranzösischen Städten etabliert. Daß zuerst in Bologna und Paris aus solchen Schulen Universitäten entstanden und in Oxford wie Montpellier Nachfolger fanden, hat in den ersten drei Fällen nachweislich mit Auseinandersetzungen zwischen städtischen Behörden und den Scholaren zu tun. Dabei ging es im wesentlichen um drei Probleme, 1. um die Rechtssicherheit der Professoren und Studenten, 2. um deren Lebensunterhalt, 3. um die Aufsicht über den Unterricht, insbesondere die Studienabschlüsse.

Ortsfremde Studenten und Magister verfügten gegenüber den städtischen Behörden über begrenzten Rechtsschutz. Soweit sie Kleriker waren, unterstanden sie zwar der kirchlichen Gerichtsbarkeit. Doch wurden auch sie oft *de facto* und als Laien *de jure* für Schulden und andere Verfehlungen ihrer Landsleute haftbar gemacht. In Bologna, wo viele adlige Laien Recht studierten, erließ Kaiser Friedrich Barbarossa auf Ersuchen der Rechtsprofessoren 1155 ein kaiserliches Gesetz, die sogenannte *Authentica Habita*, die man das „Grundgesetz der akademischen Freiheiten" genannt hat. Sie erteilte allen Lehrenden und Lernenden das Privileg, sich überall frei zu bewegen, verbot den Stadtbehörden, die individuellen Rechte der Scholaren zu verletzen, insbesondere sie für fremde Schulden haftbar zu machen und erlaubte ihnen, als Richter ihre Lehrer zu wählen. Zwar enthielt dieses Gesetz strenge Strafen gegenüber fehlbaren Stadtbehörden. Doch ließ es sich schwer durchsetzen, und Ende des 12. Jahrhunderts schlossen sich die ortsfremden Studenten zur Verteidigung ihrer Interessen zu Genossenschaften zusammen, wie sie im Mittelalter für Wirtschaftsgruppen und Gebietskörperschaften üblich waren.

Eine solche Genossenschaft, lateinisch *universitas* genannt, besaß besondere Freiheiten und Privilegien. Sie konnte als Rechtsperson nach außen handeln und verfügte über eigene Siegel. Sie befand über die Aufnahme ihrer Mitglieder, wählte ihre Beamten, darunter ihre Leiter, die oft Rektoren hießen. Sie statuierte über die eigenen Verhaltensregeln und setzte deren Einhaltung dank eigener Disziplinar- und Gerichtsgewalt durch. In Bologna bildeten sich zwei solche Genossenschaften, eine *universitas ultramontanorum*, der ennetbirgischen, also von jenseits der Alpen stammenden Studenten und eine *universitas citramontanorum*, der in der italienischen Halbinsel außerhalb Bolognas gebürtigen Scholaren. Die endgültige Anerkennung durch die Stadt kam erst zustande, nachdem die Studentenschaften mit den von ihnen angestellten Professoren mehrmals in andere Städte ausgezogen und damit die wirtschaftlichen Interessen der Stadtbürger wie auch das Interesse des Papstes an einem geregelten Studium des kanonischen Rechts empfindlich getroffen hatten. Der Papst veranlaßte schließlich die Stadt unter Androhung seines Banns zum Einlenken.

In den Pariser Schulen, die vor allem von Klerikern besucht wurden, bildete sich ebenfalls um 1200 eine *Genossenschaft*, die später den Namen *universitas magistrorum et scolarium Parisiensium* trug, also sämtliche Lehrer und Studenten umfaßte. Auch hier war der äußere Anlaß die Sicherung der gegenseitigen Hilfe bei Übergriffen der öffentlichen Gewalt. Im Jahr 1200 hatten der Stadtprovost und seine Leute nach einem Wirtshauskrawall fünf Studenten getötet, worauf die Pariser Schulen beim König intervenierten und mit dem Auszug aus der Stadt drohten. Sie erhielten darauf vom König die geistliche Gerichtbarkeit zugesichert und ihre gemeinsame Interessenvertretung anerkannt. Es dauerte freilich weitere 30 Jahre und bedurfte des Auszugs in verschiedene nordfranzösische Städte, die dadurch – wie Angers und Orléans – zu eigenen Universitäten kamen, bis die Universität Paris vom Papst ihre vollen Rechte bestätigt erhielt.

1209 hatte in Oxford ein Student seine Geliebte umgebracht und war geflohen. Der Bürgermeister und seine Knechte nahmen zwei Studenten, die im gleichen Haus wohnten, fest und hängten sie, ohne sie einem geistlichen Gericht zu unterziehen. Darauf stellten die Professoren den Lehrbetrieb ein und wanderten mit den Studenten aus, zum Teil nach Cambridge, wo dann eine eigene Universität entstand. 1214 setzte der Papstlegat in Oxford ein Abkommen durch, das der Stadt schwere Bußen auferlegte und eine *universitas* der Lehrenden und Lernenden nach dem Muster von Paris begründete.[6]

Dabei spielte das zweite Anliegen der genossenschaftlichen Interessenvertretung, die Erleichterung des Lebensunterhaltes, eine wichtige Rolle. Ordensangehörige waren in ihren Stadtklöstern zuhause. Einige Stipendiaten konnten in Kollegienhäusern wohnen, die von Gönnern, in Paris zum Beispiel durch Robert de Sorbon gestiftet waren. Doch für die meisten Studenten waren die Mieten Anlaß ständiger Auseinandersetzungen. Die universitären Genossenschaften erreichten es, daß die Mietpreise durch gemischte, aus Vertretern der Stadt und der Universität zusammengesetzte Kommissionen festgelegt wurden. In der Folge erhielten die Universitätsangehörigen alle möglichen Privilegien zur Herabsetzung der Unterhaltskosten, wie die Befreiung von Abgaben und Steuern, sowie die Festlegung von Höchstpreisen für Lebensmittel, Wein und Bier oder gar deren zollfreie Einfuhr.

Hätte sich der universitäre Zusammenschluß auf den Schutz materieller Interessen und körperlicher Freiheiten beschränkt, wäre die Universität wie die mittelalterlichen Zünfte zusammen mit ihren Privilegien längst untergegangen. Erst die gemeinsame Verantwortung für Organisation und Abschluß des Studiums gab den Freiheiten und Privilegien der Scholaren und Magister einen Sinn, der ihre unmittelbaren Interessen überstieg und so der Autonomie der Universität auf ihrem ureigensten Gebiet, der wissenschaftlichen Lehre und Forschung, Dauer verlieh. Dieser dritte, wichtigste Bestandteil der universitären Autonomie mußte gegenüber der lokalen geistlichen Autorität erkämpft werden. Auch dabei unterstützten die Päpste die entstehenden Universitäten als unentbehrliche Hilfen bei der theologischen Begründung der kirchlichen Einheit, beim rechtlichen Ausbau der päpstlichen Zentralgewalt mit einer rationalen Verwaltung und bei der Ausbildung der dafür erforderlichen Kader.

Mit Ausnahme der Kurienuniversität in Rom gründeten die Päpste keine Universitäten, präsentierten sich aber durch ihre Gründungsbullen als deren rechtliche Stifter, nahmen sie unter ihren Schutz und damit unter ihre Kontrolle. Sie anerkannten sie als *studium generale*, dessen Studienabschlüsse im Unterschied zu den Partikularstudien der Dom- und Klosterschulen in der ganzen Christenheit zum akademischen Lehramt befähigten. Dadurch hing die universale Geltung der akademischen Titel von der päpstlichen Anerkennung ab. Dies spielte, wie anfangs erwähnt, noch bei der Gründung der protestantischen Universität Halle eine Rolle. In säkularisierter Form wirkt die Universalität der akademischen Lehrbefähigung bis heute nach. Denn eine Hochschule gilt bekanntlich nur dann als Universität, wenn sie das Recht hat, den in der ganzen Welt anerkannten Magister- und Doktorgrad zu verleihen.

Die Städte sahen bald den Nutzen ein, den ihnen ihre Universität bot. Bereits in Bologna wurden die Professoren mehr und mehr durch die Stadt entlöhnt und die Universität durch städtische Beamte beaufsichtigt. 16 andere italienische Städte gründeten eigene *studia generalia*, womit ich wenigstens einmal den korrekten mittelalterlichen Ausdruck brauche. Erst später wurde der personenrechtliche Begriff *universitas* auf die ganze Lehranstalt übertragen. Auch die Universität Halle hieß bei ihrer Gründung nicht *universitas*, sondern in humanistischer Tradition *Academia halensis*.

Von der Mitte des 14. Jahrhunderts an erhielten oder gaben sich auch die Städte des Nordens Universitäten. Von 1348 in Prag bis 1502 in Wittenberg entstanden im Reich 18 Universitäten, darunter in Erfurt, Köln, Rostock, Greifswald und Basel städtische Gründungen. Ein bezeichnendes Beispiel für die Erwartungen, welche Städte im Spätmittelalter zur Gründung einer Universität veranlaßten, bietet Basel. Was die skeptische Bürgerschaft 1459 zur Universitätsgründung bewegte, waren weniger der Appell an ihr Ehrgefühl und der Hinweis auf den ideell-christlichen Wert solcher hohen Schulen als wirtschafts- und staatspolitische Argumente: die Erleichterung des Zugangs zum Arzt- und Anwaltberuf sowie zu höheren Kirchenämtern für die Bürgersöhne; die Konkurrenz zu Freiburg im Breisgau, wo vom Herzog eine Universität gegründet, jedoch noch nicht eröffnet worden war; die für die päpstliche Unterstützung geleisteten Ausgaben; vor allem aber der vom Zustrom reicher Studenten erwartete ökonomische Nutzen, der dem wirtschaftlichen Rückgang entgegenwirken könnte. Bei 1000 Studenten – so wurde den Bürgern vorgerechnet – würden jedes Jahr zusätzlich 20.000 Gulden in der Stadt verbraucht werden.

Kurzfristig ging die Rechnung nicht auf: Die vom Papst versprochenen Pfründe wurden von den lokalen Trägern nur zum Teil freigegeben, sodaß die Stadt für den Großteil der Gehälter aufkommen mußte. Weniger und vor allem weniger reiche Studenten kamen nach Basel. Bezeichnend ist ein Anstellungsvertrag aus der Anfangszeit. In ihm knüpfte die Stadt die Bezahlung eines Höchstgehaltes an die Bedingung, daß der betreffende Professor drei sehr vornehme Studenten des kanonischen Rechts und 40 adlige Studenten des Zivilrechts mit ihrem Gefolge mitbringe. Ein halbes später erwies sich die Universität, in deren Umkreis sich der erfolgreiche Buchdruck angesiedelt und europäische Größen wie Erasmus angezogen hatte, als eine auch wirtschaftlich für die Stadt nicht uninteressante Investition. Vor allem aber trug die Universität wesentlich dazu bei, daß die Stadt Basel im 16. Jahrhundert zu einem Mittelpunkt europäischer Kultur wurde und auch die übrige Eidgenossenschaft, die um 1500 militärisch eine Großmacht, kulturell ein unterentwickeltes Land war, eine Generation später wissenschaftliche und religiöse Zentren von europäischer Bedeutung aufwies.[7]

Die geistige Öffnung der humanistischen Universitäten

Mit der humanistischen Universität Basel begann nördlich der Alpen ein neues Kapitel der Universitätsgeschichte. Es gipfelte in der Gründung der Universitäten Halle und Göttingen. Dem humanistischen Wissenschaftsverständnis hat niemand prägnanter Ausdruck gegeben als Christian Wolff, der bekanntlich den Ruhm der jungen *Academia halensis* in ganz Europa verbreitete. Das Ziel akademischer Forschung und Lehre bezeichnete er mit seinem lateinischen Motto: *Ad usum vitae*, deutsch mit dem Bekenntnis: „Ich habe von der ersten Jugend an ein sehnliches Verlangen nach Gewißheit der Erkäntnis gehabt, und insonderheit nach derjenigen getrachtet, die zur Glückseligkeit des Menschengeschlechtes dienet."[8]

Es mag erstaunen, daß ich Wolffs Ausrichtung auf den individuellen Nutzen und auf das allgemeine Wohl der humanistischen Universitätstradition zuschreibe, die schon in der Bezeichnung *Academia halensis* zum Ausdruck kam. Denn der geschichtliche Humanismus wird im allgemeinen mit der Wiederentdeckung der Antike und der weltfremden Beschäftigung mit toten Sprachen und Gegenständen gleichgesetzt. Doch bereits die Lehrinhalte der mittelalterlichen Universität beruhten auf den teils direkt, teils durch arabische Gelehrte vermittelten Wissenschaften des Altertums, auf dem Römischen Recht in der Jurisprudenz, den galenischen und den sogenannt hippokratischen Schriften in der Medizin, auf Aristoteles in der Philosophie. Nicht die Wiederentdeckung des Altertums, sondern eine andere Sicht und Zielsetzung charakterisiert den Humanismus:

Mit der beliebten Lichtsymbolik des Mittelalters hatte Friedrich Barbarossa 1155 in der bereits genannten *Authentica Habita* erklärt, durch die Wissenschaft werde die Welt erhellt und das Leben der Untertanen zum Gehorsam gegenüber Gott und seinem Diener, dem Kaiser, unterwiesen, informatur. Zwei Jahrhunderte später warf der geistige Vater des Humanismus, Petrarca, der Universität vor, sie spende dem Menschen kein Licht. Sie vermittle pedantische Regeln, weltfremde Haarspaltereien, obskure Spekulationen, jedoch keine Erkenntnisse, die den Menschen bei der Klärung ihrer existentiellen und gesellschaftlichen Probleme helfen und zu ihrem Glück beitragen könnten. Die Kritik am finsteren Mittelalter zielte nicht auf Unwissen, sondern auf falsches, für das menschliche Leben unnützes Wissen. Der Kasuistik des Römischen Rechts zog Petrarca die „überaus nützlichen Lebensregeln Ciceros" vor, *vitae leges saluberrimas*, die Christian Wolffs *ad usum vitae* präludieren.

Diese neue Orientierung hat man mit dem modernen Ausdruck des Paradigmenwechsels belegt. Ich sehe darin eher einen Perspektivenwechsel, und zwar von der Vertikalen des Mittelalters zur Horizontalen der Renaissance, in der Gott in den Hintergrund rückt und der Vordergrund durch den Dialog und die Interaktion zwischen menschlichen Akteuren belebt wird. Man hat dies mit sozialgeschichtlichen Entwicklungen wie dem Aufkommen von Geldwirtschaft und Bürgertum in Verbindung gebracht; dies zu vertiefen ist hier weder möglich noch notwendig. Weniger geläufig ist der von Etienne Gilson herausgearbeitete Wechsel vom aristotelischen Zeitalter zum ciceronianischen und die damit verbundene Verlagerung des Schwergewichts von der Natur der Dinge zu derjenigen des Menschen, der mit Hilfe der Sprache Sinnbilder, gesellschaftliche Werte, politische Institutionen schafft und sich im Dialog mit unmittelbaren und überzeitlichen Vorbildern menschlich bildet. Von Cicero wurde für dieses Bildungsprogramm der Begriff der *studia humanitatis* übernommen, und diese bestimmten vom 16. bis zum 19. Jahrhundert, als Humaniora, humanities, humanités die höhere Bildung des Abendlandes. Damit verschob sich das Ideal des Gelehrten vom *bios theoretikos*, dem kontemplativen Erkenntnisstreben, zum *bios praktikos*, zum praktischen Leben. Dies hatte Auswirkungen auf die akademische Berufsausbildung, die gesellschaftliche Rolle der Universitäten, die intellektuelle Elitenbildung und damit auf das Verhältnis der Universität zu ihrer städtischen Umgebung[9].

Die mittelalterlichen Universitätsabschlüsse bescheinigten nur die Fähigkeit, das betreffende Fach als Bakkalaureus unter Aufsicht, als Magister und Doktor selbständig lehren zu können. Für die Ausübung eines anderen akademischen Berufs bedurfte es keines Titels, und tatsächlich verzichteten die meisten Studenten auf die sehr kostspieligen Examina. So genügte beispielsweise den Paduaner Stadtbehörden des

13. Jahrhunderts der Besitz der wichtigsten Rechtsbücher als Nachweis ausreichender Rechtskenntnisse für das Richteramt. Vom 15. Jahrhundert an legten die kirchlichen, fürstlichen und städtischen Behörden zunehmend Wert auf eine abgeschlossene akademische Ausbildung ihrer Beamten. Mit der Reformation und Gegenreformation wurde dies auch von den Geistlichen verlangt. Die Universitäten und die in den protestantischen Städten ohne päpstliches Promotionsrecht gegründeten Akademien dienten der Ausbildung der Geistlichen, Juristen und Ärzte unter strenger Kontrolle der Behörden. Sie bestraften beispielsweise in Bern sittliche Verfehlungen von Professoren mit der Versetzung ins Gymnasium. Schwerwiegender war bekanntlich die Verfolgung unorthodoxer Lehren: Halle verdankte ihnen Thomasius und verlor ihretwegen Christian Wolff für 17 Jahre. Zum Glück waren die Zeiten vorbei, in denen ketzerische Professoren in Genf wie in Rom verbrannt wurden.

Doch konnten alle Ketzerprozesse und Zensurmaßnahmen den Fortschritt der Wissenschaft nicht verhindern. Diese wurde Aufgabe und zugleich Grundlage einer Gelehrtenrepublik, welche die nationalen und konfessionellen Grenzen überspannte. Sie war nicht mehr wie die Universität des Mittelalters getragen von der universalen Autorität der Kirche. Der Dialog, in der von verschiedenen Standpunkten aus gemeinsamen Fragen nachgegangen wird, wurde nicht nur zur beliebtesten Form gelehrter Auseinandersetzung. Er konkretisierte sich in gelehrten Gesellschaften, verband im Briefwechsel von gewaltigem Ausmaß Gelehrte, Staatsmänner, gebildete Laien in ganz Europa, wurde von 1665 an durch wissenschaftliche Zeitschriften ergänzt.

Damit veränderte sich die gesellschaftliche Rolle der Universität. Sie mußte sich in der Auseinandersetzung mit anderen Institutionen der Wissenschaft behaupten und ihren Nutzen für das Allgemeinwohl beweisen. Besonders deutlich zeigt sich dies an der Universität Leiden, die 1575 gegründet, vor Halle die führende europäische Hochschule war. Ich beschränke mich auf ein Beispiel, das in der Zeit der Religionskriege von größter praktischer Bedeutung war. Ende des 16. Jahrhunderts untersuchte der Geschichtsprofessor Justus Lipsius das Kriegswesen der Römer und verglich es mit dem zeitgenössischen Militärwesen. Seine Ausführungen über die militärische Disziplin fanden sofort Eingang in die neuen holländischen Kriegsartikel. Die Arbeiten über die römische Taktik und Belagerungstechnik, die er in Form eines Dialogs mit befreundeten Stadtbürgern verfaßte, bildeten die Grundlage der Heeresreform des berühmten reformierten Militärführers Moritz von Oranien und fanden Eingang in französische und englische Militärhandbücher des 17. Jahrhunderts.

Eine Folge derart enger Verbindung von wissenschaftlicher Forschung und praktischer Anwendung war das erhöhte Selbstbewußtsein der Universitätsprofessoren, wie es auch in den Titelblättern und

Porträtkupfern ihrer Werke zum Ausdruck kommt. Sie konnten sich als Lehrer nicht nur ihrer Schüler, sondern der gesellschaftlichen Eliten schlechthin fühlen. Intellektuelle Bildung war nicht mehr wie im Mittelalter auf die Ausbildung zum Universitätslehrer ausgerichtet. Sie dehnte sich auf weite Kreise der gesellschaftlichen Eliten aus. Diese zu *litterati, letrados, gentlemen,* zur *civility, civilisation, Cultur* zu erziehen, wurde eine wichtige Aufgabe der Hochschulen. Sie bestand vor allem in der Auseinandersetzung mit antiken Vorbildern, Denkmustern und Kunstformen. Je mehr diese absolut gesetzt wurden, umso stärker gerieten sie in Widerspruch zur gesellschaftlichen Wirklichkeit, ließen den humanistischen Impetus erstarren und führten schließlich zu Konkurrenzgründungen, wie den Ritterakademien.

Die Academia Fridericiana Halensis

Damit sind wir bei der Gründung der Academia halensis angelangt, über sie wird in diesem Jahr ausgiebig gesprochen werden. Ich beschränke mich auf eine einzige Frage: In seiner berühmten „Geschichte des gelehrten Unterrichts" schildert Friedrich Paulsen die sehr bescheidene Ausstattung der Neugründung in allen Einzelheiten. „Und dennoch", fährt er fort, „war sie in kurzem die erste Universität Deutschlands, ja man kann wohl ohne Übertreibung sagen, der Welt: wenigstens sind bedeutende Antriebe für die wissenschaftliche Kultur und den akademischen Unterricht von keiner gleichzeitigen Universität ausgegangen ... Oxford hatte vielleicht mehr als das hundertfache Einkommen von Halle. Und doch, was ist das Oxford des 18. Jahrhunderts gegen Halle?"[10] Wie läßt sich dieses Wunder erklären? Waren vielleicht in Halle die wesentlichen Elemente der besonderen Beziehung zwischen Stadt und Universität, wie sie sich seit der Entstehung der europäischen Universitäten herausgebildet haben, so glücklich vereinigt, daß sie diese Dynamik auslösen konnten? Wie wir gesehen haben, waren es im wesentlichen sieben Faktoren, welche die erfolgreiche Gründung und Entwicklung der Universitäten kennzeichnen:

1. Die Grundlage war eine aufstrebende Stadt, die dank ihrer politischen oder wirtschaftlichen Bedeutung Gelehrten Gelegenheit bot, Schulen zu eröffnen und später in der Lage war, der Universität mit ihren Lehrern und Studenten eine wohnliche, materiell und kulturell befriedigende Heimstätte zu bieten. Dies traf offenbar für Halle in besonderem Maße zu. 1685 hatte der große Kurfürst die verödete Stadt den reformierten Glaubensflüchtlingen aus Frankreich, später auch aus der Pfalz und der Schweiz, zur Ansiedlung empfohlen. Die Flüchtlinge wurden zwar – wie üblich – von der einheimischen Bevölkerung wi-

derwillig, ja feindselig aufgenommen. Bald erwiesen sie sich wirtschaftlich, die Hugenotten auch gesellschaftlich und bildungsmäßig, als höchst belebendes Ferment.[11] Der schwierige Integrationsprozeß war bei der Gründung der Universität in vollem Gang und machte den Widerstand der Stadtbehörden gegen die zusätzliche Neuerung begreiflich. Doch trug vielleicht gerade der ungefestigte Aggregatzustand der Stadt zur Offenheit bei, mit der die Universität ihre Aufgabe anpackte.

2. Alle mittelalterlichen und die meisten neueren Universitäten sind aus höheren Schulen hervorgegangen. Sie erlaubten hervorragenden Gelehrten, Studierwillige aus Nah und Fern zu begeistern, bekannte Kollegen zu gewinnen und ausgezeichnete Nachfolger auszubilden. Dies war auch in Halle der Fall. Zwar läßt sich die Ritterakademie keineswegs mit den Bologneser Rechtsschulen oder den Pariser Theologieschulen des 12. Jahrhunderts vergleichen. Doch bot sie den Ansatzpunkt für die erfolgreiche Vorlesungstätigkeit, die Thomasius von 1690 an entfaltete und die den Kurfürsten zur Gründung der Universität veranlaßte. Eine Universität steht und fällt mit der Qualität ihrer Professoren. Gute Wissenschaftler umgeben sich mit besseren, mittelmäßige mit schlechteren. Es braucht einen Kern von zwei oder drei hervorragenden Wissenschaftlern, um eine neue Fakultät erfolgreich aufzubauen oder eine heruntergekommene zu sanieren. Das erstere war offenbar in Halle der Fall. Es gelang, bedeutende Gelehrte für die verschiedenen Fakultäten zu gewinnen.

3. Die mittelalterlichen Universitäten konstituierten sich als Personenverbände. Sie verfügten über keine eigenen Gebäude. Für die Vorlesungen mußten die Professoren ihre Wohnungen zur Verfügung stellen oder auf eigene Kosten Räume mieten. Obwohl sich dies im 15. Jahrhundert änderte, war die *Academia halensis* anfänglich fast so obdachlos wie ihre Vorgänger im 13. Jahrhundert. Die meisten Vorlesungen wurden privat in den Wohnungen der Professoren abgehalten. Für die wenigen öffentlichen Vorlesungen standen vier Zimmer im Residenzgebäude zur Verfügung, für öffentliche Akte und Disputationen der anfangs erwähnte Saal im städtischen Wagehaus. Promotionen fanden in der Kirche statt. Das *Theatrum anatomicum* wurde vom Medizinprofessor auf eigene Kosten eingerichtet und seinen Nachfolgern weiterverkauft. Die Universität Halle war also anfänglich faktisch ein Personenverband wie ihre mittelalterlichen Vorläufer. Auch die Entlöhnung war mittelalterlich. Mit Ausnahme weniger Koryphäen, die mit Sondergehältern nach Halle berufen worden waren, wurden die Professoren so schlecht bezahlt, daß sie auf privaten Verdienst, auf Privatvorlesungen, Privatunterricht und das Halten von Pensionären angewiesen waren. Daraus schließe ich nicht, daß es die unzureichenden Professorengehälter waren, die Halle zur besten Uni-

versität der Welt werden ließen. Schlechte Bezahlung der Lehrkräfte war üblich und erwies sich nur selten als Ansporn zu besonderen wissenschaftlichen Leistungen. Hingegen bin ich geneigt, den anfänglichen Mangel eigener Immobilien als positiven Faktor bei der Entwicklung einer geistig mobilen und innovativen Universität zu werten.

4. Nicht nur die materielle Ausstattung, auch die wissenschaftliche Autonomie mußte von der jungen Universität erkämpft werden, und zwar wie im Mittelalter gegenüber der lokalen geistlichen Aufsicht. 1711 hielt Gundling einen Festvortrag über die akademische Freiheit, genauer über die Freiheit der *Fridericiana*, und dies war so neu, daß 1718 ein weitverbreitetes Handbuch schrieb: „Die Hallische Freiheit und Weisheit verbreitet ihr Licht auch zu den andern deutschen Völkern und schon schämen sich überall die Professoren, manches zu glauben und zu lehren, was zu Zeiten unserer Väter noch für heilige Pflicht galt."[12] Fünf Jahre später macht die Vertreibung Christian Wolffs der Hallischen Freiheit und Weisheit den Garaus, jedoch nur vorübergehend.

5. Der fünfte Faktor, der zur Entstehung der ersten Universitäten beitrug und in der Folge immer wichtiger wurde, war das Interesse der herrschenden Mächte an einer autonom verantworteten Vermittlung wissenschaftlicher Erkenntnisse. Mit der akademischen Selbstverwaltung und Gerichtsbarkeit sowie mit den entsprechenden Privilegien gewährte der Kurfürst die traditionellen Freiheiten der Universität. Er und vor allem seine Nachfolger als preußische Könige erweiterten von Friedrich dem Großen an diese Freiheit auf die Lehrinhalte, wenn auch nicht widerspruchsfrei. Kant wurde in Königsberg wegen unorthodoxer Lehren von der Kultusbehörde gerügt, und im 19. Jahrhundert blieben aus den gleichen Gründen Privatdozenten in Preußen, auch in Halle, Professuren versagt. Trotzdem war es ein erster Schritt auf dem hindernisreichen Weg zur heutigen Freiheit der Forschung und Lehre, als Kurfürst Friedrich die Aufsicht über die Universität von der Geistlichkeit an sich zog. Nicht umsonst stammten wesentliche Prinzipien und führende Köpfe der Humboldtschen Universitätsgründung aus Halle.

6. Spannungen, ja Konflikte mit den städtischen Behörden kennzeichnen die Entstehung der ersten Universitäten. Insofern entsprachen die Widerstände der Hallenser Stadtväter einer ehrwürdigen Tradition, wenn nicht einer Grundbedingung erfolgreicher Universitätsgründungen und -entwicklungen, wie man mit konflikttheoretischen Argumenten näher begründen könnte. Die Universität hatte jedoch von Anfang an auch Bundesgenossen, vor allem in den Halloren, und es ist erfreulich zu sehen, daß diese Verbindung sich bis zum heutigen Tag erhalten hat. Universitäten sind ja nicht nur Verwaltungskörper,

die sich mit anderen öffentlichen Körperschaften auseinandersetzen müssen. Sie bestehen aus Personen, die mit den übrigen Einwohnern der Stadt in vielfältigen Beziehungen stehen. Einrichtungen, in denen diese Beziehungen institutionalisiert sind, haben ihren guten Sinn, auch wenn sie heute nicht nur Höchstmieten zu regeln hätten. Der Staat als Hochschulträger vertritt zwar politisch die Interessen der ganzen Bevölkerung, doch bleibt dies ein abstrakter, in seinem Handeln vor allem als Bürokratie erlebter Ausdruck des Volkswillens. In den Kuratorien, die in Deutschland zuerst für städtische Gründungen wie Frankfurt am Main eingeführt wurden und die unter anderen Namen in den Vereinigten Staaten und in der Schweiz mit Erfolg auch für staatliche Universitäten eingesetzt wurden, kommen die besonderen Beziehungen zwischen Bürgerschaft und Universität unmittelbarer zum Tragen. Deshalb sind in den letzten Jahrzehnten in vielen europäischen Staaten intermediäre Instanzen zwischen der staatlichen Hochschulverwaltung und der Universität mit Beratungs- oder Entscheidungskompetenzen eingeführt worden.

7. Soweit die sechs Faktoren erfolgreicher Beziehungen zwischen Städten und ihren Universitäten, wie sie sich aus der Gründungsgeschichte der europäischen Universitäten ergeben. Wie weit sie für die erfolgreiche Gründung der Fridericiana wirklich relevant waren, muß ich der Überprüfung von Kollegen überlassen, denen die hallischen Quellen vertrauter sind als mir. Ebenso wichtig war jedoch, daß und vor allem aus welchen tieferen Ursachen sich das Verhältnis der Universität zur Stadt bald verbesserte. Es waren ja nicht nur äußere Vorteile, die „selbst für blöde Augen deutlich geworden" waren. Wichtiger war die grundsätzliche Ausrichtung auf das allgemeine Wohl, das im zitierten Bekenntnis Christian Wolffs – und bereits im kaiserlichen Privileg – genannt ist, und diese geistige Öffnung gegenüber der Stadt kommt als siebenter, humanistischer Faktor hinzu.

Die konkreten Auswirkungen sind zu bekannt, als daß sie in diesem Kreis ausgeführt werden müßten: Franckes epochemachende Gründungen, die Pionierleistungen der Universität in der Schaffung eines kameralistischen und eines pädagogischen Lehrstuhls, die Bemühungen, wissenschaftliche Erkenntnisse einem weiteren Publikum durch öffentliche Vorlesungen und Zeitschriften in deutscher Sprache nahe zu bringen. Letztere stießen freilich anfangs nicht auf großes Interesse: Die in Halle verlegten „Monatlichen Gedancken" von Thomasius gingen 1689 nach zweijährigem Erscheinen ein. Kein besseres Schicksal hatten 1702 Gundlings – vorsichtigerweise anonym herausgegebene – „Neue Unterredungen, darinnen sowohl schertz- als ernsthaft über allerhand gelehrte und ungelehrte Bücher und Fragen freymüthig und unparteyisch raisonniret wird"[13].

Alle Bemühungen um die Öffnung der Universität trugen jedoch nur deshalb zum Erfolg der *Academia Fridericiana Halensis* bei, weil sie nicht auf unmittelbare Nutzanwendung gerichtet waren, wie sie die im 18. Jahrhundert aufkommenden Fachakademien verfolgten. Hauptaufgabe blieb die „Gewissheit der Erkäntnis, insonderheit ... derjenigen ... die der „Glückseligkeit des Menschengeschlechts dienet". Ich möchte deshalb mit einer Persönlichkeit schließen, die als Privatdozent der Universität und als Verordneter der Stadt Halle sich um die Verbindung von Theorie und Praxis im Dienste der „Glückseligkeit" der Stadt und des ganzen Menschengeschlechts bemühte und dabei einen Begriff prägte, der Geschichte gemacht hat.

Allgemein wird angenommen, daß Karl Marx den Humanismus, den er in seinen Pariser Manuskripten als Ziel des verwirklichten Kommunismus bezeichnete, Feuerbach verdankte. Kaum jemand weiß, daß der eigentliche Schöpfer des politischen Humanismus-Begriffs Arnold Ruge war. Er hat ihn zum erstenmal 1840 in seinen Hallischen Jahrbüchern entwickelt und Marx 1843/44 bei der Zusammenarbeit an den deutsch- französischen Jahrbüchern vermittelt. Ruge war 1839 aus der Universität ausgeschieden, nachdem ihm wegen der unorthodoxen Beiträge der Hallischen Jahrbücher eine außerordentliche Professur wiederholt verweigert worden war. 1838 von den Halloren zum Stadtverordneten gewählt, war er bei der Verbesserung der hygienischen und fürsorgerischen Verhältnisse so erfolgreich, daß er bei seiner Übersiedlung nach Dresden 1841 sofort in entsprechende Ämter gewählt wurde. Ebenso wichtig war ihm jedoch die philosophische Grundlegung demokratischer Sozialpolitik, und diese subsumierte er unter dem Begriff des Humanismus; diesen kannte er als ehemaliger Altphilologe in der ursprünglichen Bedeutung und funktionierte ihn nun – zweifellos auch auf Grund seiner praktischen Erfahrung als Stadtverordneter – entsprechend um, wie die folgenden Zitate zeigen:

Humanismus ist für Ruge die definitive und totale Verwirklichung des Christentums, „eine Folge des Industrialismus und der ideell gesetzten Materie, der Überwindung der Natur durch den Geist". Humanismus setzt er gleich mit „Demokratie, Herrschaft des Volkes und aller Menschen womöglich, über die starre Natur in sich und außer sich, Demokratie im Sinne der Nordamerikaner, daß die großen Angelegenheiten der Menschheit, ihre Hauptgebrechen in sittlicher und bürgerlicher Hinsicht, das Verbrechen, die Faulheit, die schlechte Erziehung, der Schmutz und die Schande, in die Hand aller Bürger, aller Patrioten und zu ihrer unmittelbaren Abhilfe gestellt werden". Die soziale Not sollen die guten Bürger „ausrotten, indem sie durch eine förmliche Nationalerziehung, durch eine Ausdehnung des Princips der Nationalbewaffnung und der Nationalbildung, die letzte Quelle aller Not verstopfen und das Princip des Christenthums ... verwirklichen".[14]

Bekanntlich hat Marx diesen bürgerlichen Humanismus in den Pariser Manuskripten radikal umgestülpt. Nach ihrer Veröffentlichung ist der marxistische Humanismus, beginnend mit der antifaschistischen Volksfront Frankreichs und kulminierend in der Nachkriegsdiskussion zu einem ideologischen Leit- und Gegenbegriff in Ost und West geworden und hat eine von Ruge ungeahnte, von Marx ungewollte Karriere gemacht.

Wenn ich mit Arnold Ruge als dem eigentlichen Schöpfer des politischen – und wie heute feststeht, in seiner bürgerlichen Ausrichtung gegenüber dem marxistischen erfolgreicheren – Humanismus schließe, so nicht nur, weil in ihm die *special relationship* zwischen Stadt und Universität Halle eine außergewöhnliche Wirkung gehabt hat. Es gibt auch einen persönlichen Grund: Das Thema meiner Probevorlesung, die ich 1950 zur Erlangung der Venia legendi an der Philosophischen Fakultät der Universität Zürich halten mußte, lautete „Zur Vorgeschichte des marxistischen Humanismusbegriffs". Die Entdeckung, daß dieser auf Arnold Ruge zurückgeht, hat mir das letzte Tor auf dem Weg aus der Stadt in die Universität geöffnet. So verdanke ich es letzten Endes einem Hallenser Privatdozenten und Stadtverordneten, daß ich heute an dieser Stelle stehe, und ich kann nur hoffen, mit meinen Ausführungen diese Dankesschuld einschließlich der seit 44 Jahren aufgelaufenen Zinsen und Zinseszinsen einigermaßen abgetragen zu haben.

Anmerkungen

1   Ralf-Torsten Speler, Kunst- und Kulturschätze der Alma mater halensis et vitebergensis, Schriften der Zentralen Kustodie der Martin-Luther-Universität Halle-Wittenberg 1, Halle 1987.

2   Wilhelm Schrader, Geschichte der Friedrichs-Universität zu Halle, Erster Teil, Berlin 1894, 89f.

3   Albrecht Timm, Die Universität Halle-Wittenberg, Frankfurt am Main 1960, 85.

4   Die folgenden Ausführungen stützen sich, soweit nicht andere Quellen angegeben sind, auf die im Erscheinen begriffene, von mir herausgegebene „Geschichte der Universität in Europa" in vier Bänden. Bd. I: Mittelalter, München 1993.

5   T.H. Aston (Hg.), The History of the University of Oxford, Vol. I: The Early Oxford Schools, Oxford 1984, 24; 37.

6   ebda., 48.

7   Walter Rüegg, Humanistische Elitenbildung in der Eidgenossenschaft zur Zeit der Renaissance, in: Georg Kauffmann (Hg.), Die Renaissance im Blick der Nationen Europas, Wiesbaden 1991, 95-133.

8   450 Jahre Martin-Luther-Universität Halle-Wittenberg, Halle, o.J. (1952), Bd. II, S. VI, 33.

9   Ausführlicher habe ich die Auswirkungen des Humanismus auf die Universitäten des 16. und 17. Jahrhunderts dargestellt in: Die humanistische Unterwanderung der Universität, Antike und Abendland 38 (1992), 107-123, sowie in Kapitel 1: „Themen, Probleme, Erkenntnisse" der „Geschichte der Universität

in Europa", Bd. II: Von der Reformation zur Revolution, 1500-1800, der vor-
aussichtlich 1995 erscheint.

10 Friedrich Paulsen, Geschichte des gelehrten Unterrichts auf den deutschen
Schulen und Universitäten vom Ausgang des Mittelalters bis zur Gegenwart,
Leipzig, Bd. 1, [3]1919, 550.

11 Gustav Frd. Hertzberg, Geschichte der Stadt Halle an der Saale während des
16. und 17. Jahrhunderts (1513 bis 1717), Halle 1891, 579-608.

12 Christoph-August Heumann, Conspectus rei publicae litterariae, 1718, 52; zitiert nach Paulsen, a.a.O., 544.

13 Burcardi Gotth. Struvii Introductio in notitiam rei litterariae, Frankfurt/Leip-
zig [6]1754, 537; 549.

14 Walter Rüegg, Zur Vorgeschichte des marxistischen Humanismusbegriffs, in:
Ders., Anstöße, Aufsätze und Vorträge zur dialogischen Lebensform, Frankfurt
am Main 1973, 193.

Alfred Grosser

Deutschland, Frankreich und die Wurzeln der Europäischen Grundwerte

Dem Thema begegnen möglicherweise viele mit Skepsis: Gibt es überhaupt heute ein Europa und, wenn ja, was hat es mit Grundwerten zutun? Dem halte ich entgegen: Zumindest das Europa der Union, der Gemeinschaft der Zwölf viel mehr, besteht in einer größeren Vielfalt und Tiefe, als es in Deutschland (besonders in den „neuen Ländern") und auch in Frankreich gewußt wird und bewußt ist. Die Verstrickungen, die Verquickungen, die gemeinsamen Gesetze und Regelungen sind zahllos. Dabei hat von Anfang an die Ethik eine entscheidende Rolle gespielt.

Auf sie begründete sich die deutsch-französische Austausch- und Aufklärungsarbeit der ersten Nachkriegszeit, im Sinne der Präambel der französischen Verfassung von 1946, die bereits im ersten Satz betonte, daß der Sieg über Regime errungen worden war – und nicht über Völker und Nationen. Damit wurde der Begriff „die Deutschen" verneint und der Weg freigemacht für eine gemeinsame, transnationale Mitverantwortung für die Zukunft der freiheitlichen Demokratie in beiden Ländern und in Europa. Später, als die ursprünglichen Sechs von 1950 neun geworden waren, stellte sich die Frage der Aufnahme Griechenlands, Spaniens und Portugals. Sie wurden nicht aus wirtschaftlichen Gründen aufgenommen, sondern weil es junge Demokratien waren, die bis 1974/75 Diktaturen gewesen waren und nun in der Gemeinschaft sein wollten, um ihre innere, noch unsichere Demokratie zu festigen. Die gleiche Anfrage kommt heute aus Prag, Warschau, Budapest. 1990 ist die deutsche Einheit durch Artikel 23 GG und nicht durch Art. 146 hergestellt worden, damit nicht im Rückblick die beiden deutschen Staaten, der freie und der unfreie, als mit gleicher Legitimität versehen betrachtet werden. Art. 23 bedeutete keine „Westbindung" für die ehemalige DDR, sondern den Eintritt des gerade freigewordenen Teils Deutschlands in eine Republik, die 1949 auf der Ethik der Freiheit, auf der doppelten Ablehnung des Totalitarismus in der Vergangenheit und in der östlichen Nachbarschaft begründet worden war.

Aber hier und heute gilt es ja, einen drei Jahrhunderte zurückliegenden Geburtstag zu feiern. Dazu bedarf es zunächst eines kurzen Rückblicks. Morgen erhalten sie Information über das an dieser Universität wirkende „Zentrum zur Erforschung der Europäischen Aufklärung und des Pietismus in Halle." Der Unterschied sollte jedem klar sein. Der Zufall will es – nicht deshalb wurde ich eingeladen! – daß ich mich vor Jahrzehnten über Philip Jakob Spener habilitieren wollte und feststellen konnte, daß sein 1675 erschienenes, den Pietismus gründendes Werk *Pia Desideria*, nicht gerade politische, gesellschaftliche Grundwerte zum Ausdruck brachte. Es ging um Innerlichkeit. Diese – und das muß seit dreißig Jahren ständig der Linken in Deutschland und Frankreich gesagt werden – sollte stets den tatkräftigen Einsatz für andere erwärmen und beseelen. Aber die Innerlichkeit birgt auch Gefahren. Vor allem, wenn sie in Weltfremdheit, manchmal sogar in Weltverachtung mündet. Da werden Beruf und Berufung allzu leicht verwechselt. Beruf, Familie und Frömmigkeit gehören zusammen; die Politik, d.h. die Bestimmung der Zukunft der Gemeinschaft, die bleibt dann denen überlassen, die das Charisma des Herrschens haben. Ich denke an eine damalige Abhandlung über die Frage, ob man ohne Sünde am Sonntag Holz hacken darf. Ein Thema über das wir heute lächeln? Wenn ja, zu Unrecht, denn die Antwort hieß: „Man darf, wenn man den Befehl dazu erhalten hat, denn die Sünde gilt nur für den Befehlsgeber"!

Für Spener ging es jedoch nicht nur um Innerlichkeit. Für August Hermann Francke noch weniger. Er wollte auf andere wirken – aus religiös-ethischer Überzeugung, aber ganz gewiß nicht nur, um diese anderen zur Religiosität zu führen. Er war ein Erzieher, ein Ausbilder. Dies in einem doppelten Sinn, wobei beide Bestrebungen für die heutigen europäischen Grundwerte eine große Bedeutung haben. Er wollte durch die Ausbildung soziale Ungleichheiten verringern. Die Franck'sche Schule war vor allem für die Ärmeren da. (Darf ich gestehen, daß ich es gut und richtig fände, wenn die heutigen Erben dieser Schulen wieder zu diesem Prinzip zurückfinden würden und nicht, wie es in Deutschland und Frankreich der Fall ist, als Gymnasien den bereits Bevorteilten Vorteile verschaffen?). Andererseits wurde tatsächlich eine beeinflussende Ausbildung angestrebt. Wie es so glasklar im ersten Satz Ihres deutschen Gesetzes heißt: „Der Auszubildende ist in einer Ausbildung durch Ausbilder auszubilden"! Nicht nur in einer Technik. Auch im Sinne einer durch Wissen und ethischer Reflexion erweiterten Freiheit. Ein Lehrer, ein Professor, eine Mutter, ein Vater, die sagen, sie weigern sich, im Namen der Freiheit des Schülers, des Studenten, des Kindes, Einfluß auszuüben, die sind nicht „liberal"; sie danken einfach ab und überlassen die „Nicht-Beeinflußten" allen anderen Einflüssen, die insbesondere in den Medien auf sie einstürmen. Manchmal kann ich das Wort Toleranz nicht mehr ertragen, denn es bedeutet heute immer mehr: „Es ist mir völlig egal, was Du tust, vorausgesetzt, es ist Dir egal, was ich tue"!

Glücklicherweise war dies nicht der Sinn des Wortes zur Zeit der Aufklärung, die in Halle nicht durch August Hermann Francke verkörpert wurde, trotz seiner auf Vernunft aufgebauten und verwalteten großen Schöpfungen –, sondern etwas später durch Christian Wolff. Der Ehrlichkeit halber muß ich hier gestehen, daß ich nun mit einiger Voreingenommenheit sprechen werde, denn ich fühle mich seit meiner Jugend als Erbe dieser auf warme Vernunft begründeten Bewegung. Die Vernunft ist notwendig, um die Wahrheit zu suchen oder vielmehr, um mehr Wahrheit zu suchen, weil es eben keine Wahrheit an sich gibt, die man besitzt und die einem erlaubt, sie anderen autoritär aufzuzwingen. Die Vernunft erlaubt es, zugleich die Andersheit des Anderen zu verstehen und das Andere bei ihm als unwesentlich aufzufassen im Vergleich mit seinem Ähnlichsein als Mensch.

Ich werde nachher noch darauf zurückkommen, daß die ethische Grundlage dieser Betrachtungsweise uns heute allen gemein ist. Als vorläufigen Beweis möchte ich jetzt lediglich auf Voltaire hinweisen. Er ist wie diese Universität im Jahr 1694 geboren. In Frankreich kamen bisher die schönsten Würdigungen im Voltaire-Jahr von katholischer Seite; er habe zwar die Kirche mit viel Vehemenz und Ungerechtigkeit bekämpft, aber er sei zu feiern als der Vater der Toleranz, der freien Wahrheitssuche, der Freiheit des Geistes schlechthin.

In diesem, eigentlich nur in diesem Sinn war er einer der Väter der Französischen Revolution, wobei in Frankreich allzu oft übersehen wird, daß diese nach der – viel unblutigeren, viel toleranteren – amerikanischen Revolution stattgefunden hat. Ich sage das nicht, um unserem Freunde aus South Carolina zu schmeicheln, sondern um ein Zitat vorzutragen, das uns zu einer zeitgenössischen Überlegung führen wird. Es handelt sich um den mutigen und weitsichtigen Leitartikel der berühmten Berliner *Vossischen Zeitung* vom 21. März 1933. Er zeigte auf, daß das „Ermächtigungsgesetz", über das der Reichstag am übernächsten Tag zu entscheiden hatte, der seit dem 30. Januar amtierenden Regierung Hitler erlauben werde, alle Freiheiten abzuschaffen. Es „bedeutet die Beseitigung jeder rechtsstaatlichen Garantie ... Alles das sind nicht etwa Neuerungen der Weimarer Verfassung. Sie sind Gemeingut aller modernen Völker geworden, seit am 4. Juli 1776 die Vereinigten Staaten von Amerika ihre Unabhängigkeitserklärung verkündet haben. Sie sind die rechtlichen Grundlagen, auf denen sich Wirtschaft und Kultur der europäischen Welt seit anderthalb Jahrhunderten entwickelt haben."

Dazu zwei nicht auf das XVIII. Jahrhundert bezogene Randbemerkungen. Die erste: Wenn in der Bundesrepublik etwas zu viel und zu nachdrücklich behauptet wird, der freie Markt garantiere die politische Freiheit, so muß daran erinnert werden, daß am 23. März 1933

alle Parteien, die für die Marktwirtschaft waren, vor Hitler abgedankt
haben, während das Nein von Otto Wels ausgesprochen wurde, nämlich: „Wir Sozialdemokraten bekennen uns in dieser historischen
Stunde feierlich zu den Grundsätzen der Menschlichkeit und der Gerechtigkeit, der Freiheit und des Sozialismus" (was übrigens erklärt,
warum für mich der Sozialismus dann 1946 von Kurt Schumacher
und Erich Ollenhauer vertreten war und nicht von Walter Ulbricht
und Otto Grotewohl!).

Die zweite Randbemerkung betrifft die deutschen Beamten nach
1945 und vielleicht auch in der ehemaligen DDR nach 1990. Als einige
der „Entnazifizierten" im Namen der Kontinuität des öffentlichen
Dienstes vor dem Bundesverfassungsgericht Klage erhoben, da kam
1953 die Antwort aus Karlsruhe: Der öffentliche Dienst im liberalen
Sinne, mit seiner politischen Neutralität, bestand 1945 seit zwölf Jahren gar nicht mehr, er war 1933 beseitigt worden, als Hitler ihn „gesäu-
bert" und Juden, Kommunisten, Sozialisten, Liberale als solche ihrer
Ämter enthoben hatte.

Ja, nicht nur hier und heute muß von negativer, von verbrecheri-
scher Vergangenheit gesprochen werden. Ich versuche es überall zu
tun. Zum Beispiel bei mir in Frankreich. Im Hinblick auf den nahen-
den 8. Mai 1995 fordere ich ständig, daß man an diesem Tag auch ein
anderes Geschehen ins Gedächtnis ruft, das am selben 8. Mai 1945 stattgefunden hat, nämlich das Massaker von abertausenden von mosle-
mischen, an sich französischen Algeriern durch die französische Armee bei Sétif, weil es eine Revolte gegeben hatte. Und wenn auf jüdischer, auf israelischer Seite ständig von dem Recht auf den Boden als
Erstbesitzer gesprochen wird, so zitiere ich die Bibel (Numeri XXXIII
50-52):

In den Steppen von Moab, am Jordan bei Jericho, sprach der Herr zu Mose: Rede
zu den Israeliten und sag zu ihnen: Wenn ihr den Jordan überschritten und
Kanaan betreten habt, dann vertreibt vor euch alle Einwohner des Landes und
vernichtet alle ihre Götterbilder ... (55) Wenn ihr die Einwohner des Landes vor
euch nicht vertreibt, dann werden die, die von ihnen übrigbleiben, zu Splittern in
euren Augen und zu Stacheln in eurer Seite.

Aber hier in Deutschland, hier in der ehemaligen DDR, hier in einer
vorwiegend protestantischen Gegend, muß auf zwei andere Arten von
Vergangenheit hingewiesen werden (Wollen Sie schlimme katholische
Texte, so greifen Sie zu meinem 1993 bei Dtv erschienenen Buch *Verbrechen und Erinnerung!*). Zwei Zitate in einer Richtung und eins in der
anderen Richtung mögen genügen:

a) „Wir haben von Dr. Martin Luther gelernt, daß die Kirche der recht-
mäßigen staatlichen Gewalt nicht in den Arm fallen darf, wenn sie tut,
wozu sie berufen ist. Auch dann nicht, wenn sie hart und rücksichts-
los schaltet. Wir kennen die furchtbaren Worte, mit denen Luther im

Bauernkrieg die Obrigkeit aufgerufen hat, schonungslos vorzugehen, damit wieder Ordnung im Lande werde ... Wenn der Staat seines Amtes waltet gegen die, die die Grundlagen der staatlichen Ordnung untergraben, gegen die vor allem, die mit ätzendem und gemeinem Wort die Ehre zerstören, den Glauben verächtlich machen, den Tod für das Vaterland begeifern – dann walte er seines Amtes in Gottes Namen".

Generalsuperintendent Otto Dibelius (nach dem Krieg Vorsitzender der EKD) am 21. März 1933 in Potsdam zum Hitler-Tag der „nationalen Erhebung".

„Der feige Mord eines Juden an dem Gesandtschaftsrat vom Rath in Paris hat unser gesamtes deutsches Volk aufs tiefste empört. Dieses Verbrechen erhellt schlaglichtartig, worum es heute im christlichen Abendland geht. Es geht um den weltgeschichtlichen Kampf gegen den volkszersetzenden Geist des Judentums. Der Nationalsozialismus hat in unserer Zeit diese Gefahr am klarsten erkannt ... Aufgabe der Kirche in Deutschland ist es, aus christlicher Verantwortung in diesem Kampf treu an der Seite des Führers zu stehen ..."

Aufruf des Landeskirchenrates der Thüringer evangelischen Kirche vom 12. November 1938 (drei Tage nach der „Kristallnacht") „am Bußtag in allen Gottesdiensten zu verlesen".

b) „Was ist unsere Schuld? Wir haben nicht genau genug hingesehen. Und weil wir den Frieden in der Welt bewahren wollten und den Entspannungsprozeß, aber auch weil wir die Verbindung zwischen den Kirchen in Ost und West nicht gefährden wollten, haben wir zu oft und zu lange geschwiegen ... Daß das brutale, totalitäre System des östlichen Sozialismus zu oft verharmlost wurde, das bleibt als offene Frage bestehen."
Bischof Heinz-Georg Binder, Mai 1992

Warum soll von der Vergangenheit gesprochen werden? Natürlich um die Gegenwart richtig zu verstehen. Wieder zwei Zitate. Das erste stammt aus der Rede von Richard von Weizsäcker am 8. Mai 1985:

„Wir dürfen nicht im Ende des Krieges die Ursache für Flucht, Vertreibung und Unfreiheit sehen. Sie liegt vielmehr in seinem Anfang und im Beginn jener Gewaltherrschaft, die zum Krieg führte".

Das zweite Zitat stammt aus der Rede Willy Brandts als Alterspräsident des ersten gesamtdeutschen Bundestages am 20. Dezember 1990:

„Ohne die freiheitliche Selbstbehauptung des deutschen Westens und Berlins hätte jede Hoffnung unserer Landsleute zwischen Elbe und Oder erlöschen müssen. Wir wissen auch: unsere Freiheit hätten wir nicht bewahren können, wäre sie nicht durch die atlantische Allianz und in wachsendem Maße durch die Prosperität und Solidarität der EG geschützt worden. Zu den Gründervätern des vereinten Deutschland zählen in diesem Sinne ... Männer wie Jean Monnet."

Beide Zitate führen zu einem Dokument, das Sie kennen sollten. In allen Schulen und Fakultäten der neuen Länder sollte es regelmäßig kommentiert werden, nämlich die ergreifende „Bitte um Verzeihung", die Volkskammererklärung vom 13. April 1990.

Es geht um noch viel wesentlicheres. Zwei jüdische Geschichten weisen darauf hin. Die erste: „Ein Rabbiner wird gefragt, warum der Storch zu den unreinen Tieren gehöre, obwohl er auf hebräisch *Hassida*, der Zärtliche, hieße, weil er die Seinen liebe. Der Rabbi antwortet: Eben weil er nur die Seinen liebt!" Die zweite: Zwei Brüder laufen nebeneinander. „Liebst du mich? – Natürlich liebe ich dich. – Weißt du, was mich leiden macht? – Wie könnte ich es wissen? – Wie kannst du behaupten, daß du mich liebst, wenn du nicht weißt, was mich leiden macht?"

Bei den ersten deutsch-französischen Begegnungen nach Kriegsende mußten nicht nur die deutschen meist jungen Teilnehmer über deutsche Verbrechen aufgeklärt werden; die Franzosen sollten auch erfahren, was die Nächte der deutschen Städte unter den Bomben bedeuteten und wie grausam die Vertriebenen aus dem Osten behandelt wurden. Nur so bereitet man eine Zukunft des Friedens und des Zusammenwirkens vor. Nach der französischen Originalausgabe von *Verbrechen und Erinnerung*, die 1989, vor dem Blutvergießen im ehemaligen Jugoslawien erschienen ist, erhielt ich insbesondere zwei Briefe, einen von einem katholischen kroatischen Priester, einen von einem orthodoxen serbischen Priester. Beide warfen mir vor, nicht genügend von den Verbrechen gesprochen zu haben, die die andere Gruppe an der ihrigen verübt hatte. Ich antwortete beiden, daß, da sie sich ja als Christen darstellten, sie besser ihre eigene Gruppe darauf hinwiesen , welche Verbrechen in ihrem Namen an der anderen Gruppe begangen worden waren. Der gegenseitige Haß beruht im allgemeinen auf einem Verkennen der eigenen Haftung für die Schuld der Väter.

Der Vergleich muß auch oft anders gehandhabt werden. Zum Beispiel finde ich richtig und gut, wenn Katholiken den Schriftsteller Rushdie in Schutz nehmen gegen das barbarische „Todesurteil", das gegen ihn wegen eines Buchs in Teheran verkündet wurde. Aber ich weise auch gleich auf Voltaire hin, der vergeblich versucht hatte, den jungen Freiherrn de la Barre vor einem grausamen Tod zu bewahren; er war verurteilt worden, weil er vor einer Prozession den Hut nicht gezogen hatte. Die katholische Kirche war zugleich die Kirche der Liebe von Franz von Assisi und die mörderische Kirche der Scheiterhaufen. Das hat jeder Katholik zu begreifen, um nicht den Islam schlechthin als intolerant und mörderisch zu betrachten. Denn den toleranten Islam hat es mindestens ebenso häufig gegeben wie die liebende katholische Kirche. So ist es auch heute.

Wird so etwas heute vom jetzigen Deutschland berücksichtigt? Nicht, wenn ich die Unterstützung sehe, die aus München und auch aus Bonn denen gegeben wird, die im Namen der vertriebenen Sudetendeutschen (und deren völlig integrierten Kindern und Enkeln) der tschechischen Republik gegenüber alle möglichen Forderungen aufstellen. Zu Recht hatte Bundeskanzler Kohl beim Sudetendeutschen Tag 1986 darauf hingewiesen, daß ganz andere Verbrechen dem Verbrechen der Vertreibung vorausgegangen waren. Die moralische Größe, die Vaclav Havel 1989 in einem Brief an Richard von Weizsäcker gezeigt hatte – mit Wiederholung, als er Präsident in Prag geworden war – sollte nicht als Argument für Forderungen, sondern als Aufforderung zum gemeinsamen Neubeginn Anlaß geben: Er schrieb:

„Die Vertreibung ... erschien mir immer als eine zutiefst unmoralische Tat ... Auf Böses wiederum mit neuem Bösen zu antworten bedeutet, das Böse nicht zu beseitigen, sondern es auszuweiten."

Allerdings kann man dies nur verstehen, wenn man die Würde und den Wert jedes Menschen als das Fundament der Moral betrachtet, so wie es die Aufklärung weitgehend getan hat und wie es die Christen immer hätten tun sollen, und heute im allgemeinen tun. Ich darf doch glauben, daß das Losungswort des Evangelischen Kirchentages 1993 „Nehmet einander an" sich nicht nur auf die Protestanten bezog! Jedenfalls ist dieser Grundstein unser aller Moral nie klarer und besser formuliert worden als von dem Kardinal Karol Wojtyla, der dann als Johannes Paul II. Papst werden sollte:

„Der Begriff des Nächsten berücksichtigt alleine die Menschlichkeit des Menschen, die Menschlichkeit, die jedem anderen zukommt. Der Begriff des Nächsten schafft die breiteste Grundlage der Gemeinschaft, die weiter reicht als irgend eine Andersheit" (Deutsche Ausgabe *Person und Tat* 1980).

Geht es hier um eine christliche Ethik? Die Frage scheint mir wichtig, weil ich von der Notwendigkeit der heutigen Zusammenarbeit von gläubigen Christen (nicht alle Kirchensteuerzahler gehören zu diesen!) und Nicht-Gläubigen meiner Art auf gleicher moralischer Grundlage überzeugt bin und sie übrigens ständig mit Katholiken und Protestanten praktiziere.

Warum ist es so wichtig, die Frage nach der christlichen Ethik zu stellen? Unter anderem, weil innerhalb des ehemaligen Sowjet- Imperiums Millionen Menschen mit den christlichen Religionen nichts zu tun haben und dennoch von uns ermutigt werden sollten, unsere Grundwerte zu teilen, wenn sie noch nicht die ihrigen sein sollten. Das betrifft auch die ehemalige DDR. Manchmal habe ich den Eindruck, die beiden großen christlichen Kirchen erliegen der Illusion, die neuen Bürger der Bundesrepublik seien zu 80% protestantisch und zu 20% katholisch, so wie es in der sowjetischen Besatzungszone 1946 war! Daß darüber hinaus die Aufklärung christliche Quellen gehabt hat,

wer könnte das leugnen? Nur daß die christlichen Werte gewissermaßen neu erfunden werden mußten im XVI., im XVIII. und im XIX.
Jahrhundert, und zwar gegen die Kirchen. Es trifft nämlich zu, daß die
christliche Ethik, u.a. die der katholischen Kirche, viel verändert hat.
Sei es nur, indem der christliche Antisemitismus heute zwar noch
nicht ganz, aber immerhin weitgehend überwunden worden ist. Sie
werden gleich Auszüge aus dem *Magnificat* hören. Insbesondere den
Passus:

Sicut locutus est ad Patres nostros
Abraham et semini eius in secula
(Wie er geredet hat unseren Vätern
Abraham und seinem Samen ewiglich)

Wie konnte die Abstammung des Christentums, die hier Johann Se-
bastian Bach vertont hat, mörderisch verleugnet werden? Für mich ist
der Gipfel „meiner" Aufklärung Lessings *Nathan der Weise*. Aber an
einer Stelle finde ich, daß Lessing an etwas wichtigem vorbeigeht. Sie
erinnern sich an die entscheidende Stelle im vierten Akt, wo Nathan
dem Klosterbruder erklärt, woher seine vermeintliche Tochter kommt:

Ihr wißt wohl aber nicht, daß wenige Tage
Zuvor, in Gath die Christen alle Juden
Mit Weib und Kind ermordet hatten; wißt
Wohl nicht, daß unter diesen meine Frau
Mit sieben hoffnungsvollen Söhnen sich
Befunden, die in meines Bruders Hause,
Zu dem ich sie geflüchtet, insgesamt
Verbrennen müssen.

Er erzählt dann, wie er jedes Rache- und Haßgefühl überwunden und
ein ihm anvertrautes christliches Neugeborenes als das seine aufgenommen, angenommen hatte. Daraufhin der Klosterbruder:

„Nathan! Nathan! Ihr seid ein Christ!/Ein besserer Christ war nie!"

Leider gibt dann Nathan seine berühmte Antwort:

„Wohl uns! Denn was mich/Euch zum Christen macht, das macht
Euch/mich zum Juden!"

Anstatt den Klosterbruder darauf hinzuweisen, daß es zumindest
merkwürdig ist, menschliche Größe als christlich zu bezeichnen, nachdem die Barbarei mordender Christen dargestellt worden war.

Zwei andere große Veränderungen haben stattgefunden. Karl
Marx hatte nicht unrecht, von der Religion als „Opium des Volkes" zu
sprechen zu einer Zeit, als die Kirchen, insbesondere die katholische,
eine Religion der Kompensation verkündeten. Viele Stellen des Neuen

Testaments erlauben diese Deutung. Es ist kein Wunder, daß, wenn sich heute ein Prediger auf die Bergpredigt bezieht, er die Matthäus-Fassung nimmt und nicht den Text im Lukas-Evangelium, wo den Reichen und den Glücklichen die Tränen verhießen werden und den Armen und Leidenden die Freude – in einem anderen Leben. Der vor der Tür des Reichen schmachtende Lazarus kommt ins Paradies, nur weil er im hiesigen Leben arm ist. Die Armen, die Entrechteten können somit aufgefordert werden, nicht zu rebellieren; die Entschädigung, der Lohn kommt nach dem Tod. In der zweiten Epistel Petri heißt es sogar, daß es kein Verdienst sei, einem gerechten Herren zu gehorchen. Nur wenn man sich vom ungerechten mißhandeln läßt, baut man seine himmlische Zukunft auf.

Auch gab es keine Gleichheit unter den Menschen. Heute zitiert jeder Christ stolz den Brief an die Galater: „Es gibt weder Sklaven noch Freier, denn ihr seid alle einer in Christo". Aber bis in die Mitte des XIX. Jahrhunderts bedeutete das, daß der Sklave auch Christ sein durfte – aber Sklave blieb er weiterhin! Der *Code noir* von Ludwig dem XIV., in dem es hieß, daß der Sklave ein bewegliches Gut sei und außerdem katholisch getauft und unterrichtet werden sollte, ist erst nach der Revolution von 1848 endgültig abgeschafft worden. Gerade vor dem Satz des *Magnificat*, mit dem der Chor beginnen wird, heißt es im selben Sinn:

Esurientes implevit bonis et divites dimisit
(Die Hungrigen füllt er mit Gütern und läßt die Reichen leer)

Heute ist es anders. Nicht der allmächtige, oft zürnende, strafende oder belohnende Gott steht im Kernpunkt der Religion, sondern der Menschgewordene, der leidende Heiland. Wenn Sie Händels wunderbaren *Messias* hören, so ist es nicht mehr das triumphale *Halleluja*, das das Christentum unserer Zeit und seine Ethik am besten vertritt, sondern die große, ergreifende Arie, in der die Altistin den Text des Kap. 53 von Jesaja, nämlich das Vierte Lied des Knechtes singt:

He was despised and rejected of men
A man of sorrows and acquainted with grief
(Er wurde verachtet und von den Menschen gemieden
Ein Mann voller Schmerzen und mit Leiden vertraut)

Der Nächste, von dem in der Parabel des Samariters die Rede ist (nicht: wer ist dein Nächster?, sondern: Wer hat sich als dein Nächster erwiesen?), das ist nicht mehr der Katholik, das ist der Leidende, der Verfolgte, auch wenn er kein Katholik ist und auch wenn der Verfolger katholisch ist. So war es noch nicht zur Zeit Hitlers. So ist es heute, u.a. in Mittel- und Südamerika, wo Priester ermordet werden, weil sie sich eindeutig auf die Seite der Unterdrückten, der Ausgebeuteten gestellt haben.

Eine andere, entscheidende Veränderung ist noch nicht ganz eingetreten, nämlich, daß die Ethik, daß die Werte nicht lediglich in einem Gott, in dem christlichen Gott verwurzelt sind. In der an sich schönen Enzyklika *Mater et Magistra* von Johannes XXIII. hieß es noch 1961 „Die sittliche Ordnung hat nur in Gott Bestand". Dies verhindert die schöpferische Zusammenarbeit zwischen Gläubigen und Ungläubigen, die sich auf dieselben Werte beziehen. Um nur ein Beispiel zu geben: In seinem zweiten Brief zur Theologie der Befreiung schrieb Kardinal Ratzinger 1986 mit Einsicht und Wärme: „Die furchtbaren Ungleichheiten und Unterdrückungen aller Art, die heute Millionen von Männern und Frauen treffen, stehen in offenem Widerspruch zum Evangelium Christi und können das Gewissen keines Christen gleichgültig lassen." Aber dann heißt es: „Die Sünde des Menschen, d.h. sein Bruch mit Gott, ist der entscheidende Grund für die Tragödien, die die Geschichte der Freiheit kennzeichnen". Als sei gerade in Mittel- und Südamerika das Kreuz nicht eher der Griff des Schwertes gewesen, mit dem man die Schädel der Indianer und der Azteken zerschlug! Mir ist da die Formulierung lieber, die ein mir befreundeter Dominikaner als Losungswort einer kleinen von ihm herausgegebenen Zeitschrift genommen hatte:

„Der Glaube an Gott ist nicht nötig, um eine Moral zu begründen. Die Moral gehört nicht den Kirchen. Zu behaupten – wie Dostojewski es tat – daß, wenn es Gott nicht gibt, alles erlaubt ist, bedeutet, daß man sich eine klägliche Vorstellung macht vom Menschen, von Gott und von der Moral."

Diese Denkweise ist heute wichtiger und nützlicher als wenn es, in bezug auf die Aufklärung, Ausrutscher gibt. Wie der des Kardinal-Erzbischofs von Paris, Jean-Marie Lustiger, wenn er Voltaire zum Ahnen Hitlers macht oder wie die Bischofs-Synode, die in Rom 1991 einen Text verabschiedet hat, in dem der Zusammenbruch des Sowjet-Reiches als endgültiges Scheitern einer Entwicklung dargestellt wird, die mit dem Humanismus des XVIII. Jahrhunderts begonnen habe!

Allerdings muß jeder von dem anderen fordern dürfen, daß er wertekonform denkt und handelt. Um es ganz deutlich zu sagen: Ich habe seit Ende der siebziger Jahre nie recht verstanden, wenn es insbesondere in der protestantischen Friedensbewegung hieß: „Nichts steht höher als das Leben." Für die Interpretation „Ich soll den Anderen nicht töten" habe ich Verständnis, obwohl ich feststellen muß, daß Hitler nur mit Gewalt hat besiegt werden können und daß durch diesen Sieg viele vor der Vernichtung gerettet wurden. Aber wenn es heißen sollte – und es hat oft so geheißen! – „Nichts ist für mich höher als mein Leben", so vermag ich nicht zu sehen, wie man so etwas meinen und sich zugleich als Christ ausgeben kann – denn diese Einstellung bedeutet ja eine Verneinung des Kreuzes!

Grundwerte betreffen nicht nur Grenzsituationen. Das Erbe der Aufklärung betrifft natürlich auch den konkreten Alltag. Der eigentliche Durchbruch betraf das Wissen, das man sich durch nüchterne Faktensuche und vernünftige Überlegung aneignet. Hier wird heute die Aufklärung ständig verleugnet, insbesondere durch die Medien. Es geht mir dabei nur teilweise um das „Untenhalten durch Unterhalten", das unsere Fernsehprogramme in allen europäischen Ländern immer mehr kennzeichnet, wobei sich die öffentlich- rechtlichen an den Primat der Einschaltquoten anschließen. Es geht mir mehr um die Gier auf die Sensation, um die Abdankung weiterführender Überlegungen. Und noch mehr um die Vorliebe für das nervenkitzelnde Negative.

Vor einigen Monaten nahm ich in Berlin an einem Kolloquium über den Fremdenhaß in Deutschland teil. Die meisten Ausländerbeauftragten der Städte, die schlimme Ausschreitungen kannten, waren anwesend. Der Beauftragte von Hattingen erzählte traurig, wieviel Positives dort zwanzig Jahre lang aufgebaut worden war. „Ein kleines Paket Watte, etwas Benzin und ein Streichholz – und die zwanzig schöpferischen Jahre sind ausgewischt." Denn nur der Brand ist bekannt geworden: Welches Fernsehen, welche Zeitung hatte je über das Positive berichtet? Nach der Wiedervereinigung rief der *Spiegel* bei mir an. Ich sollte sagen, was die französische Presse über Deutschland schrieb. Ich berichtete viel Positives und einiges Negative. Nur letzteres erschien dann!

Wer hat aber den Lesern und Zuschauern in Universität und Schule Kenntnisse über die gesellschaftliche und politische Realität vermittelt, damit sie den Medien in kritisch-fordernder Distanz gegenüber stehen? Nehmen Sie die Romanistik. Man hätte gerade in den neuen Ländern die Einsicht erwartet, daß im heutigen Europa, innerhalb der Europäischen Union, das Wichtige die Kenntnis der Gesellschaftsstrukturen – auch der ideologischen Auseinandersetzungen im Frankreich der letzten Jahrzehnte – sei, und nicht die Literatur vergangener Jahrhunderte, noch weniger die Satzstruktur im mittelalterlichen Französisch. Ich muß leider feststellen, daß nur in Dresden ein entsprechender Lehrstuhl eingerichtet worden ist, der den aufklärerischen Bedürfnissen entspricht. Unsere Germanistik in Frankreich hat sich da viel besser entwickelt!

Verneine ich damit die Kultur? Keineswegs, aber ich fordere, daß man die Kultur so definiert, wie wir es in der deutsch-französischen Aufklärungsarbeit nach 1945 getan haben. Und so wie es in einem schönen kleinen italienischen Buch stand, das auch auf französisch und auf deutsch übersetzt wurde, in dem *Brief der Schüler von Barbiana an ihre Lehrerin*, heißt es ungefähr: „Du behauptest, wir hätten keine Kultur, weil wir nicht sagen können, ob Minerva die Tochter oder die Mutter von Jupiter war. Aber du kennst den Betriebsvertrag nicht, der

das tägliche Leben unserer Väter in der einzigen Fabrik des Städt-
chens bestimmt: also bist du nicht kultiviert!"

Es gibt keine positiven politischen Entwicklungen ohne Verstehen
und es gibt kein Verstehen ohne Kenntnis. Das gilt für Europa. Das
gilt für das politisch, aber noch lange nicht gesellschaftlich und geistig
vereinte Deutschland. Das Unwissen mag an ganz unerwarteter Stelle
auftauchen. Zum Beispiel beim Bundesverfassungsgericht, als es zö-
gernd ein kühles Ja zu dem Vertrag von Maastricht aussprach und
dabei seine eigene Rechtsprechung beiseite ließ, nämlich die von 1986,
als es verkündet hatte, der Europäische Gerichtshof sei gewissermaßen sein Vorgesetzter; die von 1987, als es verkündete, ein Deutscher
brauche eine Steuer an seinen Staat nicht zu zahlen, wenn dieser Staat
es versäumt habe, ein diese Steuer verbietendes europäisches Gesetz
in deutsches Recht zu übernehmen.

In der alten Bundesrepublik mangelt es an Verständnis für die
östlichen Mitbürger. Und in den neuen Ländern ist auch viel Un-
kenntnis vorhanden, weil es natürlich bequemer ist, zu klagen als zu
wissen, zu vereinfachen als zu vergleichen. Jeder Bürger von Halle
hätte eine wichtige Stelle der Rede zur Kenntnis nehmen sollen, die
Christa Wolf am 27. Februar in Dresden gehalten hat und die nun das
letzte Kapitel ihres Buches *Auf dem Weg nach Tabou* bildet:

„Ja, die Vereinigung hat sich auf wirtschaftlicher Ebene als Vertei-
lungskampf entwickelt, in dem die meisten Ostdeutschen keine Chancen haben. Ja, es gibt eine Tendenz zur Kolonisierung der ostdeutschen Gebiete durch die westdeutschen Verwalter, die für ihre löbli-
che Tätigkeit in einem unterentwickelten Land eine „Buschzulage" be-
kommen. Aber irgendwann sollte jemand auch ein Loblied singen auf
die vielen Westdeutschen auf allen Ebenen von Wirtschaft, Verwaltung, Kultur, die, selbstlos und ohne Überheblichkeit, die Probleme
nicht beschönigen und mit Takt und Sachverstand mit ihren ostdeutschen Kollegen zusammenarbeiten."

Ostdeutsche – Westdeutsche – Deutsche schlechthin? Deutsche
Lehrer – Arbeiterkinder? Wir stoßen hier auf ein Grundproblem, für
das die Aufklärung nur eine unzureichende Lösung geboten hat. Jeder
von uns hat eine Vielfalt von Identitäten. Ich z.B. bin Mann, nicht
Frau, was mir sowohl in der französischen als auch in der deutschen
Gesellschaft unverdiente Vorteile gibt. Ich bin Pariser, und als solcher
erhalte ich vom Staat zehnmal mehr Geld als jeder Bewohner der
Provinz; ungeachtet der kulturellen Lebensmöglichkeiten. Ich bin
Franzose, was mich zu den Privilegierten der Menschheit, vor allem
im Vergleich zu Afrika, macht. Ich fahre gerne Rad und hasse die
Autofahrer. Ich fahre gerne Auto und hasse die Radfahrer. Das nennt
man eine gespaltene Identität! Um ernst zu sprechen: meine Freiheit
besteht darin, mir keine Identität auferlegen zu lassen, die nur eine
Zugehörigkeit zuläßt und meine Persönlichkeit aufzubauen als etwas

Höheres als die Summe meiner Zugehörigkeiten. Das ist schwieriger als es die Aufklärung glaubte, die jeden Menschen als ein an sich freies Individuum betrachtete und dabei die vielfältig in die Gesellschaft eingebettete Person vergaß. Dies wirkte noch in der Französischen Revolution nach. Das 1791 verkündete Gesetz Le Chapelier verbot zwar zu recht die Zünfte, um die Individuen zu befreien. Es untersagte aber auch jedes Zusammenwirken in Verbänden, als seien Arbeitgeber und Arbeitnehmer zwei ebenbürtige Individuen, die frei über den Lohn verhandeln! Dieses Gesetz führte übrigens dazu, daß die Gewerkschaften in Frankreich erst 1884 legalisiert wurden.

Die Aufklärung hatte natürlich noch keine Vorstellung von den Identitätsproblemen, die nun die Wissenschaft geschaffen hat und die viele Fragen auf dem Gebiet der Grundwerte stellen. Es genügt, wenn ich in diesem Zusammenhang auf die Genetik und die Schwierigkeiten einer Gen-Ethik hinweise.

Politischer ist im heutigen Europa, insbesondere in Deutschland und Frankreich, die Problematik des „Fremden", des Ausländers. An sich sollte es für die Christen keine Probleme geben: Im Alten Testament heißt es an mehreren Stellen, der Fremde sei als Nächster zu behandeln. 1986, bei der ersten Krise um Asylsuchende, erinnerte Bischof Camphaus daran, daß jeder Fremde nach dem Neuem Testament das Antlitz Christi trage. Wir sollten natürlich nicht glauben, allein unser Zeitalter sei von Rassen- und Ausländerhaß geprägt. Die Athener Demokratie war und bleibt ein schönes Modell. Aber sie konnte nur funktionieren, weil die Sklaven arbeiteten, während sich die Bürger auf der Agora versammelten. Im XVIII. Jahrhundert hat ein Montesquieu für die Anerkennung des Menschen im Sklaven plädiert. Aber man weiß heute, daß er auch am Sklavenhandel verdient hat. Der Gegensatz zu heute liegt darin, daß wir behaupten, nach Grundwerten zu leben, zu denen die Gleichheit aller Menschen gehört; mit einer starken Tendenz, andere als Barbaren zu betrachten. Deutlich wird dies zum Beispiel, wenn in Afrika Massenmorde verübt werden. Übersehen wird – von Afrika aus betrachtet –, daß erst Verdun und dann Auschwitz zur europäischen Kultur des XX. Jahrhunderts gehören!

Es gibt auch in Frankreich das Problem der zugewanderten Ausländer, mit weniger Gewalt, aber mit mehr Wählerstimmen als in Deutschland. Der große Unterschied – im Sinne der Aufklärung und des Christentums – besteht jedoch ganz zum Vorteil Frankreichs darin: Man ist Franzose, weil man französischer Staatsbürger ist; man ist Deutscher, weil man in Deutschland zum Deutschen Volk gehört. Man denkt also immer noch „völkisch". Wenn ich mich heute voll als Franzose fühle, so deshalb, weil ich – obwohl erst im Alter von acht Jahren ohne jegliche Kenntnis der Sprache nach Frankreich gekommen – durch die französische Schule, durch die französische Gesellschaft,

voll assimiliert worden bin; vor allem auch, weil meine Mutter (mein
Vater war wenige Wochen nach unserer Ankunft als Emigranten gestorben) mit ihren beiden Kindern schon 1937 französische Staatsbür-
gerin werden durfte. Vor drei Jahren hat ein Franzose, Georges Char-
pak, den Nobel-Preis für Physik erhalten. Er ist als polnischer Jude
oder jüdischer Pole geboren. Im „Spiegel" hieß es: „... der in Frankreich lebende polnische Jude ...": Einmal Türke, immer Türke! Ich
wünsche einem vor kurzem erschienenen kleinen Buch der Beck'schen
Reihe eine Millionenauflage oder jedenfalls eine große Verbreitung an
Schulen und Universitäten. Es heißt „Das Manifest des 60. Deutschland
und die Einwanderung" und wurde von Klaus J. Bade herausgegeben.
Darin ist vom deutschen „völkisch-ethnischen Nationalverständnis"
die Rede. Ein Passus lautet:

„Staatsangehörigkeit und Staatsbürgerrechte: Der Erwerb der deutschen Staatsangehörigkeit ist zu erleichtern. Als rechtliches Band zwischen Individuum und
Staat sollte jedem legal Zugewanderten, der auf Dauer in der Bundesrepublik
Deutschland bleiben will, nach einer Aufenthaltsdauer von fünf Jahren ein Anspruch auf Einbürgerung eingeräumt werden ... Nur durch den Erwerb der
Staatsangehörigkeit wird der Einwanderer zu einem gleichberechtigten Mitglied
der staatlich verfaßten Gesellschaft."

Die „staatlich verfaßte" und grundwertebezogenen Gesellschaft ist
entscheidend. Daß man kulturelle Traditionen und Güter des Landes
seiner Väter beibehält, ist natürlich und berechtigt. Aber im Namen
des „Multikulturellen" dürfen die Grundwerte der Gesellschaft nicht
verkannt werden. In einer der letzten französischen Regierungen gab
es einen Staatssekretär für Integration, der Bürgermeister einer Klein-
stadt in der Bretagne ist und aus Togo stammt. (Ja, er ist ist ganz
schwarz, wie übrigens seine Nachfolgerin in der Regierung auch.)
Dieser Koffi Yambluane hat den Begriff der *intégration républicaine* geprägt.
Notabene: Manche Wörter können nicht richtig übersetzt werden. Das
Problem besteht z.B. bei der französischen Übersetzung des deutschen
Begriffs „Wirtschaft". Es gibt umgekehrt keinen entsprechenden deutschen Begriff, der einen derartigen Beiklang von Ehrfurcht und Be-
wunderung enthält wie „La République". Dieser Begriff hat in der
französischen Sprache eine gefühlsbetonte, ethische Konnotation, die
das deutsche Wort nicht kennt. Sonst würde es keine Partei wagen
können, sich trotz einer Ideologie, die gewiß nicht dem Begriff „La
République" entspricht, als „Republikaner" zu bezeichnen.
„Intégration républicaine", d.h. zum Beispiel – wie es der höchste
französische Gerichtshof unlängst ausdrückte –, daß man als Franzose
seine Frau nicht verstoßen darf, auch wenn man selbst an der marok-
kanisch-islamischen Kultur festhält. Auch die sexuale Verstümmelung
der Mädchen gehört zwar gewissen Kulturen an, sie hat aber nach

französischen ethischen Prinzipien keinen Platz in Frankreich und ist strafbar.

Das heißt keineswegs, daß es einfach sei, klar zu sagen und zu sehen, was denn den Grundwerten entspricht und was nicht, und wie sie zu respektieren seien. Aber daß es eine Moral gibt, daß sich jeder auf eine Moral bezieht, das sollte unbestritten sein. Es ist jedoch anscheinend nicht so, denn sonst hätte der Evangelische Kirchentag wohl nicht das Bedürfnis empfunden, für 1995 den Propheten Mischa zu Hilfe zu rufen und als Losung „Es ist dir gesagt, Mensch, was gut ist" zu wählen. Ich persönlich allerdings finde die Suche nach dem, was ich selbst als gut betrachte, menschenwürdiger, als es mir von einer Schrift sagen zu lassen.

In den fünfziger und sechziger Jahren gab es, vor allem in Frankreich, eine philosophisch-anthropologische Tendenz, den Begriff der Menschenwürde als fragwürdig zu bezeichnen und den Humanismus als unwissenschaftlich abzulehnen. Aber derselbe Philosoph, der dies tat, hat zugleich die Unfreiheit der Gefangenen und der Geisteskranken entgegen allen gesellschaftlichen Normen im Namen der Würde eines jeden Menschen bekämpft. Und wer kann wirklich kalt bleiben und folgenden Text auf dieselbe wertneutrale Stufe stellen wie z.B. eine Rede Heinrich Himmlers, um seine Mannen zum Massenmord zu ermutigen:

Germaines pessimistische Theorien (schreibt 1963 eine Leserin an die Frauenzeitung *Elle* als Antwort auf eine andere Leserin) habe ich mit großer Verwunderung gelesen, denn meine persönliche Erfahrung beweist genau das Gegenteil. Ich bin Jüdin und vierzig Jahre alt. Ich habe fast meine ganze Familie in Konzentrationslagern verloren. Ich wurde in einem Alter deportiert, in dem man nur daran denkt, vergnügt und lustig zu sein, und bin für immer verkrüppelt zurückgekehrt. Aber selbst dort, wo ich gedemütigt, geschlagen und entwürdigt wurde, habe ich niemals das Leben „armselig, rauh und bitter" gefunden, wie Germaine sagt, weil ich armen Wesen, die noch schlimmer dran waren als ich, ein wenig Liebe schenken konnte, unglücklichen Kindern, die allein bei dem Gedanken, sich in meine Arme zu schmiegen, vor Freude weinten. Ich empfand ein ungeheures Glück, wenn ein Wort der Liebe einen winzigen Funken Hoffnung in den Augen aufleuchten ließ. Ich bin krank zurückgekehrt und werde nie eigene Kinder haben, aber meine Schwester hat fünf und es macht mich glücklich, sie zu lieben, als ob sie die meinigen wären. Sagen Sie Germaine, daß man das Glück in der Freude findet, die man anderen schenkt und die sie einem hundertmal vergelten.

Diese Frau spricht von Freude. Und die Freude sollte zu den schöpferischen Grundwerten gehören, trotz des Leidens in unserer Gesellschaft, trotz der Barbarei auf unserem Kontinent und auf anderen Kontinenten? Ja, trotzdem – oder besser –, gerade. Für die nicht allzu zahlreichen gläubigen Christen sollte das evident sein: der absolute Schmerz des Karfreitags ist untrennbar von der absoluten Freude des Ostersonntags. Für uns andere sollte klar sein, daß nur die Freude ermutigt. Der gute Lehrer, der gute Vater ist der, der Freude ausstrahlt;

sei es nur, um zu zeigen, daß jeder sich innerlich entfalten kann, um in der Gesellschaft wirksamer zu werden, um seine neugewonnene innere Freiheit nach außen einzusetzen.

Hiermit bin ich ein letztes Mal bei den Grundwerten. Neben der Wahrheit und der Suche nach ihr sind es die Freiheit, die Gleichheit oder Gerechtigkeit, die Brüderlichkeit oder die Solidarität. Das sagen alle großen Parteien. Das sagt die katholische Kirche heute. Das sagt sogar die PDS, trotz ihrer SED-Vergangenheit. Aber ein enormes Mißverständnis liegt vor, wenn es um das Wort „Freiheit" geht. Die jungen Leute, die vor fünf Jahren in Peking getötet wurden, opferten ihr Leben für die Freiheit anderer, für die Gerechtigkeit für andere, für die Solidarität mit anderen. Das gleiche gilt für die Menschen, die in Leipzig oder Dresden 1989 auf die Straße gingen und von denen viele hätten sterben müssen, wenn Gorbatschov nicht Honecker am Schießen gehindert hätte.

Aber in unseren europäischen Gesellschaften hat das Wort „Freiheit" immer mehr einen ganz anderen Sinn erhalten. Er wird jeden Tag hundert Mal von der Werbung verkündet: „Deine Freiheit besteht darin, dich auszutoben, nur an dich zu denken, morgen das Gegenteil zu tun von dem, was du heute tust." So spricht man übrigens auch auf einer gewissen Linken, nicht wenn es um Politik, sondern um das vermeintlich von der Politik gelöste Privatleben geht.

Im Sinne der Grundwerte ist aber der höchste Ausdruck der persönlichen Freiheit, seine Freiheit selbstbewußt und souverän einzuschränken, um sein Leben auf Dauer im Dienste der Freiheit und der Gerechtigkeit für andere zu engagieren; sei es nur im Zusammenleben mit einer Frau oder einem Mann. Ich will keineswegs gegen den Entschluß streiten, sich scheiden zu lassen, noch den Priester brandmarken, der den Priesterstand verlassen will, noch den Gewerkschaftler der die Gewerkschaftsarbeit aufgibt. Ich bin aber dagegen, daß dies alles als ein Zeichen von Freiheit dargestellt wird und nicht – was der Wahrheit entspräche – als das Eingeständnis eines Scheiterns. Man hat seine Freiheit dauerhaft engagieren wollen; es ist mißlungen. Was wäre menschlicher? Aber menschenwürdiger ist das zielbewußte, das zieltreue Leben!

Ich möchte mit einem Zitat von André Gide schließen. In einem schmalen Band läßt er Prometheus, die Zentralfigur, am Schlusse seiner Rede sagen: „Entschuldigen Sie mich bitte, von so ernsten Dingen gesprochen zu haben. Aber hätte ich ernstere gekannt, so hätte ich Ihnen diese gesagt!"

Hans Maier

Halle und die deutsche Staatswissenschaft

Ohne Halle kann man die Geschichte der deutschen Staatswissenschaft nicht schreiben. Denn was wäre diese Geschichte ohne Namen wie Seckendorff, Thomasius, Ludewig, Heineccius, Christian Wolff – aber auch ohne Namen wie Henrik Steffens, Heinrich Leo, Arnold Ruge, Franz von Liszt, Rudolf Stammler? Man braucht dabei das Wort Staatswissenschaft nicht im engeren Sinn der *res politicae* zu nehmen, an die noch heute der Doctor rerum politicarum erinnert, im Sinn der ökonomischen Staatswissenschaften also; gewiß ist auch diese Tradition an der Universität zu Halle vertreten, von Simon Peter Gassers Lehrstuhl für „Oeconomie, Policey und Cammer-Sachen" (1727), einem der ersten kameralistischen Lehrstühle in Deutschland überhaupt[1], bis zu Gustav Schmollers nationalökonomischer Professur (1864-1872), von der aus der Meister der ethisch-historischen Schule an der wirtschaftspolitischen Fundierung der Sozialgesetzgebung mitwirkte und von Halle aus die Gründung des „Vereins für Socialpolitik" betrieb. Aber sie ist keineswegs die einzige und noch nicht einmal die stärkste Tradition. Man muß mindestens drei weitere akademische Überlieferungen hinzurechnen, die für die Entfaltung der Staatswissenschaft bedeutsam wurden. Da ist einmal die aristotelische Tradition, die Dreiheit von Ethik, Ökonomik und Politik, der breite Strom der praktischen Philosophie, der lange Zeit die akademische Politik beherrschte und erst im späten 18. und 19. Jahrhundert in das Delta der modernen „politischen Wissenschaften" auseinanderrann (in Halle war die Nationalökonomie noch bis 1914 der Philosophischen Fakultät zugeordnet!). Sodann große Bereiche der Jurisprudenz, fast alles außerhalb des Privatrechts: Natur- und Völkerrecht, Staats- und Verwaltungsrecht, Strafrecht und Rechtsphilosophie; politische Fächer auch sie, mit Politik und Gesellschaft vielfältig verbunden durch Beratung, Gutachtertätigkeit der Professoren, Meinungsdiskurs und Tagespublizistik. Endlich die schon erwähnten jüngeren „politischen Wissenschaften", unter denen im 19. Jahrhundert die politische Historie und Geographie, die Verwaltungswissenschaft und Soziologie zu zentraler Bedeutung aufstiegen – im ganzen ein Spektrum, das einen beträchtlichen Teil der alten Universität umfaßte.

Eine lange Geschichte, dreihundert Jahre umfassend – und wollte ich versuchen, sie im ganzen zu erzählen, würde ich wohl den gleichen Effekt bei meiner Zuhörerschaft auslösen wie Gotthilf August Francke (der jüngere Francke), der am 27. September 1733 bei einer Predigt in Wusterhausen vor König Friedrich Wilhelm I. feststellen mußte, daß der König sich des Schlafes nur mit größter Mühe erwehren konnte[2]. Daher also im folgenden eine Auswahl: der Nachdruck liegt auf den Anfängen der Universität Halle, auf dem späteren 17. und 18. Jahrhundert, während die folgende Zeit beiläufiger behandelt wird; und ich halte mich bei meiner Darstellung durchweg an Personen, die der Universität als akademische Lehrer oder als Verwaltungsleute verbunden waren – so wichtig daneben das politische Halle vor allem im 19. und 20. Jahrhundert wurde.

I.

Die Geschichte der hallischen Staatswissenschaft beginnt mit dem ersten Kanzler der Universität Veit Ludwig von Seckendorff[3]. Er hat zwar – 1792 nach schwierigen Schlichtungsverhandlungen zwischen der orthodoxen Geistlichkeit und den pietistischen Professoren Breithaupt und Francke in Halle plötzlich verstorben – die feierliche Eröffnung seiner Universität nicht mehr erlebt. Aber Seckendorffs Name war ein Programm: galt doch der aus altem fränkischen Adel stammende lutherische Reichsfreiherr als ein vorbildlicher „christlicher Staatsmann" seiner Zeit. Sein Hauptwerk „Teutscher Fürsten Stat" (1756) war eine ebenso liebevolle wie treffsichere Deskription des älteren patriarchalischen Territorialstaats und zugleich eine Verteidigung der mit ihm verknüpften Traditionen des „gelinden regiments" gegenüber den absolutistischen Anwandlungen der Zeit. Aus ihm konnte jeder lernen – wie später Thomasius es ausdrückte – „wie die Götter dieser Welt und ihre Rathgeber das Regiment klug und weislich, zu ihrer selbst eigenen Ruhe und zum Vergnügen ihrer Unterthanen führen sollen".[4] Das Buch, in zwölf Auflagen verbreitet, war bis zum Ende des Alten Reiches im Jahr 1806 in Gebrauch. Wer die politischen Verhältnisse Deutschlands zwischen dem Westfälischen Frieden und Napoleon kennenlernen will, der muß es lesen.

Die Spannweite des „Teutschen Fürstenstaats"[5] ist beträchtlich: wir finden hier nicht nur einen vollständigen Überblick über die dem „Staat" seit dem Ende des Mittelalters in Deutschland neu zugewachsenen Aufgaben, wir begegnen auch dem ersten Versuch ihrer Ordnung und Systematisierung. Seckendorff war sich bewußt, daß er in seinem Buch neue Dinge bot: nicht eine allgemeine Politik, eine Verfassungslehre, auch nicht eine spezielle Politik, eine Staatsklugheitslehre, vielmehr eine Lehre vom Zustand des Staates und von der Schaffung „guter Policey", geordneter Verwaltung.

Noch ist der Staat hier keine transpersonale Größe, kein autonomes Machtgebilde; Seckendorff gebraucht die Worte Staat und Stand fast synonym. Dieser personalen Auffassung entspricht auch sein Begriff von Herrschaft. Die Landesregierung ist keine eigenwillige, sondern eine rechtliche und wohlbestellte Herrschaft, eingesetzt „zu Erhaltung und Behauptung des gemeinen Nutzens und Wohlwesens" im geistlichen wie im weltlichen Stand. Mit würdigem Stolz bemerkt Seckendorff zu Anfang des Abschnitts über Regierung und Verfassung des Fürstentums: „Wir wissen, Gottlob, in Teutschen Landen von keiner solchen Macht, welche von einem einigen (= einzigen) Menschen im Lande, der sich für den Obersten hielte, und die meiste Gewalt mit oder ohne Recht hätte über die andern alle, zu seinem Nutz und Vortheil, nach seinem Willen und Belieben allein geführet und ausgeübet würde, wie etwan ein Herr über seine leibeigne Knechte und Mägde zu gebieten pflegt und ihnen bald dieses, bald jenes, was ihm in seinem Hause Nutzen bringet, oder worzu er Beliebung trägt, anschaffet."[6]

Wozu überhaupt müssen „Ordnungen in weltlichen Sachen" sein? Drei Zwecke nennt Seckendorff: Gerechtigkeit, Friede und „Aufnehmen" (Wohlfahrt). Die Gerechtigkeit besteht „auf diesen dreyen Hauptreguln, nemblich, daß ein jedweder erbar und züchtig lebe, einem jeden dasjenige, was ihme gebühret, gebe und wiederfahren lasse und niemand beleidige". Der Friede „fleusset her aus der Gerechtigkeit, und die wird hinwiederumb durch Friede und Ruhe befördert ...". Auch die Wohlfahrt gründet für Seckendorff noch in mittelalterlicher Weise „fürnemblich in denen zwey vorhergehenden Gaben Gottes", erweist sich aber im besonderen in „guter Nahrung und Vermehrung der Leute und ihres Vermögens, Handels und Wandels". Der Hauptzweck alles dessen ist „die heilsame Erhaltung der Policey oder gantzen Regiments in seiner Ehre, Krafft und Hoheit, und das letzte Ziel ist die Ehre Gottes, wie wir anderswo auch vermeldet".[7]

Von den drei Staatsaufgaben ist der Rechtszweck für Seckendorff noch immer der eigentliche Entstehungs- und Rechtfertigungsgrund, die raison d'être des Staates. Daher bilden die Gesetze, die der Herstellung der Gerechtigkeit dienen, zu Recht den Grundstock der Polizei- und Landesordnungen. Wenn man dabei früher vor allem auf die Abschaffung der schweren Verbrechen sah, während man sich, was die „innerliche Pflantzung der Tugenden des Gemüths" anging, auf philosophische und poetische Ermahnungen beschränkte, muß die Obrigkeit in einer „Christlichen Policey" nach Seckendorff in diesen Dingen weiter gehen: sie muß z.B. für eine würdige Feier der Sonn-

und Festtage, ein „nüchtern und mässiges Leben und Vermeidung des Schändlichen Vollsauffens" und die Erhaltung einer gebührlichen Ordnung unter den Ständen sorgen. Darüber hinaus gehen die Polizeigesetze und -ordnungen des Landes auf „alle der Unterthanen Eigenschafften, Handtierung, Tun und Lassen, als fern solches einen anderen und dritten angeht"; sie beziehen also auch die Privatrechtsordnung ein, zumindest an ihren öffentlich-rechtlichen Knotenpunkten, also dem Vormundschafts-, Vermögens- und Erbrecht, aber auch dem Strafrecht.[8]

Der zweite Zweck, den die Landesordnungen und Gesetze fördern, ist der Friede.

Ihm dient einmal die gute Ordnung der Gerichtsbarkeit.[9] Sie ist eine der wichtigsten Aufgaben der landesfürstlichen Gewalt: denn, so sagt Seckendorff, es ist „kein größerer Anlaß zu Unwillen, Aufruhr und Krieg ... als die übele Beschaffenheit der Gesetze und Gerichtsstellen"; wer sein Recht mit Hilfe der Obrigkeit nicht erlangen konnte, hat es noch jederzeit mit Gewalt genommen. So ist die „ernstliche Verbietung aller Selbstthätigkeit und Gewalts-Übung im Lande" im Interesse des Friedens dringend nötig, aber auch der Ungehorsam gegen die Obrigkeit, Schlägereien, Duellforderungen usw. müssen verfolgt und bestraft werden. Sodann gilt es durch „gute Verfassung und Bereitschaft der Personen und anderer Dinge" den Frieden dauerhaft zu sichern; hierüber handelt Seckendorff ausführlich unter dem vierten Punkt seiner Verwaltungslehre, in dem von den „Regimentsmitteln" die Rede ist.[10]

Endlich sind die Gesetze und Ordnungen auch dazu bestimmt, die „Erhaltung und Vermehrung der Leute und ihres Vermögens zu fördern". Diesen Punkt hat Seckendorff am breitesten ausgeführt. Wichtig ist ihm dabei zunächst, „daß der Leute und Unterthanen viel, und dieselben auch gesund, und also zu ihrer Verrichtung tauglich und geschickt seyn mögen"; denn nächst der Seelenwohlfahrt ist das edelste Gut des Menschen die Gesundheit und „auch in einem Regiment kein besserer Schatz, als die Menge vieler Leute".[11] Hierfür ist manches schon getan: Seckendorff kann einerseits auf die zum geistlichen Regiment gehörigen Eheordnungen, andererseits auf die umfangreiche Gesundheits- und Nahrungspolizei der Länder und des Reiches hinweisen. Bestellung von Hebammen und Ärzten, Maßnahmen gegen Seuchen, Sicherung gegen gesundheitsschädliche Lebensmittel, wie sie in Form „übelgebackenen brods" und „verfälschten, nichtswürdigen geträncks" von „verdorbenen kaufleuten" angeboten werden – in dem allem entfaltet sich, zusammen mit der Armen- und Krankenpolizei, der umfangreiche Katalog der staatlichen Tätigkeiten, den wir aus den zeitgenössischen Polizeiordnungen kennen.

Schwieriger ist es mit „Nahrung und Vermögen" der Untertanen bestellt. Hier sind zwei Grundsätze zu beachten: einmal, daß keinem

Untertanen „die Nothdurfft zu seinen Lebens-Mitteln ausser sonderbarer Straffe und Verhängniß Gottes, und sein selbst- verschulden, mangele, sondern er seine Nahrung in guter Ordnung, und ohne ungebührliche Hinderung, durch fleißige Arbeit und rechten Brauch des Seinigen haben möge"; sodann daß der Reichtum des Landes „wol in Acht genomen, angewendet und nützlich vertrieben werde, damit auch von andern Orthen, was nöthig und nützlich ist, ins Land kome".[12]

Was den ersten Punkt angeht, so hat sich in Seckendorffs Gedanken im Lauf der Zeit eine Änderung vollzogen. Im „Fürstenstaat" sucht er das Heil noch in einer möglichst umfassenden obrigkeitlichen Aufsicht über „alle Handtierung und Nahrung im Lande". Nach Art der Polizeiordnungen empfiehlt er, die Jugend zu Arbeitsamkeit zu erziehen, die einzelnen Stände voneinander sorgfältig getrennt zu halten und ihren jeweiligen Erwerbsspielraum zu schützen, besondere Sorge für diejenigen Gewerbe zu tragen, welche die Grundnahrungsmittel liefern, und durch Aufstellung von Zunft- und Taxordnungen sowie guter Münzen und Maße den Ablauf des Wirtschaftslebens zu regeln. Daneben finden sich die üblichen Vorschläge zur Unterdrückung des Wuchers und zur Vorkehrung gegen übermäßige Ausgaben und Verschwendung; auch Kleiderordnungen tauchen in diesem Zusammenhang auf. Anders in den 1665 hinzugefügten „Additiones", wo eine deutliche Vorsicht bezüglich der realen Möglichkeiten obrigkeitlicher Wirtschaftsförderung und -regulierung sich kundtut. Auch hier hält Seckendorff zwar an dem Grundsatz fest, daß die Obrigkeit für die Nahrung der Untertanen sorgen soll: in der Menge der Leute liegt ja der „rechte Schatz" des Landes. Aber wie steht es mit dieser obrigkeitlichen Sorge im wirtschaftlich-politischen Alltag des „Teutschen Fürstenstaates"? Ist in diesen allzu kleinen und wirtschaftlich unerschlossenen Staaten überhaupt genügend Unterhalt für eine wachsende Zahl von Menschen zu finden? In der Tat: das Deutschland nach dem Dreißigjährigen Krieg nimmt sich, verglichen mit den reichen Nachbarn, überaus armselig und zurückgeblieben aus! Während nach den Niederlanden ständig eine große Menge Leute einströmt, weil hier jeder, der gesund ist, etwas verdienen kann, ist in Deutschland, dem freilich auch die Meere und Kanäle fehlen, so gut wie gar nichts zu gewinnen; nicht nur, daß die hohen Transportkosten hier alle Waren verteuern, es fehlt infolge der mangelnden wirtschaftlichen Entwicklung und Verflechtung auch an ständig verfügbaren Arbeitsplätzen für die wachsende Bevölkerung; die nicht durchgängigen, nur „zu gewisser Zeit practicirlichen" Arbeiten – und mit ihnen das Taglöhnertum – haben weitaus das Übergewicht. „Dieses aber ist eine große und meines Wissens von wenigen genugsam bedachte Ursach, daß kein Verdienst in Teutschland zu machen, damit sich eine Menge Volcks von gemeinen armen Leuten beständig ernehren könte."[13]

So steht vor aller Reglementierung der bestehenden „Handtierungen" erst einmal die Grundaufgabe der Schaffung eines ausreichenden Nahrungsspielraumes. Hierzu entwickelt Seckendorff ein umfassendes Programm. So schlägt er vor, man möge die am Ort vorhandenen Rohstoffe verarbeiten und der Veredlung vor der Ausfuhr von Rohstoffen den Vorzug geben; ferner erhebt er die fast revolutionär klingende Forderung, die Nahrung solle frei sein und „mit keinen Zünfften, Innungen oder Gilden ... beleget und eingeschräncket werden" – eine „harte Lection", wie er selbst einräumt, für Handwerker und für die Räte der kleinen Städte, die größtenteils aus Handwerkern bestehen.[14] Auch die „Imposten" sollen gemildert oder doch sachgemäßer umgelegt und womöglich in den Dienst der Wirtschaftsförderung gestellt werden: eine gewisse Freizügigkeit soll herrschen, „Freyheit und gelindes Tractament" sollen an die Stelle der strengen Aufsicht und Überwachung treten. Ins Zentrum der Gebrechen der alten Ständeordnung stoßen die Vorschläge vor, die Seckendorff zur Aufnahme und Erziehung armer Kinder in Kinder- und Waisenhäusern und der Einweisung der „starcken Bettler", Vaganten und Landsteicher in Zucht- und Spinnhäuser macht.[15] Hier sind die Niederlande und besonders die Stadt Amsterdam das Vorbild; ihre Einrichtungen sind für diesen ersten – wenn auch in seiner Zeit zunächst erfolglosen – Entwurf einer selbständigen deutschen „Wirtschaftspolitik" von maßgeblicher Bedeutung gewesen.[16]

Die ordnungschaffende, systematisierende Begabung Seckendorffs zeigt sich im „Teutschen Fürstenstaat" im hellsten Licht. Ein weites Panorama staatlicher Verwaltungtätigkeiten breitet sich vor unseren Augen aus. Alles, was in den Polizeiordnungen der Zeit verstreut und zufällig begegnet, ist hier in eine übersichtliche Ordnung gebracht. Dabei ist die Gliederung nach den drei Ordnungsaufgaben Recht, Friede, Wohlfahrt nicht willkürlich; sie entspricht der geschichtlichen Entwicklung, die der Staat in Deutschland seit dem Ausgang des Mittelalters genommen hatte.

Im übrigen sind die Staatsaufgaben mit den um Recht, Friede, Wohlfahrt gruppierten Tätigkeiten noch keineswegs erschöpft. Zur Rechts- und Wirtschaftspolizei tritt bei Seckendorff die Kirchen- und Erziehungspolizei hinzu. Eine ausgedehnte, sich immer mehr verbreiternde und verästelnde Zuständigkeit des Staates für geistliche Angelegenheiten entsteht – die Konsequenz aus der weitgehenden Aufhebung der organisatorischen Trennung von Staats- und Kirchenregiment im protestantischen Territorialstaat. So geht u.a. das gesamte Schul-, Erziehungs-, Kranken- und Armenwesen aus den Händen der Kirche in die des Staates über; diese Tätigkeiten bilden einen Teil der dem Landesfürsten zukommenden Regierung in geistlichen Sachen.[17]

So vereinigen sich bei Seckendorff die bis dahin getrennten Ströme alter und neuer Staatstätigkeiten. Rechts- und Friedewahrung als

Zentrum der alten Reichspolizeiordnungen, verbunden mit den ersten Ansätzen einer (im wesentlichen noch auf die Erhaltung der Ständeordnung gerichteten) Wirtschaftsgesetzgebung: das ist die erste Schicht. Die neue selbständige Wirtschaftsverwaltung des landesfürstlichen „Staates" gesellt sich als Dominante hinzu. Endlich nimmt die Verwaltungslehre Seckendorffs die durch die Auflösung der selbständigen Kirchenorganisation neuerwachsenen Erziehungs-, Bildungs- und Sozialaufgaben in sich auf, unter kräftigem Einschluß bisher in der Kirchendisziplin beheimateter seelsorglicher Obliegenheiten. Hier gewinnt die Verwaltung des Territorialstaats jene ethisch-religiöse Tönung, die als charakteristischer Zug in der späteren deutschen Verwaltungslehre und im Ethos des landesfürstlichen Beamtentums weiterlebt.[18]

II.

In Halle ist das Andenken des ersten Universitätskanzlers stets in Ehren gehalten worden. Seckendorffs Einfluß reicht weit in die ersten Jahrzehnte der Fridericiana hinein. Juristen und Theologen der ersten Stunde – Thomasius, Ludewig, Francke – nahmen seine Anregungen auf. So hielt Thomasius Vorlesungen über den „Fürstenstaat", und mit Hilfe der später neugeschaffenen Kameralprofessur versuchte man den Studierenden, ganz in Seckendorffs Sinn, praktische Kenntnisse der Landwirtschaft und der Domänenverwaltung zu vermitteln. Die polemische Abwendung des Thomasius von der aristotelischen Philosophie ist in Seckendorffs Empirismus vorbereitet. Die Zuwendung „zu den Sachen", den praktischen Regierungs- und Verwaltungstätigkeiten, wurde mit Thomasius und Ludewig ein Kennzeichen der Hallenser Jurisprudenz.

Doch auch bei den Pietisten stand Seckendorff in hohem Ansehen, hatte er doch bereits im „Fürstenstaat" die Gründung von Kinder- und Waisenhäusern gefordert und sie als „seminarium rei publicae" bezeichnet.[19] Der Glauchaer Gottesburg Franckes dürfte der alternde, vom Pietismus ergriffene Seckendorff in seinen Träumen vom „Christen-Staat"[20] nicht ferngestanden haben.

Die neue Universität war randvoll von Spannungen und Gegensätzen. Man denke: eine preußische Neugründung, mitteninne zwischen den altberühmten kursächsischen Universitäten Leipzig und Wittenberg; ein früher Hort der „libertas philosophandi" – zugleich jedoch der „christlichen Religion und evangelischen Lehre" verpflichtet, wie es in den Generalstatuten hieß;[21] eine aus einer Ritterakademie hervorgegangene Pflegestätte urbaner Erziehung und geselliger Wissenschaft, die jedoch nicht minder den Forderungen strenger Metho-

dik und kontrollierter Forschung genügen wollte; und endlich: eine
Universität, die mit ihrer Theologie und Philosophie die Quadratur
des Kreises lösen sollte: einer calvinistischen Obrigkeit in Berlin treue
Kandidaten für 6000 lutherische Pfarrstellen im Land zu liefern – ohne
daß diese Geistlichen täglich Zeter und Mordio schrien wegen des
ketzerischen Bekenntnisses dieser Obrigkeit und ohne daß sie mehr
oder minder diskret an das bevorstehende Gericht Gottes am Jüngsten
Tag erinnerten.

Im Rückblick will uns die eigentümliche Mischung von Frühaufklärung und Erbauungstheologie, die uns in Halle begegnet, als eine
höchst vernünftige, zweckentsprechende, ja ingeniöse Antwort auf all
diese Probleme erscheinen. Aber wie explosiv war diese Mischung,
personifiziert in den aus Leipzig vertriebenen und von Kurfürst
Friedrich III. nach Halle berufenen Gelehrten Christian Thomasius
und August Hermann Francke, und wie kurzlebig war sie im Grunde!
Man fühlt sich an das Zweckbündnis des jungen Luther mit der humanistischen Bewegung seiner Zeit erinnert, das bald an den alten Fragen der Vernunft, der Willensfreiheit, der Ziele von Reform und Neugestaltung scheitern sollte. So ging es auch in Halle: die spezifische
Konjunktion von Aufklärung und Pietismus, erzeugt durch eine wohl-
wollende und erwartungsvolle Obrigkeit, dauerte nicht lange. Doch
der erste Anstoß setzte vieles in Bewegung; er reichte hin, um den Ruf
Halles als einer gänzlich neuen und modernen Universität zu festigen.
Ein akademisches Reizklima entstand, das Professoren und Studenten
in die Stadt an der Saale lockte. Gemeinsam forderten Thomasius und
Francke – ein wahrhaft ungleiches Paar! – ihr Jahrhundert in die
Schranken.[22]

Thomasius war schon berühmt, als er im Alter von 35 Jahren nach
Halle kam. Das lag nicht nur an seinen Schriften, es lag auch an der
Art seines Auftretens. Der Leipziger Professorensohn war zeitlebens
ein Genie der Selbstdarstellung. Er wußte seine Wissenschaft zu in-
szenieren und zu zelebrieren. Bald reformatorisch eifernd, bald mit
clownesken Sprüngen spielte er den Unruhestifter in der aufgeräum-
ten akademischen Welt – ein Kämpfer und ein Künstler, ein Wissenschaftler und ein bürgerlicher Geist zugleich. Dabei regierte ihn nicht
purer Übermut. Er wollte der darniederliegenden deutschen Universität – an der ein Leibniz achtlos vorbeigegangen war – zu neuer öffentlicher Reputation verhelfen. Es ging ihm um die Erweckung des Pro-
fessorenstandes aus einem Zustand pedantischen Halbschlafs, ängstli-
chen Federkauens – der Gelehrte sollte Bürger werden, er sollte seine
Berufs- und Zunftschranken überwinden, sollte das Wort ergreifen in
öffentlichen Angelegenheiten. Der große Faltenwurf, mit dem Thomasius sein Lehramt wahrnahm, war nicht Spielerei und Selbstzweck,
sondern diente der Feststellung eines Ranges: höfische Gewänder,
weltmännisches Auftreten, der farbige Anzug mit Degen und Gehän-

ge, die Karosse, mit der man zur Vorlesung vorfuhr, das Französische oder Deutsche anstelle des altmodischen Lateinischen oder Griechischen – das alles diente dem neuen öffentlichen Anspruch eines der Pedanterie entwachsenen Gelehrtenstandes – der Universitätsprofessor als *galant homme*.

Schon in Leipzig hatte Thomasius in einer Vorlesung „Von Nachahmung der Frantzosen" – der ersten deutsch gehaltenen Vorlesung der Universitätsgeschichte überhaupt! – den Studenten das Vorbild des französischen *honnête homme* empfohlen, hatte ihnen zugeredet, „polit und galant" zu werden.[23] An die Stelle rauf- und trinklustiger, ritterlich-kriegerischer, eifersüchtig auf ständische und landsmannschaftliche Eigenart bedachter Studenten, die mit Baretten, Rapieren und Sporen an der Universität ihr Wesen trieben, sollte künftig ein anderer Typus treten: der höfliche, gebildete, zivile, geschliffene und zugleich bürgerlich strebsame und fleißige Weltmann. Wie der Gelehrte seine Weltfremdheit und Pedanterie, so sollten die Studenten in der Universität ihr polterndes Landsknechtswesen abstreifen. Die feine Glätte und Schmiegsamkeit des Weltmanns sollte den Sieg davontragen über Adelsrauheit, Bürgerenge und bäuerliche „Dörperhaftigkeit". Hier tritt das Ideal des wohlgeordneten, befriedeten, „gut polizierten" Gemeinwesens hervor. Gewiß, es ist noch an höfischen Mustern, an einem idealisierten Adelsstaat orientiert. Aber dahinter wird schon eine ständelose Gesellschaft freier und gleichberechtigter Menschen sichtbar. Insofern ist Thomasius' Betonung des *Decorum* (das bei ihm sogar eigene Rechtsqualität erlangt!) auch ein Stück Emanzipation: die Kutsche des Professors nimmt die bürgerliche Gleichberechtigung des Gelehrtenstandes vorweg – so wie später die Kutschen der Münchner Malerfürsten des 19. Jahrhunderts die Emanzipation des Künstlers besiegeln. Es ist wie ein Echo auf Thomasius' Decorum, wenn Goethe in seinen *Maximen und Reflexionen* neben das Recht das Schickliche, neben die Schuldigkeit das Geziemende setzt.[24] Thomasius' Ideen und Lehren – und noch mehr sein Auftreten! – sind Vorspiele der bürgerlichen Gesellschaft in Deutschland.

Freilich: nicht alles,was in Thomasius' Auftreten sichtbar und hörbar wird, ist auch schon in seinen Schriften lesbar. Gegenüber der Tendenz, in Thomasius einen Modernisten, gar einen Frühliberalen zu sehen, hat die jüngere Forschung mit gutem Grund die Traditionselemente seines Denkens betont. Sie treten in der kleinen hallischen Welt, im Gewirr der akademischen, kirchlichen, gemeindlichen Verflechtungen auf engem Raum mit Deutlichkeit hervor. Vor allem mit dem anderen großen hallischen Täter, mit dem Theologen und Pädagogen August Hermann Francke war Thomasius mannigfach liiert – das Wort im Doppelsinn der nützlichen Verbindung und des manchmal lästigen Gebundenseins genommen. Thomasius war Anwalt Franckes in Leipzig. Francke war Beichtvater der Familie Thomasius in Halle.

Beide standen, obwohl zweifelsfrei evangelischen Bekenntnisses, in Spannung zur lutherischen Orthodoxie, die in Leipzig nahezu alleinherrschend, in Halle zumindest mächtig war. Der eine bewegte sich von der klaren, scharfumrissenen, aber starren altprotestantischen Tradition weg in die von Spener gewiesene Richtung der Erweckung und Wiedergeburt – ein Weg, in dessen Verlauf sich die Akzente unmerklich vom Dogmatischen zum Ethischen, zu den Früchten des Glaubens, zum christlichen Werk, zu Erfahrung, Erziehung, Entwurf des eigenen Lebens verschoben.[25] Der andere lotete aus, welcher Platz in einer rundum von evangelischem Denken und Fühlen geprägten Welt der Vernunft und dem nach Vernunftregeln handelnden Staat zukomme. Die Grundoptionen boten wenig Anlaß zum Streit, zumal auch Francke dem staatlichen Kirchenregiment positiv gegenüberstand: war doch der Pietismus durch das Bündnis mit dem preußischen Staat von seiner anfänglichen Neigung zur Absonderung von der „bösen Welt" gründlich – manche meinten allzu gründlich – abgekommen. Die Reibungen zwischen Thomasius und Francke entstanden denn auch nicht aus einer Reaktion auf die Neuerungen, die der Rechtsgelehrte im Feld von Philosophie, Moral und Recht eingeführt hatte und durch die er berühmt geworden war: weder der Kampf gegen Hexenprozesse und Ketzerbestrafung war Anlaß zum Streit noch die Herausnahme des ius divinum aus dem juristischen Unterricht, weder die Trennung von Recht und Moral und die Vorstellung vom Recht als einer weltlichen Zwangsordnung noch die Auflösung der aristotelischen praktischen Philosophie und die neue Anordnung ihrer Elemente nach den Grundregeln der Individualethik (honestum), des Rechtsgehorsams (iustum) und der anständigen Lebensführung (decorum).[26] Was war es also, was hallische frühe Aufklärung und hallischen Pietismus in den Anfängen der Universität in einen so erbitterten Kampf verstrickte?

Die Gründe liegen eher im Atmosphärischen als im Lehrhaften, mehr im Psychologischen als in philosophischen oder theologischen Sätzen; bezeichnenderweise war es eine pädagogische Frage, welche die früheren Freunde entzweien sollte, nämlich des Thomasius' gutachterliche Meinung zu Franckes Plan eines Pädagogiums in Glaucha.[27] Hier finden wir Thomasius – dem Klischee des Aufklärers zum Trotz – auf der Seite der anthropologischen Pessimisten und Erziehungskritiker (ironischerweise stützt er sich auf die altlutherische Erbsündenlehre!), während Francke unerschütterlich an seinem Glauben an die Macht der Erziehung und die Verbesserlichkeit des Menschen festhält. Wirft der Philosoph dem Theologen vor, er vertraue zu sehr auf äußerliche Zucht, er halte die Kinder in sklavischer Abhängigkeit und überfüttere sie mit religiösem Stoff, so erwidert der Theologe, junge Leute zum Kampf gegen fleischliche Lüste und zum Gehorsam gegen Vorgesetzte anzuhalten, sei keineswegs gleichbedeutend mit einem Ordensgelübde und entfremde sie nicht vom bürgerlichen Leben. Stellt der eine die pädagogischen Werke überhaupt in Frage, zweifelt er an allen Anstalten zur Generalreformation der Welt, so fühlt sich der andere in seinem innersten Wollen mißkannt und verharrt im Vertrauen auf seine erzieherische Sendung. Wirft der eine dem anderen vor, er lebe nicht im Stand der Gnade, so erwidert dieser, Christus sei nicht „in der Wüsten einer ehrgeizigen und pharisäischen Absonderung" zu finden. Der Streit eskalierte rasch und wurde persönlich – bis zu dem Punkt, daß Francke Thomasius aus der Glauchischen Pfarrgemeinde vertrieb und seine Frau wegen Kleiderluxus von den Sakramenten ausschloß, während Thomasius dem Gegner vorwarf, er könne halbe Vorstädte kaufen, halte Freitische für verleumderische Spione und mißbrauche Kanzel und Beichtstuhl zur Erhaltung seiner Macht. Thomasius mußte schließlich nachgeben; Francke entschied den Streit für sich dank seiner guten Kontakte zum preußischen Königshaus. Vergeblich hatte der Jurist versucht, die dogmatologisch geschlossene Welt der „Generalreformation" ein wenig aufzulockern: konnte er sich nicht mit gutem Recht auf Luthers Lehre von den beiden Reichen stützen, war seine altprotestantische Skepsis nicht berechtigt angesichts der riesig sich türmenden Werke der Neuerweckten mit ihrem gefährlichen Tugendstolz? Mit Thomasius' Lehren hätte sich, von außen betrachtet, gut begründen lassen, was am weltlichen Stande, an Staat, Gesellschaft, Gemeinde, Schule legitimerweise weltlich war. Doch der religiöse Integralismus im damaligen Halle war stärker. In der Welt der Erweckten, Begeisterten, der leidenschaftlichen Anwälte einer neuen Glaubens- und Heilsgewißheit gab es keinen Platz für Ansätze einer profanen Autonomie. Thomasius' *Decorum* hatte kein Eigengewicht in einer Gemeinschaft, in der sogar die *Adiaphora* des älteren Protestantismus als ein Potential gefährlicher Versuchungen angesehen wurden.

Wenige Jahre später, in den zwanziger Jahren des 18. Jahrhunderts, erreichte der Streit zwischen Theologie und Philosophie in Halle seinen Höhepunkt, als Joachim Lange und die Theologenfakultät, unterstützt von einzelnen Mitgliedern der Philosophie, Christian Wolff und sein Vernunftsystem heftig angriffen und den in ganz Europa berühmten Mann aus Halle zu vertreiben suchten – dank königlicher Hilfe wiederum mit Erfolg.[28] Doch Wolff war aus härterem Holz als Thomasius, und sein öffentliches Prestige war größer. Die Vertreibung, durch den Soldatenkönig 1723 unter Androhung des Strangs ausgesprochen, wurde für den staatsnahen hallischen Pietismus, der den König zu diesem Schritt überredet hatte, ein Pyrrhussieg. Seit 1733 wurde am Berliner Hof heftig um die Rückberufung des Philosophen gerungen, der mittlerweile in Marburg lehrte. Dabei wurde des langen und breiten über den Gottesbegriff, die natürliche Vernunft und den vorgeblichen Atheismus Wolffs räsoniert. Die Waage schwankte lange. Den Ausschlag zugunsten Wolffs gab schließlich der Kronprinz, der spätere König Friedrich II. Eine seiner ersten Amtshandlungen als König 1740 bestand darin, daß er den verbannten Philosophen wieder in Ehren nach Halle zurückholte.

Der Empfang in Halle zeigte an, was Wolff der Zeit bedeutete. In einer zeitgenössischen Chronik heißt es: „Sein Comitat war in Ansehung seiner Person sehr prächtig. Voraus ritten 3 Postillions, welchen ein Student, von Stuckardt genannt, gleichfalls mit einem Posthorne versehen als der Anführer des nachfolgenden Troups folgte; diese ermunterten die Umstehenden und Nebenhergehenden durch das beständige Blasen noch mehr zu einem glücklichen Zuruf. Sodann folgten über 50 Studenten zu Pferde, alle in netter Ordnung; hiernächst kam die mit 4 Pferden bespannte Carosse des Herrn Geheimen Raths, in welcher er und seine Gemahlin sich befanden. Gleich darauf fuhren noch zwei mit 4 Pferden bespannte Kutschen, in welchen die den Herrn Geheimen Rath begleitenden Studenten aus Marburg kamen. Nächstdem sah man die Begleiter hiesigen Orts in vielen Kutschen nacheilen und zwei vornehme Bürger beschlossen die ganze Suite ... Kaum aber hatte der Geheime Rath Wolff die große Ulrichstraße erreicht, als sich die vor dem Thomasiusschen Hause postirten Musikanten mit Trompeten und Pauken hören ließen und den ganzen Actum mit einer artigen Abendmusik beschlossen."[29]

Auch hier ist es schwer, im Rückblick den Streitgegenstand genauer zu bestimmen. Vordergründig handelt es sich um einen „Streit der Fakultäten", um einen Kompetenzkonflikt zwischen Theologie und Philosophie. Auf einen von der Mystik beeinflußten Theologen wie Joachim Lange, der in seiner „Medicina mentis" (1705) alle Philosophie der Theologie ein- und untergeordnet hatte, mußte Wolffs rationales System wie eine freche Herausforderung wirken, ähnlich der von den Protestanten immer abgelehnten Scholastik – und dies, obwohl der Philosoph sich mit keiner These in offenen Widerspruch zum christlichen Bekenntnis setzte. Aber schon die „natürlichen Wege" der Gotteserkenntnis, nach Wolffs Meinung Heiden wie Christen zugänglich, schienen nach Langes Meinung den Glauben zugunsten der Vernunft zu schwächen, die freie Providenz Gottes verschwand in den Augen des Theologen hinter leibnizscher Weltmechanik und prästabilierter Harmonie – und was den Anwalt pietistischer Wirkungs- und Erziehungsansprüche besonders verbitterte: Wolffs Philosophie trat mit internationalem Anspruch auf und löste als ein verkappter Spinozismus „betrübte Effekte" auch bei Theologiestudenten aus. Da half es kaum, daß Wolff die Vereinbarkeit seiner Lehren mit dem kirchlichen Christentum immer wieder betonte und insbesondere in seiner Staatslehre auf die Wichtigkeit des Gottesglaubens für die Einrichtung des gemeinen Wesens hinwies: meinte er doch, ganz im Sinn des Pietismus, der Staat habe dafür zu sorgen, daß die Bürger in der Erkenntnis Gottes zunähmen, da diese Erkenntnis die Ausübung der Tugend und die Vermeidung der Laster erleichtere. Anstellung von Religionslehrern, Bau von Kirchen, Anordnung von Festtagen sind daher bei Wolff ausdrücklich Aufgaben des Staates[30]. Gewiß dienen all diese Vorkehrungen moralischen Zwecken – es ist bezeichnend, daß Wolff im Zusammenhang der „lebhafften Exempel" zum Guten und der Dämpfung des bösen Willens auch die Bedeutung von Komödien und Tragödien erörtert.[31] Aber darf eine weltliche Staatslehre nicht auch die moralischen Wirkungen von Religion im öffentlichen Leben bedenken und diskutieren?

Der Protestantismus tat sich seit jeher schwer mit der „hure vernunfft" – nicht nur zu Luthers Zeiten. Thomasius wie Wolff mußten erfahren, daß nicht nur die protestantische Orthodoxie, sondern auch die pietistische Bewegung der Erweckung und Erneuerung intolerant sein konnte, daß sie wenig Spielraum ließ für „vernünftige Gedanken" außerhalb theologischer Denkzusammenhänge. „Selbst die Katholiken", stöhnte Wolff nach seiner Vertreibung aus Halle, „sind viel bescheidener und wundern sich, wie man mit mir so wunderlich verfährt."[32] In seiner „Ausführlichen Nachricht von seinen eigenen Schrifften" (1726) meinte er: „... so habe ich doch niemahls mehr Freyheit zu philosophiren praetendiret, als man in der Römischen Kirche bei dem Systemate Copernicano verstattet, auch bey dem Systemate harmoniae praestabilitatae mich keiner mehreren angemasset, und als man meine Freyheit zu philosophiren kräncken wollen, nicht mehr Recht verlanget, als man Galilaeo wiederfahren lassen; allein meine Widersacher sind von dem Geiste der Sanfftmuth mehr entfernet gewesen, als daß sie mir eine solche Freyheit hätten vergönnen, noch ein solches Recht wiederfahren lassen wollen."[33]

Der Kampf um Wolff war mit der königlichen Entscheidung beendet. Der Hallesche Pietismus war jedoch damit nicht tot. „Ein Resultat seiner Kämpfe war" – so hat es Carl Hinrichs ausgedrückt –, „daß die deutsche Aufklärung keine irreligiösen und nichtchristlichen Züge trug."[34] In der Tat hat der Sieg der Aufklärung in Deutschland das Erbe des Pietismus – man kann im allgemeineren Sinne sagen: des Christentums – nicht ausgelöscht. Beide Bewegungen sind komplexe Verbindungen miteinander eingegangen. Nicht nur die Staatslehre Wolffs, auch die führenden Staatslehren des 19. Jahrhunderts sind in Auseinandersetzung mit christlichen Traditionen erwachsen. Und das gilt bis heute; es gilt auch für die deutschen Verfassungen des 20. Jahrhunderts, die Weimarer Reichsverfassung und das Grundgesetz: in ihnen hat sich kein laizistisches Staatsbild durchgesetzt wie in Frankreich, sondern ein auf Wertoffenheit und Verständnis gegründetes System wechselseitiger Kooperation. Es gibt in Deutschland keine Staatskirche. Aber die Kirchen sind Körperschaften öffentlichen Rechts. Staat und Kirche sind getrennt. Aber sie nehmen mit Respekt voneinander

Kenntnis. Der Staat führt die Aufsicht über alle Schulen. Aber er läßt private, auch konfessionelle Schulen nicht nur gewähren – er unterstützt sie, wenn sie gute Arbeit leisten. In all dem zeigen sich Züge von Zusammenarbeit, wie sie sich im älteren deutschen Territorialstaat herausgebildet haben und wie sie durch allen Konfessionsstreit, allen Kulturkampf hindurch bis heute bewahrt worden sind. Und darin wirken die Ergebnisse der Kämpfe des 18. Jahrhunderts in Halle und anderswo bis heute nach.

III.

Gegenüber den Kampf- und Krisenzeiten ihrer Frühgeschichte zeigt die Staatswissenschaft in Halle im 19. Jahrhundert ein flacheres Profil. Die großen Schlachten sind geschlagen, die Entscheidungen sind gefallen, vieles ist zum Traditionsbesitz geworden, den man ausformt, pflegt und weitergibt. Es ist, verglichen mit dem 18. Jahrhundert, eine ruhigere Zeit. Dennoch enthält auch sie einiges Aufregende und Unvorhersehbare. In ein paar Schlaglichtern will ich zum Abschluß darauf hinweisen.

Die Universität Halle büßte in der zweiten Hälfte des 18. Jahrhunderts ihren führenden Rang ein. Sie trat hinter Göttingen, später hinter Jena zurück.[35] Dennoch war sie auch um 1800 noch eine der meistbesuchten Universitäten des Deutschen Reiches. Eichendorff, der 1805-06 dort studierte, hat sie in seinen autobiographischen Aufzeichnungen geschildert: den nachwirkenden Rationalismus, die altmodische Gelehrsamkeit, den „schweren Proviantwagen der Brotwissenschaften" auf der einen Seite – aber auch das Neue: die Gegenwart von Philosophie und Literatur, die Komödienzettel, die von Lauchstädt in die hallischen Vorlesungen flatterten und eine Völkerwanderung der Studenten auslösten, wenn ein Werk von Goethe oder Schiller auf dem Programm stand und man den Olympiern am Abend leibhaftig unter den Sterblichen zu begegnen hoffte; der Reichhardsche Garten am Gibichenstein, Ursprungsort der „blauen Blume", wo in Sommernächten Musik erklang; die Romantiker in der Universität mit Henrik Steffens an der Spitze, Schleiermacher, der die jungen Theologen mit seinem „geharnischten Pietismus" um sich scharte, die Naturphilosophen und Mediziner, daneben die Stockjuristen und die „schwere Masse der Kantschen Orthodoxen". „Dieses althallische Leben wurde im Jahre 1806 beim Zusammensturz der Preußischen Monarchie unter ihren Trümmern mit begraben. Die Studenten hatten unzweideutig Miene gemacht, sich in ein bewaffnetes Freikorps zusammenzutun. Napoleon, dem hier zum ersten Male ein Symptom ernsteren Volkswillens gleichsam prophetisch warnend entgegentrat, hob daher zornentbrannt die Universität auf, die Studenten wurden mit unerhörtem Vandalismus plötzlich unter großem Wehgeschrei der Bürger nach allen Weltgegenden auseinandergetrieben und mußten, ausgeplündert und zum Teil selbst der nötigsten Kleidungsstücke beraubt, sich einzeln nach Hause betteln. – Wunderbarer Gang der Weltgerichte! Dieselben vom übermütigen Sieger in den Staub getretenen Jünglinge sollten einst siegreich in Paris einziehen."[36]

Im 19. Jahrhundert füllte sich die Staatswissenschaft in Halle – jetzt Halle-Wittenberg – mit nationalen und liberalen Gehalten. Die Universität wurde ein Vorort der Burschenschaften – geriet damit freilich nach den Karlsbader Beschlüssen auch unter verschärfte Staatskuratel. Arnold Ruge, der führende Kopf der Jung-Hegelianer, habilitierte sich hier 1832 – nach sechs Jahren Festungshaft! – für Philosophie; seit 1837 gab er die „Hallischen Jahrbücher für deutsche Wissenschaft und Kunst" heraus, deren religionskritische Tendenz Aufsehen erregte und die Zensur herausforderte. An der Revolution von 1848 war er führend beteiligt. 1850 ging er für den Rest seines Lebens in die Emigration.[37] Einen anderen Weg schlug der Historiker Heinrich Leo ein, für kurze Zeit Mitarbeiter der Hallischen Jahrbücher, später ein Anwalt der konservativen Sache und von Einfluß auf das Denken König Friedrich Wilhelms IV. Seine unheilvolle Rede vom „frischen, fröhlichen Krieg" ist heute noch in aller Munde. Indes sollte man nicht vergessen, daß der eifernde Mann auch ein Wegbereiter sozial- und kulturgeschichtlicher Forschung gewesen ist.[38]

In den fünfziger Jahren gibt es in Halle keine Hallischen Jahrbücher mehr, wohl aber – nomen est omen – Preußische Jahrbücher. Und im Rahmen des von Preußen geprägten Kaiserreichs nach 1871 entwickelt die Hallische Staatswissenschaft noch einmal eine bedeutungsvolle Beratertätigkeit. An den Gesetzgebungswerken des neuen Deutschen Reiches sind Juristen und Ökonomen aus Halle führend beteiligt. Freilich verschwindet mit dem Inkrafttreten der neuen Zivilprozeßordnung am 1. Oktober 1879 auch die traditionsreiche Aktenversendung an Juristische Fakultäten und damit eine Spruchtätigkeit, welche die Universität von ihren Anfängen an wahrgenommen hatte.[39]

IV.

Und nun: gibt es so etwas wie ein spezifisches Profil der hallischen Staatswissenschaft in den Zeiten, die wir betrachtet haben? Etwas sich Durchhaltendes, Einheitliches, Typisches? Gewiß nicht, wenn wir darunter eine spezifische Eigenart verstehen, die sich unter wechselnden Umständen nur einfach wiederholt und reproduziert. Schon eher, wenn wir an zwei eng miteinander verschränkte Identitäten denken,

die sich ebenso ergänzen wie relativieren – eben an das, was man hallische Aufklärung, und an das, was man hallischen Pietismus nennt.

Mit der Stadt verbunden sind beide: nicht nur Thomasius und
Wolff gehören zu Halle, sondern auch Francke und Lange, nicht nur
die Aufklärung, sondern auch die Erweckung – nicht nur das Thomasianum, sondern auch die Gebäude der Franckeschen Stiftungen. Und
wird es je gelingen zu ergründen, welche der beiden Traditionen
hallischem Geist am nächsten kommt? Gelehrten des 18. Jahrhunderts
galt die Fridericiana – lange vor Göttingen – als die spezifisch moderne Universität. Hallisch und modern, hallisch und aufklärerisch, das
schienen Namen eines Sinnes zu sein. Aber wie zum Beweis, daß auch
Besiegte manchmal lange leben, macht uns Goethe im sechsten Buch
von „Wilhelm Meisters Lehrjahren" – den „Bekenntnissen einer schönen Seele" – mit dem „Hallischen Bekehrungssystem" vertraut: „Nach
diesem Lehrplan muß die Veränderung des Herzens mit einem tiefen
Schrecken über die Sünde anfangen; das Herz muß in dieser Not bald
mehr, bald weniger die verschuldete Strafe erkennen und den Vorge-
schmack der Hölle kosten, der die Lust der Sünde verbittert."[40] Ein
pietistischer Theologe hätte es nicht treffender sagen können. Schon in
Straßburg hatte der junge Goethe 1770 einen Kreis von Frommen getroffen, der „so hällisch" auf ihn wirkte.[41] Nirgends auch nur der lei-
seste Hinweis darauf, daß jenes „Hällische" etwas mit Aufklärung zu
tun haben könnte!

Nein, geben wir es ruhig auf: die zwei Identitäten Halles – und
auch der hallischen Staatswissenschaft – lassen sich nicht in *eine* vereinigen; und noch weniger lassen sie sich reinlich trennen. Aber spiegelt sich darin nicht aufs genaueste die gespaltene, die doppelte
Identität der deutschen Aufklärung, die eben eine andere war als die
französische, schottische, italienische, portugiesische? War Halle nicht
gerade dadurch repräsentativ für die Entwicklung der Lehre vom Staat
in Deutschland, daß es jene beiden Seelen ganz selbstverständlich in
sich trug?

Wer wissen will, wie Aufklärung in Deutschland aussah, was sie
war und was sie sein konnte, der muß sich die geschichtlichen Rahmenbedingungen vergegenwärtigen. Deutschland war kein Land, in
dem Nation und Religion konkordierten, war nicht Spanien, Frankreich, England. Lutheraner, Katholiken und Calvinisten konnten einander auf dem Boden des Reiches – wie der Dreißigjährige Krieg gezeigt hatte – weder bekehren noch verdrängen noch vernichten. Also
mußte man Frieden halten, Religionsfrieden – und die Sorge um seine
Erhaltung bestimmte auch den Spielraum dessen, was seit dem frühen
18. Jahrhundert Aufklärung hieß. In konfessionell-politisch uniformen
Ländern mochte es naiver und direkter zugehen – hier war der Kampf
gegen die Kirche zugleich ein Stück Emanzipation von der Omnipo-
tenz des mit ihr verbundenen Staates. In Deutschland gab der

Kampfruf „écrasez l'infâme" nicht viel her – die Kirchen hatten sich, aus Not belehrt, längst an die Koexistenz gewöhnt; und die Kräfte profaner Kritik und Aufklärung reichten kaum hin, auf einen Schlag gleich drei Konfessionen, drei geschlossene Kirchentümer auszuschalten. Überdies war der Staat in Maßen tolerant; die Glaubenszweiheit und -dreiheit, die er zu respektieren hatte, erzog ihn zum „gelinden Regiment".

Aus solchen Umständen erklärt sich ohne Schwierigkeiten, weshalb die deutsche Aufklärung mit dem Erbe christlicher Traditionen vorsichtiger und schonender verfuhr als zum Beispiel die französische – und weshalb Laizität und Religion in Deutschland einander bis heute – nicht in abgegrenzten Formationen gegenüberstehen, sondern komplexe, immer wieder sich verändernde Gemengelagen bilden. Das mag Freunde klarer Trennungslinien manchmal stören. Aber die Geschichte, zumal die deutsche (aber wahrscheinlich jede!) ist eben ein Gebilde mit unscharfen Rändern. Und das gilt nicht nur für die Geschichte, es gilt auch für die ihr folgende, sie spiegelnde und verarbeitende Staatswissenschaft – eine Disziplin, zu der Halle mit Seckendorff, Thomasius und Wolff und ihren pietistischen Antipoden maßgebliche Beiträge geliefert hat, wie ich Ihnen hier zu zeigen versuchte.

Anmerkungen

1 Er wurde gleichzeitig mit dem Parallel-Lehrstuhl in Frankfurt/Oder, den der Kameralist J.Ch. Dithmar übernahm, von Friedrich Wilhelm I. geschaffen (D.G. Schreber, Entwurf einer Geschichte der ökonomischen Wissenschaften, Leipzig 1764, S. 55ff.; P. Schiera, Il Cameralismo e l'Assolutismo tedesco, Milano 1968, S. 349ff.).

2 So berichtet von C. Hinrichs, Preußentum und Pietismus. Der Pietismus in Brandenburg-Preußen als religiös-soziale Reformbewegung, Göttingen 1971, S. 432.

3 Zum folgenden: M. Stolleis, Veit Ludwig von Seckendorff, in: ders., Staatsdenker im 17. und 18. Jahrhundert, Frankfurt 2. Auflage, 1987, S. 148- 171; H. Maier, Die ältere deutsche Staats- und Verwaltungslehre, München 2. Auflage, 1980, S. 139-149.

4 Ch. Thomasius, Allerhand bissher publicirte Kleine Teutsche Schriften ..., Halle 1701, S. 498.

5 Ich zitiere nach der dritten Auflage, Frankfurt/Main 1665, unveränderter Neudruck Glashütten im Taunus 1976.

6 Seckendorff, Teutscher Fürsten Stat, Anderer (– Zweiter) Theil, S. 57f.

7 Teutscher Fürsten Stat, Anderer Theil, S. 210f.

8 Ebda. S. 207, 213f.

9 Ebda. S. 220ff.

10 Ebda. S. 263ff.

11 Ebda. S. 222ff.

12 Ebda. S. 224ff.

13 Teutscher Fürsten Stat, Additiones oder Zugaben und Erleuterungen, S. 184f.

14 Additiones, S. 188.

15 Additiones, S. 200ff.

16 Seckendorff war 1657, möglicherweise bereits 1646, in den Niederlanden; vgl. Stolleis (wie Anm. 3).

17 Teutscher Fürsten Stat, Anderer Theil, Cap. XI-XV (S. 285-360).

18 Vgl. M. Honecker, Cura religionis Magistratus Christiani, 1968; H. Maier, Ältere deutsche Staatslehre und westliche politische Tradition, Tübingen 1966.

19 Teutscher Fürsten Stat, Additiones, S. 202.

20 Veit Ludwigs von Seckendorff Christen = Staat, Worinn von dem Christenthum an sich selbst, und dessen Behauptung wider die Atheisten und dergleichen Leute; Wie auch von der Verbesserung so wohl des Welt – als Geistlichen Standes, nach dem Zweck des Christenthums gehandelt wird, Leipzig 1716. – In seinen Pensionsjahren nach 1782, die er auf seinem Gut Meuselwitz bei Altenburg verbrachte, hatte Seckendorff Verbindung mit Philipp Jakob Spener und der pietistischen Bewegung aufgenommen. In dieser Zeit machte er auch Bekanntschaft mit Pascals postum erschienenen Pensées sur la religion (1670). Nach den Zitaten im Christenstaat zu urteilen, hat er sie vor allem als Sammlung von Argumenten gegen den sich verbreitenden Atheismus und als Entwurf einer christlichen Ständelehre wahrgenommen; vgl. Christenstaat, Vorrede (unpaginiert); Additiones 1. Buch, 4. Kap., 3/4 3, S. 690ff.; 11. Kap., 3/4 3, S. 747ff.; dort zahlreiche Pascal-Paraphrasen und wörtliche Zitate. Die Forschung ist an diesem (ersten) Reflex der Pensées in der deutschen Literatur bisher achtlos vorbeigegangen; auch die Beziehungen Seckendorffs zum Frühpietismus (und auch zur französischen Mystik) bedürften der Untersuchung.

21 N. Hammerstein, Jus und Historie. Ein Beitrag zur Geschichte des historischen Denkens an deutschen Universitäten im späten 17. und im 18. Jahrhundert, Göttingen 1972, bemerkt: „Gewiß bekennt sich die Universität als allgemein dem evangelisch-lutherischen Glauben zugehörig und verpflichtet sich zur Wahrung dieses christlichen Glaubens. Aber der entsprechende Paragraph beschreibt dies mit sehr nüchternen, man ist versucht zu sagen, säkularisierten Worten" (a.a.O., S. 160). Der entscheidende Satz lautet: „Praecipue autem consensus sit inter omnes et singulos Professores in religione christiana et doctrina evangelica, Scriptis Prophetarum et Apostolorum, et Augustana Confessione comprehensa."

22 Päzise, wissenschaftsgeschichtlich fundierte Auskünfte über die Anfänge der Universität Halle: N. Hammerstein, Jus und Historie (wie Anm. 21), S. 148-168; nützlich auch I. Dyck, Zum Funktionswandel der Universitäten vom 17. zum 18. Jahrhundert. Am Beispiel Halle, in: A. Schöne (Hrsg.), Barock-Symposion 1974, München 1974, S. 371-382, und C. Hinrichs, Preußentum und Pietismus (wie Anm. 2), S. 352-441, und daneben die universitätsgeschichtliche Literatur: 450 Jahre Martin-Luther-Universität Halle-Wittenberg, 3 Bde., Halle 1952; A. Timm, Die Universität Halle-Wittenberg. Herrschaft und Wissenschaft im Spiegel ihrer Geschichte, Frankfurt/Main 1960; H. Hüber (Hrsg.), Geschichte der Martin-Luther-Universität Halle-Wittenberg 1502-1977, Halle 1977.

23 Ch. Thomasius, Kleine deutsche Schriften, hrsg. von W. Opel, Halle 1894, S. 128; vgl. G. Oestreich, Policey und Prudentia civilis in der barocken Gesellschaft von Stadt und Staat, in: Barock-Symposion 1974 (wie Anm. 22).

24 Johann Wolfgang von Goethe, Maximen und Reflexionen, Hamburger Ausgabe Bd. XII, S. 379: „Es gibt zwei friedliche Gewalten: das Recht und die Schicklichkeit."

„Das Recht dringt auf Schuldigkeit, die Polizei aufs Geziemende. Das Recht ist abwägend und entscheidend, die Polizei überschauend und gebietend. Das Recht bezieht sich auf den Einzelnen, die Polizei auf die Gesamtheit."

25 K. Aland (Hrsg.), Pietismus und moderne Welt, Witten 1974; darin vor allem: M. Schmidt, Der Pietismus und das moderne Denken, S. 9-74; K. Deppermann, Pietismus und moderner Staat, S 75-98; K. Aland, Der Pietismus und die soziale Frage, S. 99-137; W. Binder, Pietistische Metamorphosen in Sprache und Denken der klassischen Dichtung, S. 185-204.

26 K. Luig, Christian Thomasius, in: Stolleis, Staatsdenker (wie Anm. 3), S. 227-256; M. Stolleis, Geschichte des öffentlichen Rechts in Deutschland, Bd. I (1600-1800), München 1988, S. 284-288; dort weitere Literatur.

27 Zum folgenden C. Hinrichs (wie Anm. 2), S. 371ff. Vgl. zur Vorgeschichte: K. Deppermann, Der hallesche Pietismus und der preußische Staat unter Friedrich III. (I.), Göttingen 1961, S. 69ff., 88ff., 100ff.

28 Hinrichs S. 388ff.; siehe auch W. Schneiders (Hrsg.), Christian Wolff 1679-1754. Interpretationen zu seiner Philosophie und Wirkung. Mit einer Bibliographie der Wolff-Literatur, Hamburg 1983.

29 Zit. bei N. Hinske, Wolffs Stellung in der deutschen Aufklärung, in: Schneiders, Christian Wolff (wie Anm. 28), S. 306-319 (316).

30 Christian Wolff, Vernünfftige Gedancken von dem Gesellschafftlichen Leben der Menschen Und insonderheiten Dem gemeinen Wesen, Halle 1721 (Nachdruck Frankfurt/Main 1971), §§ 319-327 (S. 258ff.); dazu S. Gmach, Staat und Kirche bei Christian Wolff, Diss. jur. München 1975; H.-M. Bachmann, Die naturrechtliche Staatslehre Christian Wolffs, Berlin 1977; Chr. Link, Die Staatstheorie Christian Wolffs, in: Schneiders, Christian Wolff, S. 171-192; M. Thomann, Christian Wolff, in: Stolleis, Staatsdenker (wie Anm. 3), S. 257-283.

31 Christian Wolff, Vernünfftige Gedancken von dem Gesellschaftlichen Leben der Menschen, §§ 328, 329 (S. 268ff.).

32 Zit. bei Hinrichs S. 427f.

33 Zit. nach dem Nachdruck in der Bibliothek mitteldeutscher Denker (BMD) I (Hallische Aufklärer), Bd. 2 (Christian Wolff), Halle o.J., S. 11. An anderer Stelle der gleichen Schrift sagt Wolff: „Also habe ich nicht mehr Freyheit zu philosophiren mich angemasset, als die man in der Römischen Kirche verstattet, die wir wegen der Sclaverey zu philosophiren mit grosser Erhebung unserer Glückseeligkeit anklagen ..., und doch soll dieses ein solcher Mißbrauch zu philosophiren seyn, daß man mich deßwegen bis auf Ehre, Gut und Blut zu verfolgen berechtiget zu seyn vermeynet, ob man sich gleich die verfolgten und gedultigen Schäflein Christi nennet" (a.a.O., S. 21).

34 Hinrichs, S. 441.

35 Hierzu N. Hammerstein, Jus und Historie (wie Anm. 21), 309ff., 375ff. „Die vertraute Kenntnis und der allmählich gewohnte Umgang mit den neuen Halleschen Errungenschaften führen hier (sc. in Göttingen) folgerichtig zu einer weitergehenden Verfeinerung und Vertiefung des Gewonnenen, zu einem Stand, der über den in Halle erreichten hinausreicht" (S. 377). Zur Entwicklung der Jurisprudenz an beiden Universitäten: J. Schröder, Zur Entwicklung der juristischen Fakultäten im nachfriderizianischen Preußen (1786-1806). Am Beispiel von Halle im Vergleich mit Göttingen, in: H. Hattenhauer/G. Landwehr (Hrsg.), Das nachfriderizianische Preußen 1786-1806, Heidelberg 1988, S. 259-303.

36 Joseph von Eichendorff, Autobiographische Schriften (Erlebtes II: Halle und Heidelberg); Werke, Darmstadt 1966, S. 1514-1546 (1526).

37 A. Timm, Die Universität Halle-Wittenberg (wie Anm. 22), S. 60.

38 A. Timm, Das Fach Geschichte in Forschung und Lehre im 19. Jahrhundert an der Universität Halle-Wittenberg, in: 450 Jahre Martin-Luther-Universität Halle-Wittenberg, Bd. II, S. 292ff.

39 A. Timm, Die Universität Halle-Wittenberg (wie Anm. 22), S. 70.

40 Johann Wolfgang von Goethe, Wilhelm Meisters Lehrjahre, 6. Buch (Bekenntnisse einer schönen Seele), Hamburger Ausgabe Bd. VII, S. 358-420 (388).

41 Brief an Susanna v. Klettenberg vom 26. August 1770 aus Straßburg. Goethes Briefe, Hamburger Ausgabe, Bd. I, S. 115.

Hans Mohr

Sind die Naturwissenschaften „modern"?

Natürlich sind sie „modern" im Sinne von aktuell oder zeitgemäß, aber sie sind nicht Teil der Moderne als Epochenbegriff. Diese These möchte ich Ihnen im folgenden erläutern.

Als Wissenschaft bezeichnet man ein geordnetes Feld von Erkenntnissen. Der Gegenstand der Naturwissenschaften ist definitionsgemäß die Natur, die Natur des Menschen eingeschlossen, aber auch vom Menschen geschaffene, auf Natur zurückgehende Gebilde, zum Beispiel in Agrikultur, Technik und Medizin. Mit Forschung meinen wir in den Naturwissenschaften die disziplinierte, an rationale Methoden gebundene Suche nach objektiven Erkenntnissen. „Objektiv" bedeutet, daß die betreffende Erkenntnis sich vom einzelnen Forscher gelöst hat, wissenschaftliches Gemeingut (*public knowledge*) geworden ist, weil jeder, der die methodischen und intellektuellen Voraussetzungen mitbringt, zu demselben Ergebnis gelangen wird.

Erkenntnis wird möglich, weil nach den ethischen Binnenstandards unserer Profession in der Wissenschaft nur konsensible Sätze zugelassen sind. Dies sind Sätze, die potentiell bestätigt oder widerlegt werden können. Es ist eine *conditio sine qua non* positiver Wissenschaft, daß über die Wahrheit von Aussagen entschieden werden kann. Von konsensualen Sätzen spricht man dann, wenn Aussagen soweit gesichert sind, daß sie von den (meisten) Mitgliedern einer *scientific community* für zutreffend („richtig", „wahr") gehalten werden.

Das von den Naturwissenschaften auf dieser Basis geschaffene Weltbild, in das unser Denken und Tun eingebettet ist, besitzt zwei hervorstechende Eigenschaften: es ist reduktionistisch, und es ist erfolgreich.

Erfolgreich bedeutet theoretisch, daß dieses Weltbild wesentliche Sachverhalte der Welt mit erstaunlicher Zuverlässigkeit erklärt. Erfolgreich bedeutet praktisch, daß wir, getragen von diesem Weltbild, besser leben, weit besser als jemals Menschen vor uns gelebt haben. Wer dies leugnet, weiß einfach nicht, wie unsere Vorfahren gelebt und gelitten haben, und wie sie gestorben sind.

Das wissenschaftliche Weltbild ist reduktionistisch.

Reduktion bedeutet den Versuch, komplizierte Naturerscheinungen durch das Wechselspiel einfacher Teilsysteme zu erklären. In den Naturwissenschaften interessiert besonders die Frage, ob die Eigenschaften und das Verhalten der Materie und der Organismen durch die Eigenschaften ihrer Komponenten, Moleküle, Atome, Elementarteilchen erklärbar sind. Letztlich geht es also um die Frage: Gibt es allerletzte Materieeinheiten (oder Kräfte), mit denen das Verhalten der ganzen realen Welt erklärt werden kann?

Das Ideal der Reduktionisten wäre eine einheitliche monistische Theorie aller Naturerscheinungen. Der Traum des echten Reduktionisten ist die „Weltformel", der kleinste, nicht weiter reduzierbare Algorithmus, mit dem unsere reale Welt und die Vorgänge in ihr vollständig beschrieben werden könnten.

Warum ist Reduktion überhaupt erstrebenswert? Die regulative Idee hinter dem reduktionistischen Unternehmen ist untrennbar verbunden mit der Zielsetzung moderner Wissenschaft: Man möchte nicht nur wissenschaftliche Wahrheit, sondern diese Wahrheit soll möglichst einfach, denk-ökonomisch und elegant formuliert sein; man will strukturelle Einfachheit auf dem Niveau einer fundamentalen Theorie. Es ist der Reduktionismus, der Klarheit und Kohärenz in das Unternehmen Wissenschaft bringt.

Ohne Reduktion (als regulative Idee) würden auch die Naturwissenschaften an einem Pluralismus zersplitterten Einzelforschens scheitern. Aber genau dieser Gefahr sind wir entgangen: Auch die neuen Forschungsstrategien in Physik und Biologie zielen auf übergeordnete Zusammenhänge und auf umfassende, kohärente Theorie.

Das wissenschaftliche Weltbild ist kein Gemeingut. Die meisten Menschen um uns herum sind an Wissenschaft als einer auf Erkenntnis gerichteten, kulturellen Institution nicht ernsthaft interessiert. Sie wollen nicht die Welt begreifen. Die Natur der interstellaren Materie interessiert sie ebensowenig wie die chemische Struktur des lac-Repressors. Der Aufbau des Quarks, dissipative Strukturen, nicht-lineare Bewegungsgleichungen oder das „erste Gen" sind ihnen gleichgültig. Was die Menschen von der Wissenschaft erwarten, ist nicht primär Erkenntnis, sondern die Lösung existentieller Probleme, konkret: Wohlstand und Freiheit – ein bequemes Dasein, Sicherheit, einen hohen Lebensstandard, Freiheit von Hunger, Befreiung von harter Arbeit, Befreiung von Krankheit, von Not, von ständiger Angst und Bedrohung. Sie teilen die Meinung des Bertolt Brecht, der seinem Galilei die Worte in den Mund legte: „Ich halte dafür, daß das einzige Ziel der Wissenschaft darin besteht, die Mühseligkeit der menschlichen Existenz zu erleichtern." Ein maßgebender deutscher Politiker (Peter Glotz) hat diese Haltung folgendermaßen beschrieben: „Der Politiker hat ein anderes Interesse an Wissenschaft und Forschung als der Wissenschaftler ... als Politiker interessiert es mich, ob wissenschaftliche Fortschritte unsere technischen und sozialen Probleme lösen."

In der Tat: Wissenschaft und Technologie, Recht, Politik, Wirtschaft, die literarische Welt, die Kirchen, die Kunst ... sind weitgehend ausdifferenzierte Teilsysteme der gesellschaftlichen Wirklichkeit, mit je eigenen Zielsetzungen, einem jeweils eigenen Verhaltenscode und einer jeweils spezifischen Rationalität und Professionalität.

Natürlich sind sich die meisten Menschen darüber im klaren, daß die moderne Welt auf wissenschaftlicher Erkenntnis und auf daraus resultierender Technologie gebaut ist. Kaum jemand würde leugnen, daß Politik und Wirtschaft ständig auf das Sachwissen der Wissenschaft angewiesen sind, daß Erkenntnis die Grundlage für erfolgreiche Problemlösungen darstellt, im kleinen wie im großen, in der Praxis ebenso wie in der Theorie. Aber die wissenschaftlich-technologischen Lebensgrundlagen werden für die meisten immer unverständlicher. Um so mehr erwarten die Menschen von der Wissenschaft Verläßlichkeit, verläßliches Wissen. Unsere Mitbürger interessieren sich nicht für das wissenschaftliche Weltbild, sondern dafür, wie zuverlässig und nützlich Wissenschaft ist. Solange die Menschen gute Gründe haben, an einen engen Zusammenhang zwischen Erkenntnis und Problemlösung zu glauben, werden sie eine autonome, auf Erkenntnis zielende Wissenschaft gewähren lassen und sie unterstützen. Sollte sich aber der Glaube der Menschen an einen engen Zusammenhang von Erkenntnis und Wohlfahrt verlieren, würde die Unterstützung für die auf Erkenntnis gerichtete Wissenschaft rapide schwinden. Die Wertschätzung objektiver Erkenntnis um der Erkenntnis willen ist ein Produkt kultureller Evolution und deshalb jederzeit hinfällig und reversibel. Von Natur aus, unserer genetischen Herkunft nach, sind wir an Erkenntnis nur um des Überlebens, nur um der (*inclusive*) Fitneß willen, interessiert. In der genetischen Evolution des Menschen gab es keinen Selektionsvorteil für Erkenntnis ohne Anwendung.

Deshalb ist es so wichtig, daß das Vertrauen der Menschen in das Leistungsvermögen der Wissenschaft nicht weiter untergraben wird. Es geht nicht um eine Restaurierung der „Tempelfähigkeit von Wissenschaft" (H. Lübbe), sondern um den Erhalt des methodischen und moralischen Binnenstandards unserer Profession. Dies impliziert die Distanz zur Ideologie, auch zur politischen Ideologie. Wissenschaft ist ihrer Zielsetzung und ihrer Natur nach unpolitisch. Noch mehr: Gute, zur Problemlösung wirklich fähige Wissenschaft braucht „otium", konzentrierte Ruhe, und damit ein erhebliches Maß an politischem Desinteresse. Wissenschaft braucht einen politisch entlasteten und rechtlich geschützten Bereich institutionalisierter und normgerecht funktionierender Erkenntnissuche. Gute Wissenschaft braucht – nach Max Weber – „das Augenmaß, die Fähigkeit, die Realitäten mit innerer

Sammlung und Ruhe auf sich wirken zu lassen, also: die Distanz zu
den Dingen und Menschen".

Sind die Naturwissenschaften modern?

Natürlich sind sie modern im Sinn von aktuell oder zeitgemäß. Sie
sind aber nicht Teil der Moderne als Epochenbegriff. Die geistesge-
schichtlichen Umwälzungen der ersten Hälfte des 20. Jahrhunderts in
Philosophie, Literatur und Kunst haben das Selbstverständnis und
den Fortschritt im wissenschaftlichen Teilsystem kaum berührt. Selbst
die großen Kriege hat die Wissenschaft in ihrer moralischen und institutionellen Substanz (fast) unbeschadet überstanden.

Ein Aufsatz von Jens Reich in der ZEIT vom 25. März 1994 steht
unter der Überschrift „Vom Nationalsozialismus über die Sowjetdok-
trin bis heute: Wie sich die Wissenschaft von der Vererbung wandel-
te". Dies ist zumindest irreführend. In Wirklichkeit haben sich nicht
das Selbstverständnis und die wissenschaftliche Substanz der Genetik
gewandelt, sondern das ideologische Umfeld.

Die Politisierung der Biologie im Dritten Reich lastet als eine
schwere Hypothek auf unserem Fach. Allerdings bedurfte es einer dif-
ferenzierten Analyse, die erst in den achtziger Jahren, vor allem von
Änne Bäumer, geleistet wurde, um den tatsächlichen Vorgängen gerecht zu werden. Auf der einen Seite blieb die Biologie als Wissenschaft, d.h. sowohl ihre Inhalte als auch die Fachvertreter, vom Nationalsozialismus weitgehend unbehelligt. Mein Amtsvorgänger z.B.,
Friedrich Oehlkers, konnte seine wissenschaftliche Arbeit ungehindert
weiterführen, obgleich seine Frau aus einer bekannten jüdischen Familie stammte und er sich zu keiner Konzession an die NS- Ideologie
bereit fand. Die Biologie als produzierende Wissenschaft, d.h. im
„Dienst am Volk", sollte im Dritten Reich die wissenschaftlichen und
praktischen Grundlagen der Ernährung und Erhaltung der Volksge-
sundheit erarbeiten. In der Regel überließ es die Partei jedoch den For-
schungsinstituten, wie sie dieser Zielvorgabe gerecht wurden. Wenn es
zu einer Politisierung der Institute kam – nicht selten in widerlicher
Weise – war sie eher auf entsprechende „Neigungen" von Institutsan-
gehörigen zurückzuführen als auf äußeren Druck.

Es wäre auch eine falsche Geschichtsdeutung anzunehmen, biologische Theorien – etwa sozialdarwinistische Theorien oder der monistische Biologismus Haeckels – seien die eigentliche Quelle der nationalsozialistischen Ideologie gewesen. Wie Änne Bäumer überzeugend
belegt, setzten sich die maßgebenden Vertreter des Nationalsozialismus bewußt von jeder „naturwissenschaftlichen" Anschauung ab:
„Als politische Bewegung lehnt der Nationalsozialismus jede Gleich-

setzung mit irgendwelchen Gelehrten und Forschern oder irgendwelchen Forschungszweigen innerhalb der Lebenskunde ab ... Der Nationalsozialismus ist eine politische, keine wissenschaftliche Bewegung ...".

Andererseits wurden Anthropologie und Rassenkunde im Dritten Reich in entsetzlicher Weise ideologisiert. Das biologische Wissen über die tatsächlich gegebenen Unterschiede zwischen Menschen, Rassen und Völkern wurde zu einem Ungleichwertigkeitsdogma pervertiert. Dieses wurde, wissenschaftlich legitimiert, als „Wahrheit" ausgegeben. Holocaust und Euthanasie erhielten damit ein „wissenschaftliches" Fundament. „Die praktische Umsetzung der scheinbar biologisch-wissenschaftlich legitimierten Politik hatte katastrophale Auswirkungen. Es sei allerdings hier einmal ausdrücklich darauf hingewiesen, daß es nicht die Biologen waren, die die vernichtenden Konsequenzen aus den von ihnen entwickelten Theorien zogen", so Änne Bäumer.

Auch wenn man die Auffassung teilt, daß Holocaust, Euthanasie und die entsetzlichen „Experimente" von KZ-Ärzten nicht der Biologie angelastet werden dürfen – die Tatsache, daß die Biologie ein Werkzeug der Nationalsozialisten wurde, bleibt bestehen. Ein subtiles Begreifen dessen, was seinerzeit geschah, bedeutet die Verpflichtung, neuen Anfängen zu wehren.

Die achtziger Jahre standen im Zeichen einer „postmodernen" Orientierungslosigkeit. Auch die Epoche der Postmoderne, geprägt von Manierismus und Ironie, von Spiel und Anarchie, hat die Naturwissenschaften kaum berührt. Die literarisch-künstlerische Kultur und die naturwissenschaftlich-technische Intelligenz hatten sich nichts wichtiges mehr zu sagen. Gewiß, es gab einige Irrläufer unter den Wissenschaftstheoretikern der siebziger und achtziger Jahre, bei denen die Fortschrittsauffassungen von Kunst und Wissenschaft ineinanderflossen. Paul Feyerabend ließ die anarchistische Devise „Anything goes" in die Seminarwelt überspringen. Er hat den Slogan, der ein Leitwort der Postmoderne werden sollte, schon um die Mitte der siebziger Jahre vor allem durch sein Buch „Against Method" bekannt gemacht.

Trotz seiner Erfolge bei den Studenten in Berkeley und Zürich hat Paul Feyerabend die Wissenschaft nicht bewegt. Die Welle postmoderner Beliebigkeit konnte das wissenschaftliche Teilsystem zum Glück nicht unterspülen.

Warum werte ich dies als einen kulturellen Erfolg? Unsere gefährdete Welt ist mehr denn je auf die Rationalität der wissenschaftlichen Methoden angewiesen. Zur wissenschaftlich gestützten Problemlösung gibt es keine Alternative. Aber auch die Rationalität der Ziele und Zwecke muß, um des Überlebens willen, wieder an Kant'schen Maßstäben, an der Kritik der praktischen Vernunft, gemessen werden. Die Wende „vom postmodernen Relativismus hin zu einer nach-postmodernen Renaissance der Vernunft" ist daher unvermeidlich.

Nicht das Ende der Aufklärung, sondern ein zweiter Schub der Aufklärung ist vorprogrammiert. In ein paar Jahren wird uns die Risikosemantik von Ulrich Beck ebenso antiquiert erscheinen wie das „Anything goes" von Paul Feyerabend. Wir werden wieder auf wissenschaftliche Rationalität setzen und die Zukunft damit meistern.

Aber die schier endlosen Debatten über die Rationalität wissenschaftlicher Methoden haben dazu geführt, daß die Wissenschaft sich ihrer methodischen Schwierigkeiten und ihrer konzeptuellen Grenzen bewußter ist als vor 30 Jahren. Wir wissen weit besser als damals, was wir tun, und wir sind weniger hilflos, wenn wir an die Grenzen unseres intellektuellen Vermögens stoßen.

Der evolutionären Erkenntnistheorie, die sich in den letzten 20 Jahren an der Nahtstelle zwischen Biologie und Philosophie herauskristallisiert hat, kommt in diesem Kontext eine besondere geistesgeschichtliche Bedeutung zu.

Die evolutionäre Erkenntnistheorie erklärt die epistemologischen Schwierigkeiten beim Umgang mit dem Kosmischen, Atomaren und Subatomaren als eine unausweichliche Folge unserer kognitiven Anpassung – Anschauungsformen und Kategorien – an die mittleren Dimensionen der Welt.

Das Argument lautet: Wenn es eine genetische Evolution der Organismen gegeben hat, dann müssen auch das Denken des Menschen, sein Erkenntnisvermögen, seine kognitiven Strukturen, Teil dieser Evolution gewesen sein, und dann war es nicht nur möglich, sondern notwendig, im strengen Sinn unausweichlich, daß sich unser Denken an die Strukturen der realen Welt angepaßt hat.

Bedingt durch die Grenzen des sensorischen Apparats hat sich unser kognitiver Apparat während der Evolution aber nur an einen Ausschnitt der realen Welt, an die Welt der mittleren Dimensionen, angepaßt. Dieser Mesokosmos ist unsere evolutionsbewährte kognitive Nische. Noch im Mittelalter – etwa bei Thomas von Aquin – war es die vorherrschende Lehrmeinung, daß unsere Sinne die Welt im wesentlichen zutreffend und erschöpfend wiedergeben. Erst beim Vorstoß der Physik in die kleinen und großen Dimensionen von Raum, Zeit und Energie machte sich die mesokosmische Provinzialität unseres Erkenntnisvermögens bemerkbar. Verlaß war nur noch auf die Strukturen der Mathematik, die überall gelten. Mit ihnen allein konnte man über den Mesokosmos nach oben und nach unten hinausgreifen. Wissenschaftliche Erkenntnis schränkte sich außerhalb der mittleren Dimensionen auf das ein, was man mit Hilfe mathematischer Strukturen erkennen kann. Mathematik wurde die Sprache der Physik. Unser Anschauungs- und Vorstellungsvermögen hingegen blieb mesokosmisch.

In dieser Tradition entstanden jene großen physikalischen Theorien unseres Jahrhunderts, zur Kosmologie und zur Teilchenphysik, die versuchen, eine Welt zu erklären, die unser Vorstellungsvermögen und die Reichweite der natürlichen Sprachen bei weitem überschreitet. Obgleich diese Theorien wunderbar subtil, mathematisch und logisch stringent und teilweise auch empirisch exakt verifiziert sind, führen sie für den im Mesokosmos und in seiner herkömmlichen Sprache verhafteten Menschenverstand zu paradoxen Konsequenzen. In der Quantentheorie hat die konventionelle Vernunft ausgespielt. Doch wie immer wir die Theorie testen – die Quantenphysik funktioniert. Es gibt bis heute kein experimentelles Ergebnis, das nicht mit der Quantentheorie übereinstimmte. Die Gesetze der Quantenphysik sagen korrekt das Verhalten der physikalischen Welt voraus – bis an die Grenze der präzisesten Beobachtbarkeit. Aber diese Welt ist, wie es J.B.S. Haldane formulierte, nicht nur verrückter als wir sie uns vorstellen; sie ist verrückter als wir sie uns vorstellen können.

Wie sollen wir mathematisch-theoretische Welten verstehen, auf die unsere angeborenen kognitiven Strukturen nicht mehr eingestellt sind, wo uns Anschauung, Vorstellung und natürliche Sprache total verlassen?

Die momentan entstehende Superstring-Theorie leistet vielleicht erstmals eine mathematisch konsistente Quantentheorie der Gravitation und verspricht damit eine Vereinigung der vier fundamentalen Kräfte zu einer „Urkraft": die große Vision theoretischer Physik! In diesen Theorien sind die elementaren Objekte *strings*, winzige Schwingende Fäden sozusagen, etwa 10^{-33} cm lang, die sich in einer Raum-Zeit ausbreiten, die keinerlei Bezug mehr hat zu den mesokosmischen Koordinaten von Raum und Zeit.

Als Antwort auf solche Konstrukte versucht unser Geist – verzweifelt geradezu, aber vergeblich – die völlig abstrakte Welt der formalen Theorie in jene Koordinaten von Raum und Zeit zu transformieren, in denen wir tatsächlich leben. Auch die Physiker selbst beteiligen sich an diesem Versuch, sonst hätten sie wohl nicht das suggestive Wort *string* gewählt, um elementare Objekte einer Länge von 10-^{33} cm zu bezeichnen. In einem Aufsatz von Mike Green, Star unter den Superstring-Theoretikern, fand ich kürzlich den geradezu rührenden Satz: „space-time must be considered highly curved on small scales; in a sense it is foamy" – die Raumzeit ist eine Art von Schaum.

Den gleichen, prinzipiell unüberwindlichen Schwierigkeiten begegnen wir in der abstrakten Kunst. Hier wird der Versuch gemacht, das gemeinte Abstrakte, die tieferen Schichten, den Zustand des Glücks, wie es Mondrian nannte, darzustellen, – mit den Mitteln der mittleren Dimensionen! Ein Zitat von Malewitsch: „In meinem verzweifelten Bemühen, die Kunst vom Ballast der gegenständlichen Welt zu befreien, floh ich zur Form des Quadrats."

Und der transzendentale Gott der Philosophen wird dadurch zum lebendigen Gott, daß ihm die Attribute der mittleren Dimensionen verliehen werden. „Und Gott schuf den Menschen ihm zum Bilde" (1. Mose 1.27) ist eine treffsichere Metapher für das Eingesperrtsein der menschlichen Vorstellungskraft in den mittleren Dimensionen.

Auf eine zweite Grenze, die der Wissenschaft gesetzt ist, treffen wir bei der Frage nach der richtigen Führung unseres Lebens. Lebensführung verlangt Wissen in zweierlei Form: Verfügungswissen und Orientierungswissen. Verfügungswissen (Sachwissen) gibt die Antwort auf die Frage: Wie kann ich etwas, was ich tun will, tun? – Verfügungswissen bedeutet „Machen können" – und in diesem Sinn bedeutet Verfügungswissen „Macht".

In der Welt, in der wir leben, ist Verfügungswissen vorrangig wissenschaftliche Erkenntnis, das pragmatische Wissen der Handlungswissenschaften (Technik, Medizin, Agrikultur, Ökonomie) eingeschlossen. Orientierungswissen beantwortet die Fragen: Was soll ich tun? Was darf ich (nicht – oder nicht mehr) tun? Orientierungswissen bedeutet Sittlichkeit.

Kultur, kultiviertes Leben, ist dadurch charakterisiert, daß der Mensch nicht alles tut, was er tun könnte. Verfügungswissen wird durch Orientierungswissen gezügelt.

Verfügungswissen und Orientierungswissen entspringen verschiedenen Quellen.

Im Vergleich zu früheren Phasen in der Geschichte bieten die modernen Wissenschaften dem handelnden Menschen ein Verfügungswissen von unerhörter Zuverlässigkeit und Kohärenz.

Gleichzeitig verfällt das Orientierungswissen. Wir suchen vergeblich nach einem verbindlichen Wertsystem, nach einer Instanz, die die Stetigkeit und Kohärenz des ethischen Urteils gewährleisten würde.

Die Geisteswissenschaften haben sich seit ihrem Aufblühen im 19. Jahrhundert als die unentbehrlichen Orientierungswissenschaften der modernen Gesellschaft empfunden. Daraus resultierte ihr Bildungsanspruch. Die Frage ist, ob in der pluralistischen, durch Verfügungswissen und instrumental-technische Rationalität geprägten Welt, in der wir leben, die Geisteswissenschaften diesen kulturellen Auftrag (noch) zu erfüllen vermögen. Die Geisteswissenschaften – so scheint es – lassen sich derzeit ethische Probleme zuschieben, die nach ihrer Eigenart wissenschaftlich unlösbar sind. Jedenfalls ist es auch den „kritischen" Sozialphilosophen nicht einmal andeutungsweise gelungen, eine Ethik bereitzustellen, „mit der man begreifen und regulieren könnte, was geschieht" (Niklas Luhmann), ganz zu schweigen von der „fälligen Fortschreibung der normativen Verfassung unserer Kultur" (Hermann Lübbe).

Das Orientierungswissen verfällt, wir verspüren es alle. Keine Wissenschaft, keine politische Initiative, kein Wirtschaftssystem kann den sittlichen Verfall der Bürger, die Inkonsequenz und Irrationalität des menschlichen Verhaltens ausgleichen, mit dem es ein hoch entwickeltes und übersättigtes Staatswesen zu tun hat. Es scheint, daß die freien Gesellschaften die Voraussetzungen nicht mehr erzeugen können, von denen ihre Existenz abhängt. Es gilt deshalb, diese Voraussetzungen nach Kräften zu erhalten.

Aber auch der disziplinierte Rekurs auf die normativen Gehalte unserer kulturellen Überlieferung kann die kreative Fortschreibung des Orientierungswissens nicht ersetzen, denn ethische Kompetenz bedeutet in der heutigen Welt mehr als die Aneignung des geistigen Erbes.

Die Welt, in der wir heute leben, ist dem Verfügungswissen, der wissenschaftlich-technischen Ratio, entsprungen. Unser Handeln spielt sich in dem damit gesetzten Rahmen ab. Unser Orientierungswissen muß mit dem Stand der Welt und mit dem Verfügungswissen vereinbar sein, sonst werden wir beim Handeln in dieser Welt scheitern. Nur eine durch positive Wissenschaft informierte Ethik kann in der modernen Welt die Implementation moralischer Ideen anleiten. Der Rückgriff auf die alten Mythen ist pure Illusion, Haschisch der Kulturkritik. Zu einem höheren Niveau an Aufklärung, Wissen und Handlungsspielraum gibt es keine Alternative.

Vor fast zwanzig Jahren hat der Münchener Philosoph Wolfgang Stegmüller, dem ich viel verdanke, in seinem Werk: „Hauptströmungen der Gegenwartsphilosophie" das grundlegende Dilemma unserer Zeit in einer Weise beurteilt, der ich als Naturwissenschaftler nichts hinzuzufügen habe:

„Obwohl die auf uns zukommenden Probleme prinzipiell zu bewältigen sind, könnte es sein, daß wir ihnen gegenüber versagen. Es gäbe nur einen pauschal formulierbaren Grund für eine solche Möglichkeit: die semantische Verschmutzung der geistigen Umwelt des Menschen, des einzigen redenden und systematisch Symbole benutzenden Wesens. Das Phänomen als solches reicht weit in die Vergangenheit zurück, viel weiter als das der heute oft beschworenen Gefahr einer physischen Umweltverschmutzung. Aberglaube, Angstreligionen und sich an Absurdität wechselseitig überbietende Ideologien haben die Entwicklung des Menschen begleitet; sie bildeten die negative Seite des kulturellen Fortschritts. Erst heute sind sie jedoch zu einer planetarischen Lebensgefahr geworden."

Stegmüller hat recht: Es gibt keine Defizite, die sich im Rahmen unserer wissenschaftlich-technischen Kultur nicht bewältigen ließen. Die planetarische Lebensgefahr besteht nicht in der Bedrohung durch äußere Ereignisse oder in der Insuffizienz unseres Wissens, sondern in dem Erlahmen unserer geistig-moralischen Kraft, den Herausforderungen der Zeit zu begegnen. Dort müssen wir ansetzen, wenn es darum geht, die Zukunft zu gewinnen.

Manfred Riedel

Europäische Bewegung und deutsche Aufklärung

Das geistige Dreieck der Universitäten Halle – Leipzig – Jena im
Spiegel der Philosophie

Philosophen stehen im Verruf, dafür blind zu sein, was in ihrer nächsten Umgebung geschieht. Manchmal gewahren sie jedoch etwas, was viele zu übersehen pflegen, woraus ihnen ein gewisses Ansehen zuwächst. Vor den Menschen des Volkes, so hat Leibniz bekannt, einer der großen Denker, der jener geistigen Umgebung der „klassischen" mitteldeutschen Universitätslandschaft entstammt, als deren heutige Repräsentanten Sie hier versammelt sind, zeichnen sich die Philosophen nicht immer dadurch aus, daß sie andere Dinge wahrnehmen, sondern daß sie auf andere Weise wahrnehmen, die Dinge mit dem Auge des Geistes erkennen und durch besondere Begriffe bezeichnen.[1]

Leibniz' Bekenntnis steht in seiner Untersuchung zum philosophischen Stil des italienischen Humanisten Nizolius (1670), der ersten größeren Publikation, die er seit den akademischen Pflichtübungen an der Universität Leipzig und seiner von der Juristischen Fakultät nicht angenommenen Doktorarbeit zur Interpretation „verwickelter Rechtsfälle"[2] vorgelegt hat. Nach der Promotion an der Universität Altdorf kehrte Leibniz nicht mehr in seine Vaterstadt zurück. Über ein Zwischenspiel als Sekretär der Nürnberger Rosenkreuzer-Gesellschaft war er in den Dienst des Kurfürsten von Mainz getreten, um an der Neuordnung des *Corpus iuris* mitzuarbeiten, vielleicht auch in der Hoffnung, auf die beabsichtigte Reformierung der kurmainzischen Universität Erfurt Einfluß zu nehmen. Dem diente neben dem Entwurf einer neuen Methode für das Rechtsstudium (1667) die Neuausgabe jener Humanistenstreitschrift gegen die neuscholastische Philosophie aus dem Jahre 1553, die in Deutschland unverändert aktuell war. Denn daß Leibniz an der Leipziger Juristenfakultät keineswegs nur auf Grund seines jugendlichen Alters, sondern mehr noch an den veralteten Zuständen der Universität scheiterte, geht aus seiner Untersuchung eindeutig hervor. Spielt doch das Bekenntnis von ferne auf die Magisterarbeit: ‚De arte combinatoria' (1666) an, worin gleichsam als Gegenstück zur rechtshermeneutischen „philologia juris" und der darin angelegten Frage einer Logik des Individuellen das Konzept eines allgemeinen „Gedankenalphabets" auftaucht. Es handelt sich um Konzeptionen in dem gänzlich unerforschten Feld zwischen Logik und

Grammatik, von denen Leibniz später gesteht, sie seien Versuche eines Jünglings gewesen, der „noch nicht mit den realen Wissenschaften vertraut war; denn dort, wo ich mich befand", bemerkt Leibniz und erklärt damit in einem Nebensatz, warum er zeitweilig von Leipzig nach Jena wechselte, „wurde die Mathematik nicht gepflegt"[3]. Und Leibniz erinnert in diesem Zusammenhang an Unsitten scholastischer Disputationsriten, die philosophisch urteilsfähige und erfahrene Männer – er denkt an den Jenaer Mathematiker Erhard Weigel – zum Ärger ihrer Kollegen dadurch bloßzustellen liebten, daß sie in den lateinischen Gelehrtenjargon auf deutsch einfielen und die Disputanten ersuchten, sich in ihrer Muttersprache oder auf englisch und französisch auszudrücken, mit dem Ergebnis, daß sie jedes Mal in Verlegenheit gerieten und verlacht wurden[4].

Neben den Begegnungen mit solchen Männern inner- und außerhalb der Universitäten, vom kurmainzischen Staatsmann Boineburg über den pietistischen Prediger Spener bis hin zu den Ärzten und Naturforschern des in Schweinfurt gegründeten ‚Collegium Naturae Curiosorum' (1652), dem Vorläufer unserer Halleschen ‚Leopoldina', der einzigen deutschen akademischen Gesellschaft aus jener Zeit, die sich bis auf die Gegenwart erhalten hat, sind es Leipziger und Jenaer Eindrücke, die Leibniz' einigermaßen überraschenden Rückgriff auf die humanistische Streitschrift motiviert haben. So läßt sich Leibniz' Text, der zugleich sehr verschiedenartige Erfahrungen mit außeruniversitären Aktivitäten zur Erforschung der Natur festschreibt, als Einstieg in unser Thema benutzen. Jena und Leipzig widersprechen einander, wie auch die alte Leopoldina der Rosenkreuzergesellschaft widerspricht. Aber der Widerspruch liegt, um es so auszudrücken, gar nicht hier, sondern in Wittenberg, dem Ursprungsort der protestantischen Universitäten. Denn ihr geschichtlich wohlbegründeter und zu Luthers und Melanchthons Zeiten gerechtfertigter Aufbau und Studiengang kann dem nicht mehr gerecht werden, was am Grunde des Zeitalters der mathematischen und experimentellen Naturwissenschaft in Europa geschieht; einem gesellschaftlich bewegenden Geschehen, das in Deutschland durch Außenseiter wie Guericke in Magdeburg und Weigel in Jena oder durch die Hintertür von Kuriositätenkabinetten und Geheimbünden Eingang findet.

An Leibniz' Diagnose des Zustands der Universitäten und ihres Versagens gegenüber den großen Herausforderungen durch die europäische Bewegung sind für uns vor allem zwei Problemkreise von Interesse. Da ist einmal seine uns Heutigen nahe, ja allernächste Erfahrung, daß „die nur allzu bekannten, großen Erregungen der Welt" im Zeitalter der Religionskriege mit dunklen oder zwielichtigen Worten auf den Blutfahnen pseudophilosophischer Sekten „alle verwirrt"[5], aber sich jetzt erschöpft hätten. Statt in der Verwirrung fortzufahren und aus dem Schutt unerfüllter Prophezeiungen eines chiliastischen Endzustands der Menschengeschichte neue Versatzstücke herauszusuchen, kommt es darauf an, die unterbrochenen Vorarbeiten des Humanismus für eine *Wiederentdeckung der Antike* fortzusetzen und gleichzeitig an frühreformatorische Bestrebungen für ein *erneuertes Christentum der tatkräftigen Liebe* und des *Nächstendienstes* anzuknüpfen. Und da ist zum anderen Leibniz' Abhebung der *Klarheit vernünftig begründeten Denkens* von barocker Lichtmetaphorik und Allwissenheitsanforderungen an die Philosophie. Ich meine seine uns Heutige besonders ansprechende, nüchterne Einsicht in die wirkliche Welt, worin wir im stets gefährdeten Gleichgewicht mit der Natur leben, in deren hochkomplexen und zugleich harmonisch geordneten Strukturen wir uns ohne Zuhilfenahme des von Leibniz später formulierten Satzes vom zureichenden Grund (principium rationis sufficientis), „warum etwas faktisch so und nicht anders ist", auf keine Weise zurechtfinden könnten. Ja, wir müßten uns zwangsläufig verirren, wenn wir darunter, wie das in der modernen Wissenschaftsentwicklung geschehen ist, das experimentell-physikalisch bewährte Kausalgesetz verstehen oder gar dem rationalistischen Mißverständnis verfallen würden, das fundamentale Strukturprinzip des Wirklichen auf das logische Widerspruchsprinzip zurückzuführen.

Was Leibniz am Ausgangspunkt seines Weges zur Philosophie freilegt, ist das Band zwischen dem ursprünglich vernünftigen Denken und der natürlichen Sprache, die „gediegenste Männer längst für würdig befunden haben, um sie gleichsam durch die Rückkehr in das frühere Rechtsverhältnis wieder in die Schulen einzuführen"[6]. Leibniz meint die Veränderung des philosophischen Stils in den westeuropäischen Ländern durch den *Gebrauch der Nationalsprache*, der ja einst auch in Deutschland über die *via moderna*, die ihr nahestehende Mystik und zuletzt die Frühzeit der Reformation die traditionelle Schulphilosophie verwandelt hatte. Im Unterschied zur französischen Sprache ist ihm die deutsche infolge ihrer Unberührtheit mit dem Latein ein mögliches Muster und Probestück an Klarheit, Deutlichkeit und Sinnfülle des Ausdrucks, das am besten dazu geeignet wäre, den neuscholastischen Aristotelismus preiszugeben und das geschichtlich unverfälschte Denken der „Alten" in Deutschland heimisch werden zu lassen. So wünscht Leibniz an Universitäten eine Art des Lehrens und Schreibens, die sich wieder der Volkssprache annähert, die „natürlich" und wahrhaft philosophisch ist, „von aller Verdrehung und Schminke frei, leicht verständlich und volkstümlich, aus dem gemeinsamen Leben genommen und den Gegenständen angemessen"; eine Philosophie also, die „durch ihr Licht das Gedächtnis unterstützt, statt durch eitle und naseweise Spitzfindigkeit die Urteilskraft zu verwirren. Doch müssen wir uns hier Mühe geben", fügt Leibniz hinzu, „daß wir nicht in den Fehler verfallen, den wir tadeln, nämlich in einen erhabenen, metaphorischen und schwülstigen Ausdruck"[7].

Leibniz mahnt zur Vorsicht und warnt davor, die bildliche Rede vom natürlichen Licht der Vernunft als Quellgrund der Philosophie mit ihr selbst zu verwechseln, umgangssprachliche Ausdrücke wie die Adjektive „erleuchtet" und „aufgeklärt" zu substantivieren und dann zu Sinnbildern der „Aufklärung" hinaufzusteigern. Wohlgemerkt: nicht im metaphorischen Sprachgebrauch als solchem liegt der Fehler, sondern darin, daß nach außen hin sprechende Bilder für das Innerste der Philosophie ausgegeben werden, mit all den uns vertrauten, teils erhebenden, teils die Wirklichkeit peinlich verzeichnenden Konnotationen, vom naturwahren Bild des Sonnenaufgangs angefangen, der den Nebel vertreibt, bis hin zum Idol einer immer strahlenden Sonne an einem ständig wolkenlosen Himmel, deren Licht sich über die ganze Erde verbreitet und überall Frucht bringt (Foecundo lumine fulget)[8]. Seine Mahnung zur Sorgfalt im Denken, seine Warnungen vor übertriebener Hoffnung auf die Vernunft möchten wir im Ohr behalten, und dies um so mehr, als ihn Leibniz' Anhänger nicht beherzigten, sondern mit der Einführung seiner Reformvorschläge an der neu gegründeten Universität Halle den metaphorischen zu einem philosophischen Ausdruck umzuprägen suchten, zum Nachteil der Sache. (Ich werde darauf zurückkommen.)

I

Besinnen wir uns denn mit Leibniz auf die Sache der Philosophie, fragen wir zunächst, was es uns Heutigen am Ausgang eines sich „aufgeklärt" dünkenden Zeitalters sagen will, daß er zu keiner Zeit von „Aufklärung" gesprochen hat, ja, vor solchen Sprechweisen geradezu zurückschreckt. Hat er etwa alles sinnbildliche und gleichnishafte Reden für das philosophische Denken verworfen? Das Gegenteil ist der Fall. Zwar lassen sich mathematisch wahre Aussagen über Formverhältnisse von Figuren der uns umgebenden Lebenswelt gedanklich auf Grundformen zurückführen, die es für alle mögliche Welten geben mag; weshalb sie dann so klar und deutlich wie identische Aussagen erfaßt werden könnten und allein auf Grund des *logischen Widerspruchsprinzips* „wahr" wären. Nicht klar hingegen ist der Inbegriff von Welten, das „Universum", worunter sich die Fülle des Möglichen schon im Gedanken Gottes verteilt[9], zu schweigen vom wahren Wunder der wirklichen Welt und ihren verborgenen Seinsstrukturen von vorherbestimmter, größtmöglicher Ordnung und Harmonie.

Ja, geradezu dunkel erscheinen uns Leibniz' Aussagen über das Sein der Welt als harmonischer Übereinstimmung des Vielen in Einem, der sie spiegelnden *Monade*, um diesen Grundbegriff der Leibnizschen Philosophie hier anzuführen. Aber statt den Begriff klar zu bestimmen, erklärt uns Leibniz', „Monas" sei ein griechisches Wort, das „Einheit" bedeute oder dasjenige, „was wesenhaft eines ist", woran sich dann eine Reihe hypothetischer Bestimmungsversuche des *Eins- seins* anschließen, angefangen von der Bestimmung der Monade als einfacher Substanz, die in die zusammengesetzten Dinge „eingeht", wobei „einfach" so viel heißt wie „ohne Teile"[10].

Kein Zweifel: all diese Bestimmungsversuche seines philosophi- schen Grundbegriffs sind *Gedankenhypothesen*, die einerseits durch Leibniz' Infinitesimalrechnung nachvollziehbar erscheinen, die mit kleinsten Einheiten operiert und den Übergang vom unendlich Klei- nen zum Ganzen einer Funktionsgleichung beschreibt. Andererseits münden sie aber doch immer wieder in *Gleichnissen*, in Vergleiche der Monade mit Erfahrungen von uns selbst, unserem „Ich", dem die Be- griffe von Einsein, Einfachheit, Einzigkeit „eingeboren" und darum verständlich sind. Was ebenso ein Gleichnis ist, das weiter ausgelegt wird. Denn nach Leibniz sind wir uns sozusagen selbst eingeboren, ja mehr noch: weil wir „Seiende" sind, für sich bestehende Individuen, ist uns „das Sein eingeboren", so daß dessen Erkenntnis „eingehüllt" erscheint in unsere Selbsterkenntnis[11]. Und dann die Reihe von *Bildern*, die jedem Dichter Ehre machen, etwa Leibniz' Vergleich der geschaf- fenen Monaden mit dem *beständigen Aufblitzen* oder *Wetterleuchten der Gottheit im Universum*: ein ebenso schönes wie gewagtes Bild, das ihn wiederum im Gleichnis sagen läßt, jenes Licht verdichte und verhülle sich in Lichtzentren und breche dann von Zeit zu Zeit auf, so daß Gott nach dem unvergleichlich eindrucksvollen Bild des Wetterleuchtens gleichsam wie eine „von Realität schwangere Wolke" gedacht wird[12].

Mit einem Wort: Die universalontologischen Begriffe von Selbst und Welt, von Einheit und Vielheit können gar nicht anders als in sinnfälligen Gleichnissen aufgefaßt werden. Ihre Mitteilung bedient sich darum ganz zwanglos Mitteln künstlerischer Einbildungskraft. So veranschaulicht uns Leibniz seine Rede vom monadischen „Sehe- punkt" an der Perspektive in Malerei und Architektur, den Gedanken der Weltharmonie am Wechsel von Licht und Schatten und überhaupt am Farben- und Tonspiel in Bildkunst und Musik. Darum verstehen wir sogleich, was der Harmoniegedanke beinhaltet, etwa wenn Leib- niz sagt, in der Malerei werde „das Bild durch Schattierung lieblich- er", und in der Musik komme die Harmonie erst zustande durch die eingefügte Dissonanz[13]. Und im Vorbeigehen erinnere ich Sie noch an das Erlebnis der Landschaft, Leibniz' Deutung der *All-Einheit* des Universums, das einem jeden von uns auf dem individuellen Stand- punkt der *Alleinheit* in je eigener, verschiedenartiger Weise erscheint, so wie dem Maler eine Stadt im Tal von den verschiedenen Höhen her unterschiedliche Aussichten bietet. Ja, Leibniz, der das Leipziger Ro- sental liebte und mit Gottsched die „lieblich Meißnerflur" gegen die bergig-rauhe Oberpfalz hätte ausspielen können[14], bezieht in die durch

Kunst geweckte Sensibilität für das Schöne Empfindungen der Liebe zur
Natur ein, jenes wahrhaft sympathische Naturgefühl, das er als erster
entdeckt und erst wir Heutigen, nachdem es im Gefolge der industriellen Revolution und den mit ihr einhergehenden Ideologien
menschlicher Naturbeherrschung allzu lange unterdrückt war, in
höchster Lebensbedrängnis ganz mitzuempfinden vermögen: „Die
Schönheit der Natur ist so groß und deren Betrachtung hat eine solche
Süßigkeit, auch das Licht und die gute Regung, so daraus entstehen,
haben so herrlichen Nutzen bereits in diesem Leben, daß, wer sie ge-
kostet, alle andern Ergötzlichkeiten gering achtet."[15]

Gestatten sie mir also, für den Augenblick einiges über Leibniz'
universale Philosophie zu sagen, ihr Verhältnis zu der im Titel meines
Vortrags angesprochenen „europäischen Bewegung" und deren Ausprägung zur „deutschen Aufklärung". Für den Augenblick, das heißt:
im Vorblick auf unser Thema, seine Verortung in dem von mir so genannten „Dreieck" der mitteldeutschen Universitäten *und* im Blick auf
unsere Lage hier und jetzt, nach dem Ende eines fast 60jährigen Bür-
gerkriegs in diesem Land, der auch ein Geisterkrieg gewesen ist und
in mancher Hinsicht dem Verlauf und Ausgang des 30jährigen Krieges ähnelt, worin Leibniz hineingeboren wurde, jenem Zeitalter religiöser Verfolgung und sektiererischer Intoleranz, das ihm in seinen
Nöten stets vor Augen stand. So möchte ich meiner Rückbesinnung
auf jenen Denker, der keiner unserer Universitäten angehörte und ihnen doch zutiefst verbunden war, einige historisch vergleichende Be-
merkungen voranschicken, um ihren geschichtlichen Ortsgeist zu bestimmen: den Geist der uns umgebenden Landschaft, der immer einer
in Not und Bedrängnis war und dies bis heute geblieben ist.

Dafür mag Ihnen die Rede vom „geistigen Dreieck" wenig tauglich erscheinen, zumal wir, historisch betrachtet, von einem Viereck
sprechen müßten. Denn so tritt uns die mitteldeutsche Universitätslandschaft vor der Verschmelzung Halle-Wittenbergs in malerisch ge-
zeichneter Studentenspruchweisheit entgegen: oben links *Wittenberg*
(Vivat, wer gern poculiert), darunter *Jena* (Pereat, wer mich touchiert),
oben rechts *Leipzig* (Heut muß ich noch den Tag verschlafen) und unten rechts *Halle* (Gott wird die böse Welt schon strafen).

Gegen solche Klarsicht kann ich meine Rede nur damit rechtferti-
gen, daß ich mich auf Leibniz beziehe, der in der *Nizolius*-Schrift vermerkt, die Klarheit liege bei geometrischen Gebilden mehr in der
Konstruktion als in den Worten. So beschränke ich mich mit Leibniz
auf den analytisch wahren Satz, ein Dreieck sei jene Figur, die aus drei
Geraden besteht. Und ich sage weiter: Die Einheit aller geometrischen
Wahrheiten bringt es so mit sich, daß in einem beliebigen Dreieck
nicht nur die gegebene Winkelgröße die relativen Längen der Seiten
bestimmt, sondern auch die gegebene Länge der Seiten die Größe der
Winkel, unter denen sie aufeinander treffen können. Jedes dieser Ver-

hältnisse bedingt strukturell das andere als seine Folge, keines aber bringt das andere durch eine von seinem Dasein noch verschiedene Äußerung des Wirkens hervor, so daß wir hier Ursache und Wirkung zu unterscheiden hätten. Der Zusammenhang des Wirklichen in der Erfahrungswelt ist nach Leibniz ähnlich strukturiert. Immer ist das Wirkliche *Eins aus Vielem*, ein Ganzes in sich selbst mit einer bestimmten Struktur. Indem im Weltganzen jedes Ereignis sich als Funktion jedes anderen entwickelt, entwickeln sich alle zusammen in metrisch beschreibbaren, zueinander offenen Strukturverhältnissen, die für unsere beschränkte Auffassungskraft den Schein einer Bewirkung jedes einzelnen Ereignisses durch ein anderes Einzelereignis erzeugen.[16]

Um Strukturzusammenhänge des Wirklichen angemessen zu beschreiben, müßten wir statt des einen Kausalgesetzes eher die ganze Mannigfaltigkeit metrischer Formverhältnisse heranziehen und unsere Einbildungskraft spielen lassen. Wir könnten dann etwa sagen, daß sich je zwei Geraden in einem Winkel schneiden, der sinnbildlich als Teil des Mittelpunkts in einem Kreis verstanden werden darf, worin unendlich viele Linien zusammentreffen. Leibniz geht noch einen Schritt weiter. Gleichwie sich in einer Linse alle Lichtstrahlen sammeln, so laufen nach ihm alle Sinneseindrücke durch Nervenfäden in unserem Geist zusammen. Er ist ein Kräftezentrum, jene ganze Welt im Kleinen, die sich um einen unsichtbaren Mittelpunkt schwingt und „aus denen Ideis wie Centrum ex angulis besteht, denn angulus ist pars Centri, obgleich Centrum indivisibel, dadurch die ganze natura mentis geometrice erklärt werden kann ...“[17]. Im Unterschied zu *physischen* Raumpunkten, die teilbare Größen an wirklichen Körpern und darum niemals mathematisch bestimmte Punkte sind, spricht Leibniz von *metaphysischen* Punkten, Linien, Dreiecken, die beides in sich enthalten: Bestimmtheit und Wirklichkeit, geistige nämlich, die sie sinnfällig bezeichnen.

Leibniz knüpft hier an das traditionell-platonische Verständnis an, wonach zur Form des Körpers *Tiefe* gehört, die notwendig von der Natur der Fläche umgeben sein muß. Die geradlinige ebene Fläche aber setzt sich aus Dreiecken zusammen, die sie begrenzen, während dem Kreis keine Grenze eignet, so daß für die Bestimmung der Körperformen ihre verschiedenen Figurationen (gleichschenklige, ungleichseitige und gleichseitige) die Grundlage bilden. Mit welchen geometrischen Symbolen dabei operiert wird, kann für uns außer Betracht bleiben. Es genügt, wenn wir festhalten, daß sich der christliche Trinitätsgedanke noch im spekulativen Denken von Erhard Weigel an diese platonischen Dreiecksspekulationen anschließt, die über die Tradition des Neuplatonismus im mittleren Deutschland auf vielfältige Weise ausgedeutet werden, von Jakob Böhme über Leibniz und Thomasius bis hin zu Hegel, der in seiner dritten Jenaer Habilitationsthese das Quadrat mit dem Naturgesetz, das Dreieck mit dem Gesetz des

Geistes identifiziert (Triangulum est lex mentis)[18]. Und schon vor Hegel war diese geometrische Symbolik auf geistige Wirklichkeiten ganz
anderer Provenienz übertragen worden, auf geschichtliche Bewegungen und Gruppen, die sie auslösen, zeitweilig anhalten oder Gegen-
strömungen hervorrufen.

II

Lassen Sie uns an dieser Stelle kurz Rückschau halten auf die wechselnden Konfigurationen deutscher Universitätsgeschichte, die sich im
mitteldeutschen Raum besonders vielfältig ausgestaltet und geistig
verdichtet haben. Bildet sich doch vor der Reformation hier schon
einmal ein Dreieck, mit Erfurt, der ältesten Universität aus dem Jahre
1392, dann Leipzig, 1409 als Abzweigung von Prag gegründet, und
Wittenberg, der jüngsten von 1502. Im Gegensatz zu Prag im Osten
und Heidelberg im Westen des Reiches entstehen alle drei fern von
den Zentren der politischen Macht, an Handelsplätzen oder in kleinen
Landstädten fast dörflichen Gepräges. Während dieser Blütezeit des
europäischen Humanismus umspannt ganz Deutschland ein einheitliches, zu den Nachbarländern hin offenes Schulgebiet. Ost und West,
Süd und Nord stehen in lebendigstem Austausch, so daß man bei keinem Gelehrten anfragt, woher er sei oder welcher Schule er angehöre,
sondern was er könne[19]. Ihrer Idee nach sind die Universitäten *universale* Körperschaften. Sie schlagen Kreise um sich und sind Gliedkörper
der *einen Kirche* der abendländischen Christenheit. Wer die lateinische
Sprache redet, hat damit die Fesseln der Territorialität abgestreift und
das Bürgerrecht einer Gemeinschaft höherer Ordnung erworben, der
Christenheit, ja der humanen Bürgerlichkeit als Ideal des *einen* Europa.
     Im Gefolge der Reformation und der Errichtung von Landeskir-
chen auf den fürstlichen Territorien wird dieser Austausch unterbro-
chen. Protestantische und katholische Universitäten schließen sich ge-
geneinander ab, und mit fortschreitender Dogmatisierung der Glau-
bensartikel gehen bald auch die einzelnen protestantischen Universitäten getrennte Wege, was die Landesfürsten zu Gründungen neuer
Universitäten nützen: so Johann Friedrich der Großmütige, der als
Besiegter Karls V. mit dem Verlust der Kurwürde und Kurlande unter
Einschluß Wittenbergs gegen den Widerstand Melanchthons versucht,
die Universität nach Jena hinüberzuziehen, bis er sich, angesichts der
zur Bedeutungslosigkeit herabgesunkenen Universität Erfurt, auf dessen Vorschlag hin zur Neustiftung entschließt. Sie erfolgt in Melanchthons Geist, der sich nach der frühen Hinwendung zum Humanismus und dem verstärkten Eindringen der Aristotelischen Rhetorik

und Poetik in die formalen Vorbereitungsstudien der Artistenfakultät (Grammatik und Dialektik) an die Seite von Luther gestellt und erklärt hatte, wenn nicht die Theologie Anfang, Mitte und Ende unseres Lebens sei, hörten wir auf, Menschen zu sein; bis er unter dem Druck der Reformationswirren zum Ergebnis gelangt, wir würden ins Barbarische zurückfallen, wenn wir nur theologische Studien betrieben und vom natürlichen Licht der Vernunft nichts wüßten. So stellt Melanchthon das Vorbereitungsstudium der *humaniora* an der Artistenfakultät wieder her, freilich unter Reduzierung der überhandgenommenen *Poetik*-Vorlesungen zugunsten der Vorlesungen über Ethik und Sprachkunde. Belehrt uns doch das *Urteil unseres (guten oder schlechten) Gewissens* über ein der Seele eingeborenes *Sittengesetz*, das die unwandelbare und überall gültige Regel der Gerechtigkeit als Einheit ethisch tugendhaften Verhaltens und des gesetzlich geordneten Zusammenlebens in mitbürgerlicher Gesellschaft darstellt[20]. Das alles klingt nach einem humanistisch interpretierten Aristoteles, so daß wir uns nicht wundern dürfen, wenn Melanchthon für die theoretischen Disziplinen der Mathematik, Physik und Astronomie Lehrbücher nach Aristotelischen Muster vorschreibt, ja, selbst solche schreibt und dabei der traditionell vernachlässigten *Historik* einen festen Platz einräumt[21]. *Ad fontes*, „zurück zu den Quellen", und *sapere aude*, „versuche weise zu sein", „habe Mut, dich deines Verstandes zu bedienen", wie Kant den von ihm so genannten „Wahlspruch der Aufklärung" übersetzt, das sind die beiden Angelpunkte, um die sich Melanchthons humanistisch erneuerte Bildungsidee bewegt.

Diese Spannung belebt die Wittenberger Universität, die sich von dort auf Leipzig und Jena überträgt. So entsteht im Rahmen der von Melanchthon befestigten Verbindung des Ausbildungsstudiums der oberen Fakultäten mit dem humanistischen Studiengang der Artistenfakultät und den institutionellen Anforderungen landesfürstlicher Herrschaft nach dem Rückgang von Erfurt das zweite Dreieck der „kursächsischen" Universitäten Wittenberg – Leipzig – Jena, dem über das Zusammentreffen seiner angrenzenden Seitenlinien im Eckpunkt eines fast identischen Zentrums von intensiver Strahlkraft für mehr als ein Jahrhundert die Führung in West- und Ostdeutschland zufällt. Und darin eingelagert die drei Fürstenschulen Meißen, Grimma und Schulpforta, die ebenso Vorbilder für derartige Unterrichtsanstalten in anderen deutschen Ländern werden, so daß sich die Prägekraft des geistigen Dreiecks gleichsam verdoppelt, mit unübersehbaren Ausstrahlungen von Melanchthons Bildungsideen auf alle *danach* gegründeten Landesuniversitäten und -schulen in Deutschland.

Wir brauchen den Wellen landesfürstlicher Universitätsgründungen zwischen dem 17. und 18. Jahrhundert nicht weiter zu folgen, die sich im Zusammenhang rechtsförmlicher Abgrenzungen zwischen den Konfessionen auf das katholische Deutschland ausbreiten, auch nicht den heftigen Fehden und Feindschaften, die sich unter dem Vorzeichen der Glaubensspaltung innerhalb der theologischen Fakultäten von den Winkeln und Kanten der nun hart aneinandergrenzenden Universitätslandschaften ergeben. Ich möchte nur zweierlei hervorheben: einmal Leibniz' Beobachtung, daß daraus, trotz aller Kritik an Verderbnis, Entstellung und Verwirrung der Idee der *universitas*, nicht bloß Nachteile und Zurückgebliebenheit gegenüber den westeuropäischen Ländern erwachsen müssen. Vielheit ist nicht gleichbedeutend mit Partikularismus, sie bedeutet auch nicht notwendig Provinzialität mit geistigem Leerlauf oder Zerfall. Wenn das Viele in Eines gewendet und zur Einheit in der Vielheit entfaltet würde, könnten die deutschen Universitäten den universalen Gedanken wieder verkörpern und den alten Ehrennahmen des Landes der Studien erneut erwerben: „Was ist nun England gegen Deutschland, darin so viele Fürsten sind, die manchem König selbst Macht und Autorität disputieren können, da so viele berühmte mit trefflichen Leuten – denen es nur an *employ* mangelt – angefüllte Universitäten, deren doch in England, wenn man Schottland davon tut, nur zwei sind."[22]

Leibniz' Hoffnung auf eine Glaubensunion und Reformierung der Universitäten steht auf der anderen Seite seine Wahrnehmung des unter deutschen Protestanten wie Katholiken verbreiteten Hanges entgegen, dualistisch zu denken: als ob alle Menschengeschichte vom Kampf zwischen dem lichten Prinzip des Guten und dem finsteren des Bösen beherrscht werde, als ob alles Übel in der Welt seinen Grund in der ungenügenden Abkehr vom Bösen hätte und die Erlösung des Menschen nur durch eine rechte Lehre zu finden sei, die ihn ins Lichtreich des Guten führt; Denkweisen, denen auch jene „platonischen Christen" in England, den Niederlanden und Deutschland mit ihrer „Vermischung von Nichts und Etwas, von Schatten und Licht" anhängen, „so sie durch die Ineinanderstrahlung zweier entgegengesetzter Triangel" erklären[23]. Gemeint sind in der von Leibniz nachgezeichneten Figur die gegenüberliegenden Basisseiten deckungsgleicher Dreiecke, die den Bereich von Licht und Finsternis („die wie das Nichts ist" oder die „Materie") symbolisieren und in der Mitte ein Parallelogramm aus zwei Dreiecken freigeben, mit gleichmäßiger, wenn auch abgestufter Verteilung von Hell und Dunkel.

Im Spiegelverhältnis der ineinander strahlenden Dreiecksfiguren wird in etwa anschaulich, was uns Leibniz' Gedanke der Welt als vorherbestimmter, größtmöglicher Ordnung und Harmonie von dunklen, sich aufklärenden und klaren Einzelsubstanzen sagen will, die das Wesen des Wirklichen ausmachen. Es ist im Grunde gleichbedeutend mit dem, was wir an uns selbst erfahren: daß es „für uns" so etwas wie reines Licht, reines Bewußtsein, vollständige Aufgeklärtheit so wenig geben kann wie totale Finsternis mit ihren platonisierenden Inbegriffen von Körperlichkeit und Schwere im Gegensatz zu Seele, Geist, bewußtem Sein. Es gibt keine sich ausschließenden Gegensätze, sondern nur Unterschiede des Grades und Übergänge vom Sein zum Bewußtsein, vom Einzelnen zum Allgemeinen und Ganzen, und das Verhältnis des Ganzen zum Einzelnen gründet sich eben darauf, daß jede Substanz unter einem immer anderen, *individuellen Gesichtspunkt*, also bei partieller Dunkelheit, in ihren wechselnden Zuständen das universelle *Schicksal* (fatum), den Gang des allgemeinen Welt-Geschehens widerspiegelt[24].

III

Leibniz' Verständnis des Allgemeinen, lassen Sie mich diesen Ansatz der universalen Philosophie auf meine Weise erläutern, umschreibt das Verhältnis des Einzelnen, von allem Unterschiedenen und darum unendlich Vielfältigen zur Einheit des Ganzen, das In-Eins-Wenden des Vielen (der Ursinn von *Universum, versari*, d.i. „sich umkehren", „drehen"). Wie das Viele nicht nur die unbestimmte Allheit, sondern die Sinnesfülle der Phänomene anzeigt, so verweist das Eine über die sie scheidende Vereinzelung und Individuierung auf das zusammenhaltende Wesen der *All-Einheit* im Sinne innigster *Einigung* eines jeden Dinges mit dem anderen in einem gemeinsamen Sinn der Welt[25]. Kein moderner Mensch hat vor Leibniz dieses Verhältnis zwischen höchster Trennung und Einigung, ja, Befremdung und Solidarität in der Gemeinsamkeit eines allen gleichermaßen zugeteilten Welt-Geschicks so gefühlt wie er. Und artikuliert hat er dieses Gefühl, das sich jeder Verallgemeinerung durch einen universellen Gesetzesbegriff oder die vermeintliche Universalität eines Weltgeistes entzieht, mit eben jenem Ausdruck für die individuelle Substanz oder *das Sein im einzigen Sinne dieses Worts*, „Monade" genannt, des lebendigsten Begriffs, den je ein Denker vom Wirklichen gefaßt hat. Kein Wunder also, daß dieser immer gesuchte und zuletzt gefundene Name die theoretische mit der praktischen Philosophie verbindet. Wird doch das Substantielle an den Phänomenen nicht allein mit Bezeichnungen der traditionell-aristotelischen Naturmetaphysik, sondern einer Metaphysik der Praxis im Doppelsinn des Wirkens und Leidens charakterisiert, die Wechselbeziehungen ethischen Tuns und Lassens einschließt. Daher der sonst befremdliche Aspekt von Leibniz' Monadologie, wonach die Seele gleichursprünglich mit dem Körper Quell- und Kraftpunkt des Verlangens nach Einheit und Einverständnis mit sich und der Welt ist; daß sie in gleicher Ursprünglichkeit vorstellt, begehrt und danach strebt, die sinnliche Mannigfaltigkeit von Welterfahrnissen in ihren Träumen, Erinnerungen, Leidenschaften wie den halbvertrauten Text einer verschlüsselten Botschaft vom ganzen Universum zu lesen.

Den Schlüssel zur Entzifferung können wir weder einer fertigen Logik von Allgemeinbegriffen noch der allgemeinen Charakteristik entnehmen. Er kann auch nicht in der Mathematik liegen, da sich jede Monade nicht nur numerisch-quantitativ, sondern qualitativ von jeder anderen unterscheidet. *Sein ist wesenhaft individuell.* Das Individuelle aber, dies hat Leibniz von Anbeginn erkannt, ist ein Faktum kontingent gezeitigter Weltwirklichkeit und damit die problematische Grenze der Logik, die es nur mit möglichen Welten und ihren notwendigen Folgen zu tun hat. Seine Lösung kann das Grenzproblem einzig in der Hermeneutik finden, verstanden als Auslegung des Universellen im Individuellen des Ganzen von den Teilen her und umgekehrt. Denn im konkreten Individuum konzentriert sich jenes Universum von Monaden, die untereinander und mit dem Ganzen in Gemeinschaft stehen. Und die Gemeinschaft reicht schon für unseren Leib in jede beliebige Entfernung. Räumlich wie zeitlich ist für unser Verstehen alles ineinander verwoben, Fernes mit Nahem, Heimat mit Fremde, die Gegenwart mit der Zukunft, das Gewesene mit dem Kommenden, das wir aus Zeugnissen der Vergangenheit herauszulesen vermögen. Die Seele aber, sagt Leibniz, und er deutet mit diesem erneuten Rückgriff auf das Lesemodell das hermeneutische Problem des Individuellen an, „kann nur das in sich selbst lesen, was in ihr deutlich repräsentiert ist; sie kann ihre Falten nicht mit einem Schlag auseinanderwickeln, denn sie reichen ins Unendliche"[26].

Ich habe mit diesen Sätzen den Grundgedanken von Leibniz' „Monadologie" umrissen, jener Einheitslehre, deren Bestreben darauf gerichtet gewesen ist, die dualistische Denkweise am Grunde des Zeitalters der Religionskriege mitsamt ihrer fortdauernden Bedrohung des mühsam erreichten Friedens unter den Menschen und Völkern Europas durch eine wohlfundierte *Philosophie der Vereinigung* zu überwinden, allgemein und individuell, politisch und konfessionell, theoretisch und praktisch, weshalb Leibniz auch die den Dualismus stützende Dreieckssymbolik in dem angezeigten Sinne umdeutet. Wie sich Leibniz' philosophisches Streben darauf richtet, für die Erfahrung der natürlichen und geistigen Wirklichkeit ein ihr zugrundeliegendes Gesetz der Kontinuität nachzuweisen, so konzentriert sich sein mathematisches Bemühen auf den Beweis der Ähnlichkeit verschieden gestalteter Figuren, darunter der Dreiecksfigur, die als solche nicht mit Symbolwerten wie Licht und Finsternis, Gut und Böse belastet werden darf. Was einiges zu tun hat mit der Verschiebung des Dreiecks der alten kursächsischen Universitäten seit der Neugründung der Universität Halle durch den Kurfürsten von Brandenburg, Friedrich III., im Jahre 1694, den nachmaligen König Friedrich I. von Preußen. Bevor ich darauf zu sprechen komme, sei es mir erlaubt, im Blick auf Leibniz' Philosophie und seinen maßgeblichen Anteil an der Gestaltung dieser geschichtlich unverwechselbaren Universitätslandschaft das

Wechselspiel von europäischer Bewegung und deutscher Aufklärung näher zu kennzeichnen.

Man hat behauptet, nach den trüben Erfahrungen in Leipzig habe sich Leibniz von der Universität seiner Vaterstadt und überhaupt vom kleinstädtisch verwinkelten Universitätsdasein abgekehrt und sein Interesse auf die Gründung von Akademien an Höfen und Hauptstädten gerichtet[27]. An kritischen Äußerungen dazu fehlt es nicht. Sind ihm doch die Universitäten noch immer oder wieder „mönchische Anstalten", die sich mit scholastischer Grillenfängerei beschäftigen, und er wundert sich oft, warum angesehene Männer, wenn sie Bücher schreiben, lieber Proben ihrer Gelehrsamkeit als ihrer Erfahrung und Urteilskraft abgeben wollen[28]. Und wir brauchen nur eine seiner zahlreichen Denkschriften aufzuschlagen, um zu sehen, daß alle Pläne zur Wissenschaftsreform der Sorge um die territoriale und konfessionelle Zersplitterung des alten Reichs erwachsen und nach dem Vorbild der Pariser und Londoner Akademien auf die Stiftung einer deutschen „Sozietät der Künste und Wissenschaften" gerichtet sind, zunächst in Frankfurt, unter der Schirmherrschaft des Kurfürsten von Mainz, dann, etwa gleichzeitig mit der Halleschen Universitätsgründung, in Berlin, unter dem Schirm des Preußischen Königs.

Ich muß dieses parallele Ereignis erwähnen, auch wenn ich die Parallele nicht weiter ausziehen kann. Denn es ist historisch unwahr, daß Leibniz zu Jena und Leipzig keine Verbindung gehalten hätte. Zwar ist ihm Erhard Weigel, der in Halle zur Schule ging, in Leipzig studierte und dann fast ein halbes Jahrhundert hindurch mit starker Anziehungskraft auf die Studenten aller Fakultäten in Jena lehrte, später mehr als Fortführer neuplatonistischer Mathematik erschienen, dem er wohl gelegentlich reserviert begegnete. Aber in seinem Nachlaß fand sich ein positiv urteilendes Gutachten über Weigels Vorschläge an den Regensburger Reichstag zu einer Forschungsanstalt, zur Kalenderreform und Erfindung einer Schwebebahn für Gesundheitszwecke[29]. Treu bleibt Leibniz ferner seinem Leipziger Lehrer Thomasius, wie er sich auch der Universität wenigstens dadurch erkenntlich zeigt, daß er gelegentlich in den ,Acta Eruditorum' des Freundes Mencke publiziert, etwa die gedankenreichen ,Betrachtungen über das Wissen, die Wahrheit und die Ideen' (1684), die den Kern der universalen Philosophie enthalten. Neben einigen an Jakob Thomasius übersandten Schriften aus dem Umkreis der *Nizolius*-Edition müssen sie dem Sohn Christian Thomasius bekannt gewesen sein, der philosophisch davon beeinflußt ist und für eine der Halleschen Nachfolgezeitschriften seiner Leipziger ,Monatsgespräche' (1688-89) Leibniz als Mitarbeiter gewann. Und schließlich verdient hervorgehoben zu werden, welche entscheidende Rolle Leibniz selbst in der Herausbildung des „klassischen" Dreiecks der mitteldeutschen Universitäten gespielt hat. Ist doch er es gewesen, der den Leipziger Dozenten Christian

Wolff zur Berufung als Mathematikprofessor nach Halle empfohlen und ihm brieflich geraten hat, dort Thomasius' Freundschaft zu suchen. Wie er überhaupt mit den bedeutenden Naturforschern, die für die neue Hochschule verpflichtet werden konnten, in lebhaftem Gedankenaustausch stand. Ich verweise nur auf den Briefwechsel mit Friedrich Hoffmann (Ihnen allen durch die Hoffmanns-Tropfen bekannt), der Halle durch sein ärztliches Können und seinen Lehrerfolg zu einem der holländischen Universität Leyden ebenbürtigen Zentrum des Medizinstudiums in Europa machte und stets Leibniz Zuspruch suchte[30]. Und nicht vergessen möchte ich die Kritik am Lehrgebäude des neben Hoffmann wirkenden Mediziners Georg August Stahl, das – ähnlich wie in unserem Jahrhundert die Psychosomatik Viktor von Weizsäckers – von empirisch belegten Einflußnahmen mentaler Vorgänge auf den Leib ausging und dabei nach Leibniz' Auffassung die behauptete „Gewalt der Seele über die Krankheiten" übertrieb, obwohl der Philosoph einräumt, Stahls Theorieansatz entbehre nicht des Geistes und habe „etwas Einleuchtendes, ja sogar etwas Wahres und Nützliches"[31].

Wir wissen: Leibniz' Akademiepläne reichten weit über Berlin hinaus nach Dresden und Wien und schließlich, als sich Rußland unter seinem großen Zaren Europa zu öffnen begann, nach St. Petersburg. Ja, zuletzt, als sein Berliner Plan wenige Jahre nach der Halleschen Gründung zwar beurkundet, aber infolge höfischer Intrigen und darin verwickelter Akademiemitglieder keineswegs nach seinen weitausgreifenden Reformideen verwirklicht war, begann Leibniz wieder zu träumen. Da bedeckte sich in seinen nächtlichen Wachträumen die Erde mit einem Netz wissenschaftlicher Institute, alle demselben Ziel der Völkerversöhnung zur Ehre Gottes zugewandt. Und da wanderte sein hoffender Blick auf dem Landweg eines europäisierten Rußland hinüber nach China, dem *Anti-Europa*, das Europa nicht einfach „missionarisch" an sich selbst messen, sondern als zivilisatorisch komplementäre Welt behandeln soll[32]. Pläne, die mit ihm ins Grab sanken, aber bei seinen Halleschen Verehrern nicht vergessen waren, auch nicht bei August Hermann Francke, der über die China-Mission mit Leibniz korrespondiert und zur selben Zeit sein „Projekt zu seinem seminario universali" skizziert hatte, „in welchem man eine reale Verbesserung in allen Ständen in- und außerhalb Deutschlands, ja, in Europa und allen übrigen Teilen der Welt zu gewarten"[33].

Francke, so urteilte Leibniz, habe die Idee des wahrhaftigen, mit der wahren Philosophie einigen Christentums der tätigen Gottesliebe mit dem „Wachstum realer Wissenschaften und Vermehrung gemeinen Nutzens" zu einem dreifachen, unauflösbaren Seile verknüpft, weshalb er ihn (1702) und Christian Wolff (1710) zu Mitgliedern der Berliner Akademie berufen ließ[34]. Wie konnte er ahnen, daß beider Wege in Halle einmal so weit auseinanderdriften würden? Und was hätte

er, der nach dem Tod der Königin Sophie Charlotte die staatliche De-
formation seiner Gründung noch erleben mußte, wohl dazu gesagt,
daß diese Akademie einmal seine Monadologie verurteilen würde, von
jener Rede eines seiner Nachfolger in der Präsidentschaft zu schweigen,
der sich mit dürren Worten überrascht zeigte, die Verbreitung des
wahren Christentums „unter die Zahl der Objecte einer Societät der
Wissenschaften gesetzt zu sehen"[35].

Im Vergleich mit Francke war Leibniz in der Verwirklichung seiner Pläne wenig erfolgreich. Und in der Tat: eine tragische Notwendigkeit verschattet die organisatorische Lebensarbeit seiner späten
Jahre. Es ist die Tragik eines gescheiterten Einzelgängers, der am Ende
sehend wird und vielleicht auch sein jugendliches Urteil revidiert haben mag, wonach Universitäten an Höfen zu gründen wären, um die
durch lange Religionskriege verrohten Sitten des Studenten- und Ge-
lehrtenlebens zu verbessern. Nach Dilthey, dem wir darüber einige
bemerkenswert wirklichkeitsnahe Aufschlüsse verdanken, führen die
besonderen Hindernisse, auf die Leibniz bei seinen Reformplänen in
den Zentren der politischen Macht stieß, auf ein allgemeines Verhältnis zurück, das bis heute unverändert Gültigkeit besitzt. Gewiß: Akademien sind die Träger der Idee freier Wissenschaftskultur in einem
Volk. Aber jene Kultur läßt sich nicht zentralisieren, es sei denn zum
Nachteil der Freiheit. Sie ist überall „an die Voraussetzung gebunden,
daß die Völker eine gewisse Stufe allgemeiner Bildung erreicht haben,
daß also die höheren Unterrichtsanstalten, vor allem die Universitäten,
sich mit dem wissenschaftlichen Geist erfüllt haben"[36]. Besitzen sie
doch ein unmittelbares Verhältnis zur Breite des Lebens und seiner
zahlreichen Verbände bis hinauf zum Staat, so daß die Aufgabe der
Akademien an die Entwicklung der Universitäten zu Forschungsstätten gebunden ist. Dieser Prozeß setzt am deutlichsten mit der Halleschen Universitätsgründung ein, von wo aus er sich, an Wittenberg
und Erfurt vorbei, die nun völlig am Boden liegen, auf die Nachbaruniversitäten Leipzig und Jena ausdehnt. Aber es bedurfte eines ganzen Jahrhunderts, bis er durchdringt und dann seine Wirkungen auf
die wissenschaftlichen Institutionen überall äußert.

IV

Die ganze Philosophie dieser hundert Jahre in Deutschland, so hat
Dilthey in seinen Studien über die Geschichte der Aufklärung das uns
hier interessierende Problem umschrieben, „ist bestimmt durch die
Übertragung der europäischen Bewegung auf den deutschen Geist"[37].
Im Blick auf die Entstehungsgeschichte der neuzeitlichen Akademien
versteht Dilthey unter „europäischer Bewegung" den durch Kepler

und Galilei ausgelösten Neuerungsimpuls der modernen Naturwissenschaften, die von der Astronomie über die Mechanik bis hin zur Chemie in einer vordem unbekannten Weise Beobachtung und Experiment mit dem mathematischen Denken verbinden. Wenn wir die Rückwirkungen dieses Impulses auf das Leben beachten und dafür jenen geschichtlich nicht weniger bedeutsamen Vorgang ins Auge fassen, worin die Verbindung von Mathematik und Erfahrungskunde die Universitäten und hier insbesondere die medizinischen Fakultäten erfaßt, Disziplinen also, die an den Akademien kaum gepflegt wurden, obwohl sie doch dem modernen Staat unverzichtbar sind[38], dann stellt sich uns der Übertragungsprozeß etwas anders dar. Betrachten wir ihn aus Hallescher Perspektive, und das heißt zugleich: im Zusammenhang der Verschiebungen des Dreiecks der angrenzenden Universitäten, ja, der deutschen Universitätslandschaft insgesamt, dann sehen wir uns veranlaßt, den zuerst genannten Bewegungsimpuls durch einige weitere Momente zu ergänzen, die ihm teils vorhergehen, teils nachfolgen, jedenfalls am Gesamtvorgang Anteil haben und von eigenem Gewicht sind.

„Europäische Bewegung", darunter verstehen wir *zweitens* den politischen Anstoß des modernen Naturrechts im Spannungsfeld zwischen den in Westeuropa aufgekommenen Theorien der Staatsraison und Herrschersouveränität, die Suche nach Grundrechten des Menschen als Antwort auf die herausfordernde Begründung des Rechts auf den absoluten Herrschaftswillen. Soweit das Kirchenrecht und die dem Herrscher zugesprochene Entscheidungsbefugnis in kontroversen Interpretationen der Glaubenslehren am Ende der Religionskriege überall in Europa ein Element dieser Herausforderung bildet, geht ein *dritter* Impuls von jener europäisch-amerikanischen Bewegung einer praktisch bezeugten Religiosität von Volksgruppen aus, die sich nicht an Lehren, sondern, nach den christlichen Glaubenstugenden der Hoffnung und Liebe, am frommen Lebenswandel (der *pietas*) durch Nächstendienst orientiert, was ihnen von ihren Gegnern den Parteinamen der *Pietisten* zuzieht. Und *viertens* – das habe ich eingangs berührt – handelt es sich um das spontane, in der Tiefe wirksame Bewegungsmoment nationalsprachlich geprägter Literaturen auf dem Hintergrund der Entstehung westeuropäischer Nationalstaaten, das als *fünftes* Moment der *Antrieb zur historischen Verständigung* über die *Vorgeschichte der eigenen Nation* und die verschiedenen Stationen auf dem Weg der Staatwerdung begleitet. Alle diese Momente gehören jener geschichtlichen Bewegung im neuzeitlichen Europa an, worin die althergebrachten Schulformen des gelehrten Unterrichts wie des gesellschaftlichen Lebens zerbrechen und ein neues Bewußtsein des europäischen Menschentums von ihm selbst und seiner Stellung zur Welt herbeigeführt wird.

Während sich Wittenberg und Leipzig der über die Niederlande und Frankreich herüberwirkenden Bewegung im 17. Jahrhundert verschließen, ja, Leipzig sich sogar widersetzt, als Thomasius in der Erfüllung des Wunsches von Leibniz seine Vorlesungen auf Deutsch ankündigt, hat ihr Jena, trotz mancherlei Widerstände der oberen Fakultäten, einen Türspalt geöffnet. Zu Erhard Weigel ging Leibniz, um sich in der *mathesis universalis* zu üben, davor kam Pufendorf, um deren Anwendung auf das Naturrecht und die Ethik zu erproben. Und nach Jena wandte sich schließlich dann auch Christian Wolff, um bei den Weigel-Schülern Hamberger und Hebenstreit Mathematik und Physik zu studieren. Weigel ließ sich in seinem Denken nur durch das erste Moment, Thomasius durch das zweite, dritte und vierte bewegen, und Wolff, erfüllt vom ersten und zweiten Moment, geriet mit dem dritten, pietistischen, in Widerstreit. Einzig Leibniz' Philosophie vereinigte die verschiedenen Impulse der europäischen Bewegung, die Mathematik mit der Erfahrungswissenschaft; das Naturrecht und die Ethik mit dem Pietismus und schließlich – obwohl er selber fortfuhr, lateinisch und mehr noch französisch zu schreiben, um in ganz Europa gehört zu werden – die Ausbildung und Pflege der Nationalsprache, vom frühen Programm einer juristischen Hermeneutik (der *philologia juris*) angefangen bis hin zu sprachgeschichtlichen und historischen Studien zur Vorgeschichte der deutschen Nation und ihrer Stellung in der Mitte Europas; Impulse, die Leibniz durch seine vielfältigen Kontakte mit den Stiftern und Vätern der Fridericiana – darunter ihrem ersten Kanzler Veit Ludwig von Seckendorf – an Halle weitergegeben hat.

Im Unterschied zu Westeuropa, wo sich diese Impulse an Höfen und Akademien, den politischen und wissenschaftlichen Zentren der großen Nationalstaaten, frei entfalten, stoßen sie im protestantischen Deutschland mit der theologisch-juristischen Gelehrtenorthodoxie und ihren kirchlich-kleinstaatlichen Einengungen wie dem davon abhängigen Pietismus zusammen. Die Stöße folgen aufeinander und ziehen verschiedene Kreise. Der erste Zusammenstoß an der Universität Leipzig trifft Thomasius und Francke gemeinsam, die beide nach Halle ausziehen und dann gemeinschaftlich die neugegründete Universität neu mitgestalten, bis sie selbst über die Waisenhausgründung aneinandergeraten. Dann die Stöße an den Nachbaruniversitäten, wo sich Thomasius-Schüler wie Buddeus in Jena und Rüdiger in Leipzig gegen die Orthodoxie behaupten. Und schließlich der gewaltige Konflikt zwischen Christian Wolff und Franckes Halleschem Anhängerkreis, der die Universität in ihren Grundfesten erschüttert und über Deutschland hinaus weltweites Aufsehen erregt, jener Stoß gegen die hier erprobte Lehrfreiheit des religiösen Bekenntnisses und der Philosophie,[39] die in der Wiederholung des Leipziger *Exodus* von Thomasius in Wolffs erzwungenen Zug nach Marburg mündet; ein Auszug, der mitsamt seinen martialischen Begleitumständen von der Universität Jena verteidigt wird, während sich die Leipziger Universität der Stimme enthält.

Welch ein dramatischer Vorgang, der sich da an eng benachbarten Orten ereignet, Akt auf Akt in kürzestem Abstand, mit sich immer stärker zuspitzenden Gegensätzen und Streitpunkten, die das Drama bis an den Rand der Tragödie treiben: Wolffs Vertreibung aus Halle binnen Tagesfrist bei „Strafe des Strangs". Kein Wunder, daß sich daran bis zum heutigen Tag die Mythen und Legenden der Moderne ranken, Wolffs Verklärung als Heros und Märtyrer „deutscher Aufklärung", das Opfer pietistisch-kirchlicher und staatsabsolutischer Reaktion in Preußen zugleich. Ich bin kein Historiker und beanspruche nicht, die Geschichte so zu erzählen, wie sie gewesen ist. In Anknüpfung an den Leitfaden meines Vortrags, den ich von verschiedenen Seiten her aufgewickelt und zur Orientierung im geistigen Raum unserer mitteldeutschen Universitäten gewählt habe, betrachte ich sie im Licht von Leibniz' Gedanken der Welt als Spiegelbild geistiger Punkte, jenes Spiegels der Philosophie, der den Lichtstrahl „faßt und wiederum reflektiert",[40] nämlich auf endlich-menschliche, geschichtliche Weise bricht. Aus dieser Sicht können wir beim Vergleich des Geschehens mit einem dramatischen Vorgang bleiben und die den Konflikt auslösenden *Motive* von seinem kleinlich ränkevollen *Verlauf* und dem unerwartet glücklichen, großen *Ausgang* unterscheiden: der geschichtlich einzigartigen Versöhnung der Aufklärung mit dem Pietismus auf der einen, dem Preußischen Staat und überhaupt der landesfürstlichen Herrschaft in Deutschland auf der anderen Seite.

Gefaßt wird der Weltgedanke von Leibniz' Philosophie durch seinen imposanten Schüler Christian Wolff, ohne den sie nicht zu jener Breitenwirkung gekommen wäre, die ihr im 18. Jahrhundert beschieden war. Angetrieben vom ersten Impuls der europäischen Bewegung, hat er in methodisch konsequentem Vorgehen und mit bewundernswerter Schaffenskraft während der Halleschen Lehrjahre die vierbändigen ‚Anfangsgründe aller mathematischen Wissenschaften' (1710) und ihre Anwendung in den verschiedensten Gebieten der Physik vorgelegt, in Vorlesungen zu naturwissenschaftlichen Experimenten und zum Mikroskopieren angeleitet, Leibniz' Infinitesimalkalkül erklärt, ja, sogar Logarithmentafeln (1711) und ein vielbenutztes Lexikon der Mathematik (1716) herausgegeben. Und als wollte der das *sapere aude*, den einen Spruch des Wittenberger *praeceptor Germaniae*, wahrmachen, ging Wolff schließlich daran, nach den Vorgaben des Leibniz-Satzes vom zureichenden Grunde (nihil fit sine ratione) sein philosophisches System in der logischen Reihenfolge „vernünftiger Gedanken" auszuarbeiten, unter Preisgabe des ontologisch entscheidenden Harmoniegedankens und der Einheitslehre, Leibniz' Monadologie. Es reicht von der Logik (1712) über die Ethik (1720) und Politik (1721) bis hin zur Physik (1723) und Teleologie (1724), die in spezifisch moderner, rationalistischer Verkennung von Leibniz' Struktur-prinzip des Wirklichen und der von ihm vorgeschriebenen Suche nach einem harmonischen, vorherbestimmten Gleichgewicht zwischen Mensch und Natur deren Nutzung durch vermeintlich natürliche Be-dürfnisse und Zwecksetzungen im Namen der Liebe zum Menschenge-schlecht (der „Humanität") in den Mittelpunkt rückt, während bei Leibniz die Gottesliebe zusammen mit dem Gefühl für Harmonie und Erfahrungen des Naturschönen die Mitte und den Grund der Liebe zur Natur wie zum Dienst am Nächsten bildet.

Erfaßt hat Wolff damit nur die äußere Hülle von Leibniz' Philoso-phie, der ihn zu Lebzeiten zum Studium der Aristotelischen Syllogi-stik ermuntert, aber zugleich vor dogmatischer Überschätzung ihrer wissenschaftlichen Tragweite gewarnt hatte.[41] Wolff hat das ignoriert und nach eben diesem Verfahren Schule gemacht, Schüler angezogen und Lehrbücher geschrieben, die Eingang in den akademischen Un-terricht fast aller deutschen Universitäten fanden und die Artistenfa-kultät zur philosophischen umwandelten. Statt den oberen Fakultäten Schleppendienste zu leisten, beanspruchte sie nun, ihnen mit der Fak-kel aufgeklärt-vernünftiger Gedanken voranzuleuchten; ein Anspruch, der die Heftigkeit des Streits mit der Theologischen Fakultät unter Füh-rung von Franckes Freund Joachim Lange und im übrigen die merk-würdige Zurückhaltung erklärt, die sich Thomasius dabei auferlegt.

Bezeichnenderweise kritisieren die Halleschen Theologen weniger Wolffs teleologisch verkürztes System als vielmehr diejenigen Lehren, die er von Leibniz übernimmt, vor allem das Lehrstück von den not-wendigen, ewigen Vernunftwahrheiten oder kurz vom *fatum*, der ver-meintlich-logischen Determination des Weltgeschehens durch den Satz vom Grund. Was in doppelter Hinsicht bezeichnend ist, einmal für die pietistisch beschränkte Haltung, die Leibniz zu widerlegen meint, indem sie dessen Philosophie aus Wolffs Schriften belegt,[42] und dann für den Sieg, den er schon im Augenblick der Niederlage über die Gegenpartei errungen hatte. Durch die Beschränkung seiner „ver-nünftigen Gedanken" auf die methodisch vordergründige Seite der Logik und Mathematik war es gelungen, Leibniz' Weltgedanken ratio-nalistisch zu halbieren und das Ganze in den Hintergrund abzudrän-gen. Wie sollten wir sonst verstehen, daß der Kreis um Francke so ganz am eigenen Geist vorbeihört, der sich im ausdrucksvollen Auf-takt von Leibniz' ,Theodizee' ausspricht. Ist ihm doch wahre Fröm-migkeit gleichbedeutend mit aufgeklärter, erleuchteter Liebe, die über den universalen Affekt der Freude an guten Handlungen in der Aus-übung intellektueller und sittlicher Tugenden alles auf Gott als den Mittelpunkt bezieht und das Menschliche zum Göttlichen steigert. Wobei die Liebe, wie nicht zu verkennen ist, der Klarheit des Intellekts vorhergeht; ganz ähnlich, wie das Thomasius in seiner angewandten Ethik formuliert: Die Liebe erleuchtet, aber das Licht liebt nicht (Amor illuminat, non lumen amat).[43] Dogmen sind Schatten der Wahrheit, die sich dem reinen Lichte mehr oder weniger nähern. Ebenso die Formeln der Konfessionen; sie sind miteinander verträglich, sobald sie mit der *Heilswahrheit* übereinstimmen, auch wenn sie im einzelnen nicht die ganze Wahrheit enthalten, um die es sich handelt.[44] Und jene ewigen, notwendigen Wahrheiten, die eben davon, von der Möglichkeit menschlichen Heils, handeln, können für uns, die wir ihre Möglichkeitsbedingungen niemals vollständig überblicken, nur Sache des Glaubens sein, eines *Wahrscheinlichkeitsurteils* mit höchster Sicherheit.[45]

Das ist weit entfernt von der rationalen Sprache Christian Wolffs, der in seiner Ethik die aufgeklärte Liebe in die Aufklärung des Intellekts durch Erkenntnis natürlicher Zweckzusammenhänge aller Dinge setzte und darin das gewissenhafte Betätigungsprinzip der Tugend gefunden zu haben wähnte. „Gewissen" heißt dann nichts anderes als das Urteil von unseren Handlungen, ob sie der allgemeinen Regel des Guten im Sinne menschlicher Selbstvervollkommnung folgen, und Kriterien dafür liefert das Wissen vom Gesetz der Natur. So rechtfertigt der Rationalist die Pflicht zur Aufklärung durch Wissenschaft mit dem moralisierenden Pathos seiner universalistischen Fernstenliebe zur Menschheit, während der Pietist die Nächstenliebe vom individuellen Affekt der universalen Gottesliebe und Gnade religiöser Wiedergeburt abhängig macht und darauf beharrt, das Kriterium im sittlichen Handeln im eigenen Gewissen zu finden, auf die Gefahr, daß es irrt.[46]

Kein Zweifel, daß Wolff mit dieser Argumentation dem Leibniz von pietistischer Seite vorgeworfenen *fatum stoicum* weit entgegenkommt. Aber der Vorwurf konnte das weltfromme Denken von Leibniz kaum treffen. Hatte er doch als Philosoph in der stoischen Betrachtung des Weltlaufs und seiner unvermeidlichen Übel ein der christlichen Lehre verwandtes Trostmittel gegen die Kümmernisse des Lebens erblickt und dabei vom *fatum christianum* gesprochen. Und als Historiker von Beruf, dem sich die Weisheitsliebe mit der Liebe zum Wort verband, hatte er seine Leser – schon in der *Nizolius*-Abhandlung – darauf hingewiesen, daß sich das lateinische Wort *fatum* von *fari*, „sagen", herleitet, so daß es dem antiken Sprachgebrauch nach dasselbe bedeutet wie das Vorhergesagte oder dasjenige, was dem Willen der Götter und der Natur der Dinge gemäß geschieht. Wir müssen also sehen, sagt der philologisch geschulte Leibniz, wessen Worte notwendig geschehen werden, und es ist klar, daß für den christlichen Glauben die Dinge allein dem Gotteswort folgen.[47] Eine falsch verstandene Idee göttlichen Vorherwissens hat daraus in der Neuzeit den Begriff der Allmacht Gottes und des Naturgesetzes der aufgeklärten Vernunft entstehen lassen, dem der Rationalismus seine Regel der Sittlichkeit entnimmt. Aber *fatum* bedeutet nach Leibniz das *biblisch* bezeugte *Wort Gottes* und die prophetische Vorhersage des kommenden Gottesreichs, jenes einzig göttliche Vorherwissen, das dieses *Reich der*

Zwecke von dem der *Natur* unterscheidet und mit dem Vergangenen unsere Zukunft bestimmt. So versteht Leibniz unter dem *fatum christianum* die durch das Evangelium konkretisierte Botschaft vom Kommen des Reichs, die uns sagt, was notwendig geschehen soll und wie wir uns auf der Grundlage dieses universalen Liebesgebots zu verhalten haben. Darin besteht für Leibniz und Hegel, der in der 10. Jenaer Habilitationsthese das Prinzip seiner Moralphilosophie mit der Ehrfurcht vor dem Schicksal gleichsetzt (principium scientiae moralis est reverentia fato habenda),[48] das richtige, nämlich sittliche Verständnis der Notwendigkeit des uns auferlegten Weltgeschehens, womit uns letztlich nur die Klarheit der liebenden Vernunft ins Einverständnis zu setzen vermag.

Nicht: *Aufklärung als zeitgemäße Philosophie*, um Herr über das Schicksal zu werden, sondern *dem Klaren zu*[49] und nach der Scheidung vom aufklärerischen Zeitgeist sich *mit dem Geschick der Zeit vereinigen*, das ist gemeinsamer Antrieb und bleibendes Ziel jener philosophischen Bewegung zwischen Leibniz und Hegel, die von den mitteldeutschen Universitäten ausgeht und unserem Volk auf lange Sicht sein Dasein in der Mitte Europas gedeutet hat. Damit wir ihren ursprünglich geschichtlich und religiös gebundenen Richtungssinn bei Leibniz wie bei Hegel, der trotz mancher Vorbehalte gegenüber Übergewichtungen pietistischer Gewissensansprüche den Anspruch selbst teilt, nicht mit gestrigen oder heutigen Aufklärern mißverstehen, halten wir mit Hegel fest: Das wahrhafte Gewissen ist die Gesinnung, dasjenige in der Welt zu bejahen und tatkräftig anzustreben, was an und für sich gut ist: Einverständnis über Gemeinsames zu erreichen und sich zu einigen suchen. Aber die Einigung gründet keineswegs in irgendeiner gewünschten oder sonstwie gedachten, utopischen Liebesgemeinschaft, sondern darin, was Leibniz die „aufgeklärte", „erleuchtete", Hegel die „vernünftige", „geistige Liebe" oder, mit seinem Wort für das „Reich der Zwecke" *Sittlichkeit* nennt. Ihr Dasein setzt laut Hegels philosophischer Sicht des Weltgeschehens, wonach „alle Dinge in Gott sind",[50] das Schicksal des Geistes voraus, den notwendigen Gang seiner Offenbarung über das Griechentum und Christentum bis hin zur europäischen Bewegung und ihrer deutschen Ausprägung im Gegensatz von Pietismus und Aufklärung. Hegel ist zeitweilig mit dem Pietismus hart ins Gericht gegangen, aus schwäbischer Erfahrung und vielleicht in Erinnerung daran, daß auch die Tübinger Universität Wolff mit Leibniz verwechselte und gegen seine Philosophie votierte. Hegel erkennt das Zweideutige des „inneren Webens" im religiösen Gefühlsleben, das keine *doktrinale Interpretation* von Glaubensinhalten anerkennt und ebenso Heuchelei wie Eitelkeit sein kann.[51] Dennoch würdigt er die „ruhigen, edlen, frommen Bestrebungen" der pietistischen Hermeneutik, die den christlichen Glauben im Rückgang zum biblischen Kern der Liebesbotschaft *authentisch interpretiert*, auf der

Grundlage eben dieses zugleich universalen und individuellen Affekts. Und so geht Hegel schließlich in der Jenaer ‚Phänomenologie des Geistes' (1807) dazu über, den Pietismus dem neuzeitlichen Kampf um menschliche Grundrechte zuzuordnen und die sittlich unhintergehbare *Freiheit des Gewissens* als *drittes Selbst* zwischen das *erste* der bürgerrechtlich anerkannten *Freiheit der Person* und das *zweite Selbst* der bildungsrechtlich errungenen *Lehrfreiheit* zu stellen.[52]

Das ist, von Jena her gesehen, Hegels Deutung des glücklichen Ausgangs im Konflikt der deutschen Aufklärung mit dem Pietismus, seine Würdigung jenes Ausgleichs zwischen den Gegensätzen, der in Halle gefunden werden konnte, wo die Gegensätze am heftigsten zusammenstießen. Ich habe den Ausgang „groß" genannt. Und ich meine damit nicht in erster Linie Wolffs triumphale Rückkehr unter der Regierung des großen Preußenkönigs, jenen oft glorifizierten Triumphsieg der nun staatlich begünstigten Aufklärung über Pietismus und Orthodoxie. Seine wahre Größe, scheint mir, liegt in der Versöhnung zwischen Franckes Anhängern und Wolff, so wie sich Francke selbst einst mit Thomasius wiederversöhnt hatte, während die Siege auf beiden Seiten Pyrrhussiege waren. Und sie liegt in der Verwandlung des geistigen Lebens unserer Universitäten, ja, des Geistes der deutschen Universität überhaupt. In diesem Sinne bleibt uns das Hallesche Ereignis denkwürdig. Zum Geist der Gründlichkeit in Deutschland, der nach Kant auf Wolff in Halle zurückgeht, tritt hier komplementär der Geist der Versöhnlichkeit und Verständigung hinzu, der sich zuletzt der Besinnung auf das *ad fontes* verdankt, den zweiten, bei Wolff unterdrückten, Wahlspruch des Wittenberger Reformators. Und damit meine ich zugleich: den Rückgang der Philosophie in Halle, Leipzig und später in Jena auf das ursprünglich universale Denken von Leibniz.

Durch Wolffs Schüler, die Leibniz' *Harmoniegedanken* und mit ihm das Ganze seines philosophischen Ansatzes freizulegen unternehmen, artikuliert er sich im Gedanken der *Einigung des menschlich Gegensätzlichsten*: von *Sinnlichkeit* und *Vernunft*, von *Anschauung* und *Begriff* in der Sensibilität für das Schöne der Natur und Kunst, eine Sensibilität, die Baumgarten mit seiner *Ästhetik* als neuer Grunddisziplin der Philosophischen Fakultät zu wecken sucht. Und derselbe Geist ruft komplementär zur Richtung der Aufklärung aufs Regelhafte, Prinzipielle bei den Vertretern der verschiedensten Wissensdisziplinen die Versenkung in faktisch-historische Tatbestände hervor, woran sich die generelle Regel zu erfüllen scheint, – um allmählich die Ausnahme von der Regel zu entdecken, das Faktum des Individuellen, welches allererst zum Sicheinfühlen in seine Faktizität nötigt. Über die Entfaltung des hier einschlagenden *Sympathiegedanken* von Leibniz und Shaftesbury kommt es schließlich zur Ausbildung der allgemeinen Hermeneutik als Kunstlehre des Verstehens überlieferter Lebensäußerungen, wie sie in Halle durch den Theologen Baumgarten und Meier bis hin zu F.A. Wolf und Schleiermacher im Horizont der von Lessing und Herder inspirierten Leibniz-Renaissance begründet wird.

Unter dieser historisch besonderen Konstellation der deutschen Aufklärung konnte sich dann die Liebe zum Wort mit der zum Schönen und der Weisheitsliebe verbinden; eine Verbindung, die auf dem Weg von F.A. Wolf zu Nietzsche, von Schleiermacher zu Dilthey und Gadamer eine andere Art zu philosophieren herbeigeführt und dabei das alte, lange zerrissene Band zwischen Kunst und Wissenschaft neu zu knüpfen vermocht hat. In Leibniz, dem Denker des Ausgleichs, der Einigung, der Verständigung spiegelt und konzentriert sich die Entwicklung der Philosophie und unserer deutschen Geschichte bis hinein in ihre gegenwärtige Problematik.

Anmerkungen

1 Dissertatio de stylo philosophico Nizolii (1670), in: Opera, ed. J.E. Erdmann, Berlin 1840, p. 59.

2 Dissertatio de casibus perplexis (1666), in: Akademieausgabe Bd. VI 1, S. 231-256.

3 Zur allgemeinen Charakteristik, in: Hauptschriften zur Grundlegung der Philosophie, hrsg. von A. Buchenau/E. Cassirer, Bd. 1, Leipzig 1924, S. 32 (= Gerh. VII, 184ff.).

4 De stylo philosophico Nizolii, Erdmann, S. 62a.

5 Vgl. Von der Allmacht und Allwissenheit Gottes und der Freiheit des Menschen (1670/71), 5, Akad. Ausg. VI 1, S. 537f.

6 Erdmann, S. 62a-b.

7 Erdmann, S. 59a, 62b.

8 Vgl. die zusammenhängende, aber leicht kritiklose Darstellung dieser Bildreihen bei W. Schneiders, Hoffnung auf Vernunft. Aufklärungsphilosophie in Deutschland, Hamburg 1990, S. 49ff.

9 Vgl. V. Mathieu, Die drei Stufen des Weltbegriffs bei Leibniz, in: Leibniz-Studien I (1969), S. 7.

10 Monadologie (1714), 1, Erdmann, S. 705a.

11 Nouveau Essais Sur L'Entendement Humain (1703), Liv. I, Chap. III, 3, Erdmann, S. 219b.

12 Ich beziehe mich auf die Leibniz kongeniale Deutung von Schelling in den Münchner Vorlesungen zur Geschichte der neueren Philosophie (1827), Werke, hrsg. von M. Schröter, 5. Hauptband, München 1928, S. 121.

13 Vgl. Confessio philosophi (1671), hrsg. von O. Saame, Frankfurt/M., 1967, S. 36 und 60; Brief an Johann Friedrich von Braunschweig-Lüneburg vom Oktober 1672, Akad. II 1, S. 162; Elementa Juris naturalis (1671), Akad. VI 1, 485.

14 Vgl. Gottscheds Gedicht: Die Oberpfalz, in: Ausgewählte Werke, hrsg. von J. Birke, Berlin 1968, Bd. 1, S. 406f.

15 Von der Glückseligkeit, in: Erdmann, S. 673b.

16 Diesen Ansatz von Leibniz' Philosophie hat H. Lotze mehrfach herausgearbeitet. Vgl. Metaphysik. Drei Bücher der Ontologie, Kosmologie und Psychologie (1879), hrsg. von G. Misch, Leipzig 1912, S. 125ff., 152f., 479f., ferner: Geschichte der Ästhetik in Deutschland, München 1968, S. 7f.

17 Philosophische Schriften, hrsg. von C.J. Gerhardt, Berlin 1875- 1890, Bd. 1, S. 167f.

18 Vgl. K. Rosenkranz, Hegels Leben, Berlin 1844, S. 158.

19 Vgl. F. Paulsen, Geschichte des gelehrten Unterrichts, Leipzig 1885, S. 222.

20 El. eth. doctr. C. R. XVI, 223.

21 Vgl. dazu P. Petersen, Geschichte der aristotelischen Philosophie im protestantischen Deutschland, Leipzig 1921, S. 19ff.

22 Eine deutschliebende Genossenschaft, in: Deutsche Schriften, Bd. 1, S. 68.

23 Von der Allmacht und Allwissenheit Gottes und der Freiheit des Menschen (1670/71), in: Schöpferische Vernunft. Schriften aus den Jahren 1668-1686, hrsg. von W. v. Engelhardt, Münster/Köln 1955, S. 56f.

24 Vgl. Cay von Brockdorf, Die deutsche Aufklärungsphilosophie, München 1926, S. 20.

25 Vgl. W. Dilthey, Leibniz und sein Zeitalter, in: Gesammelte Schriften, Bd. III, S. 28.

26 Monadologie, 61, Erdmann, S. 710a.

27 Vgl. F. Paulsen, Geschichte des gelehrten Unterrichts, a.a.O., S. 347.

28 Werke, hrsg. von O. Klopp, Bd. III, S. 229.

29 Vgl. Leibniz' deutsche Schriften, hrsg. von G. Guhrauer, Bd. II, Berlin 1840, S. 473, wo es u.a. heißt, daß Weigel „ein in Mathesi sehr erfahrener und gelehrter Mann" sei, den „ein ganz löbliches Absehen zum gemeinen Bestehen führt, welches er sonderlich in seiner vorgeschlagenen ‚Tugendschule' zu erkennen gegeben, allwo er darauf treibt, daß die Jugend in den Schulen nicht nur zu Verbal-, sondern auch Realwissenschaften, und nicht nur zu Wissenschaften, sondern auch zu Tugenden geführt werden möchte".

30 Der Briefwechsel mit Leibniz ist abgedruckt bei F. Hoffmann, Opera omnia, Suppl. I, 2. Aufl. Genf 1754, S. 49-56. Vgl. J. Stendel, Leibniz und die Medizin, Bonn 1960, S. 16f.

31 G.A. Stahl, Negotium otiosum seu skiamatria adversus positiones aliquas fundamentales theoriae verae medicinae a viro quodam celebressimo intentata, Halle 1720. Interessant ist Kants Parteinahme für Stahl in den ‚Träumen eines Geistersehers' (1765), Akad. Bd. II, S. 331.

32 Vgl. den Bericht bei G. Guhrauer, Leibniz. Eine Biographie (1846), Nachdruck Hildesheim 1966, Bd. II, S. 196.

33 Vgl. G. Kramer, August Hermann Francke, Bd. II, Halle 1882, S. 489.

34 Vgl. die Darstellung bei C. Hinrichs, Preußentum und Pietismus. Der Pietismus in Brandenburg-Preußen als religiös-soziale Reformbewegung, Göttingen 1971, S. 45.

35 Ebd., S. 46.

36 Leibniz und die Gründung der Berliner Akademie, in: Gesammelte Schriften, Bd. III, Stuttgart/Göttingen 1959², S. 40.

37 Die Leibnizische Philosophie, ebd., S. 68.

38 Vgl. Das achtzehnte Jahrhundert und die geschichtliche Welt, ebd., S. 225.

39 N.H. Grundling, De libertate Fridericianae (1711), in: J.E. Kapp (Hg.), Orationes selectae, Leipzig 1722, S. 803ff.

40 Grundriß eines Bedenkens von Aufrichtung einer Societät, 4-10, Akad. Ausg. IV, S. 532.

41 Vgl. G.E. Guhrauer, Leibniz Bd. II, S. 262f. und Anmerkungen, S. 26f.

42 Das erkennt bereits M. Wundt, Die deutsche Schulphilosophie im Zeitalter der Aufklärung, Tübingen 1945, S. 237.

43 Dissertatio ad Petri Poireti Libros de Eruditione solida etc. (1694), in: Programmata Thomasiana, Halle/Leipzig 1724, S. 314. Vgl. W. Schneiders, Na-

turrecht und Liebesethik. Zur Geschichte der praktischen Philosophie im Hinblick auf Christian Thomasius, Hildesheim/New York 1971, S. 60, 144, 232.
44 Théodicée, Erdmann, S. 468a, 469a-b.
45 Vgl. E. Troeltsch, Leibniz und die Anfänge des Pietismus, in: H. Baron (Hg.),
Aufsätze zur Geistesgeschichte und Religionssoziologie, Tübingen 1925, S.
507.
46 Vgl. Wolffs Behandlung des Gewissens in der *deutschen Ethik* (Teil I, Kap. 3,
§§ 73, 90-94, 137), seine Polemik gegen den pietistischen Standpunkt in: Philo-
sophia practica universalis, Bd. I, § 727, und die Deduktion der Pflicht zur
Aufklärung des Intellekts in der *lateinischen Ethik*, Bd. V, § 593.
47 De stylo philosophico, Erdmann, S. 60a.
48 Vgl. K. Rosenkranz, Hegels Leben, Berlin 1844, S. 159.
49 Ich beziehe mich auf Hölderlins Hymne *Patmos*, V. 154. Zum Hegel-Kontext
vgl. J. Schmidt, Hölderlins geschichtsphilosophische Hymnen, Darmstadt
1990, S. 261f.
50 System der Sittlichkeit (1802/03), in: G. Lasson (Hrsg.), Hegels Schriften zur
Politik und Rechtsphilosophie, Leipzig 1913, S. 465. Vgl. Grundlinien der Philosophie des Rechts (1820), 137, WG 7, S. 196f.
51 Vorlesungen über die Philosophie der Religion, Dritter Teil, III: Die Idee im
Elemente der Gemeinde oder das Reich des Geistes, WG 16, S. 346f.
52 Phänomenologie des Geistes, Abschnitt D, III C, WG 2, S. 484ff.

Hans-Hermann Hartwich

Die Ideen der Reform in der Geschichte der Universität zu Halle und ihre gegenwärtige Bedeutung

1. Durch Kabinettsorder des preußischen Königs Friedrich Wilhelm III. vom 12.4.1817 erfolgte die Vereinigung der 1502 von Friedrich dem Weisen gegründeten „Leucorea", der kursächsischen Landesuniversität zu Wittenberg, mit der 1694 von Friedrich III. gegründeten preußischen „Academia Halensis". Sie bedeutete eher eine administrativ verfügte Zusammenlegung einer kleineren, vom Krieg arg mitgenommenen Universität mit einer größeren. In den durch den Wiener Kongreß zu Preußen geschlagenen sächsischen Landesteilen und der benachbarten preußischen Provinz sollten und konnten nicht auf engstem Raum zwei Universitäten erhalten werden.

Die Professoren folgten der Kabinettsorder nicht einhellig. Es waren 7 Professoren Wittenbergs, die am 21.6.1817 feierlich in das Generalkonzil eingeführt und Mitglieder des Hallenser Corpus academicum wurden.

Die Namensgleichheit der kurfürstlichen Gründer beider Universitäten ermöglichte etwas später und bis 1933 den Namen „Vereinigte Friedrichs-Universität Halle-Wittenberg". Uns Heutigen begegnet die Vereinigung stets und unübersehbar in dem nur mühsam entschlüsselbaren Doppelsiegel auf jeder Publikation.

Mit der 1933 rasch zum Schutze vor nationalsozialistischem Mißbrauch erfolgten Umbenennung in „Martin-Luther-Universität Halle-Wittenberg" ist historisch betrachtet der von der Theologie geprägten Leucorea zu Wittenberg sozusagen ein später Sieg gelungen. Denn die Hallenser Professoren der ersten Jahrzehnte nach der Gründung, Thomasius, Stryck, Gundling und Christian Wolff als Juristen, August Hermann Francke der Philologe, Pädagoge und Theologe, Seckendorff und Gasser als Kameralisten; Friedrich Hoffmann, Stahl und Johann Christian Reil als Naturwissenschaftler und Mediziner repräsentierten eine wissenschaftsgeschichtliche Linie, die viel stärker den weltlichen Bedürfnissen der Landesherren entsprachen.

Was können wir der Vereinigungsgeschichte und den vor 177 Jahren zusammengeführten Entwicklungslinien zweier wichtiger deutscher Universitäten heute und vor allem für die „Zukunft der Universität" entnehmen?

Es ist vor allem die Einbettung der beiden Universitätsgründungen in die geistigen und staatlichen Bewegungen ihrer Zeit sowie die jahrhundertealte Prägung eines „Profils", das den Historiker mit Blick auf das Heute und Morgen interessiert. Die Universitätsgründungen sind frühe Produkte von Staatsbildungen auf der Landesebene und werden von den Bedürfnissen der Landesherrschaft bestimmt. Die Aufgaben sind mithin zeitgebunden. Die hinter den Staatsinteressen stehenden Prinzipien verdienen dennoch Beachtung: Die Universität soll die Jugend des Landes „für die Leitung des Gemeinwesens und zur Fürsorge für die Bedürfnisse des Lebens geeignet machen", heißt es in Wittenberg 1502. In Halle war die Einbettung in ein reiches und sich wirtschaftlich entwickelndes Umfeld offensichtlich. Die Universität sollte in diesem Umfeld die dem Staat und seiner Wirtschaft wesentlichen Wissenschaften betreiben.

Als Erkenntnis aus den dann folgenden Jahrhunderten der hiesigen Universitätsgeschichte läßt sich in modernerer Wortwahl formulieren:

a) Es gibt keine Universität, die allein aus dem Geist der Philosophie, des Naturrechts oder der Theologie heraus gegründet wird. Universitäten entstanden und entstehen aus den Bedürfnissen der Zeit heraus.

b) Die Wissenschaftler und Universitätsangehörigen sollen dem Grundsatz folgen, daß Wissenschaft um ihrer selbst und um der Wahrheit und Erkenntnis willen betrieben werden muß. Sie sollten dies aber in dem Bewußtsein tun, daß Universitätsgründungen und Universitätsfinanzierungen nie um ihrer selbst willen erfolgen. In diesem Spannungsverhältnis gilt es mit aufrechtem Gang vorauszuschauen und zur Zukunft den Weg des rechten Maßes zu finden.

c) Hochschulautonomie war in unserer traditionsreichen Universität immer mehr als die Abwehr externer Einflüsse auf die originären Fragestellungen der Universitätsdisziplinen, ihre Forschung und die Lehre. Hier bedeutete Autonomie intensive Arbeit an der inneren Verfaßtheit der alma mater, die nicht zuletzt auf der Interdisziplinarität, den offenen Fächergrenzen, beruhte. Erst dadurch konnte diese vergleichsweise kleine Universität jene Kraft entfalten, die sie zu nennenswerter Gestaltung des preußischen Rechts- und Erziehungssystems, der deutschen naturwissenschaftlichen und medizinischen Wissenschaftslandschaft, der deutschen Staats- und ökonomischen Wissenschaften befähigte.

2. Unser Universitätsjubiläum fällt in eine Zeit staatlich-politischer Stabilität, aber schwieriger Wirtschaftsverhältnisse und tiefgreifend

sich entwickelnder gesellschaftlicher Problemlagen und Konflikte. Die Universitäten sind in besonderem Maße Gegenstand kritischer, aber eher unspezifischer Wahrnehmung durch die Öffentlichkeit. Sie unterliegen vor allem deswegen öffentlicher Aufmerksamkeit, weil sie seit Jahren wegen vorgeblicher Nichterfüllung von Reformen fiskalisch abgestraft werden, während zugleich der Druck des „Studentenberges" wächst. Die Universitäten sollen effektiver werden. Sie sollen die Studienzeiten verkürzen. Der schnellere Durchlauf bei gleichzeitiger Herausbildung einer kleineren Nachwuchselite wird als Allheilmittel angesehen. Die Ziele werden immer wieder von den Wissenschaftsverwaltungen sowie den Kultus- und Finanzministern formuliert und an die Universitäten fast konfrontativ herangetragen.

Offen bleiben dabei die grundsätzlichen Fragen, vor allem jene, welche Zukunft die deutschen Universitäten eigentlich (noch) angesichts der heute diskutierten Ziele haben. Verwirklichte Ziele bedeuten „Zukunft". Analysiert man die heute genannten Ziele, dann kann die Zukunft in nicht viel mehr begründet liegen als in der Ausformung einer vorwiegend technokratisch-effizienten Ausbildungseinrichtung. Für uns ist aber eine Ausgestaltung des Universitätswesens ohne eine den Wissenschaften gemäße Gestalt der Universitäten undenkbar und nicht akzeptabel. Die ostdeutschen Universitäten starteten nach der Wende unter einem strengen Verdikt der Repräsentanten großer Wissenschaftseinrichtungen. Die Lage der Hochschulen und der Forschung im Osten sei, so wurde resümiert, „ernst und, bei Licht betrachtet, auch hoffnungslos".[1]

3. Wo sind die Orientierungsdaten für eine akzeptable Gestaltung der Zukunft unserer Universität? Es ist doch nicht zu übersehen, daß wir hier, in einem sogenannten „neuen Bundesland" und an einer dreihundert Jahre alten, traditionsreichen Universität, noch andere Probleme als die genannten haben. Vor allem geht es hier um die Frage: „Wo soll die hiesige Universitätserneuerung und -reform ansetzen?" Darüber ist schon viel geschrieben worden. Wir lesen, daß man nicht bei der Zeit vor der DDR ansetzen dürfe. Aber soll denn die westdeutsche Wirklichkeit Maßstab der Erneuerung der Martin-Luther- Universität sein? Die Gewißheit des richtigen Weges ist doch auch in der alten Bundesrepublik längst dahin. Eruptionen der sechziger und siebziger Jahre haben neue Formen der Selbstverwaltung und „Modernität", aber auch eine deutlichere Abhängigkeit vom Staat und seinen Wissenschaftsverwaltungen hervorgebracht.

Es gibt mithin kein wirklich überzeugendes Vorbild im alten Bundesgebiet und damit keinen sinnvollen „Beitritt" zwecks Vereinheitlichung des Hochschulwesens. Erzwungen wird diese allerdings in weiten Bereichen schon durch den unitarisierenden Zwang, den die Finanznot ausübt. Aber drüber hinaus?

Leitende Ideen können – das ist eine Kernthese dieses Beitrages – durch den Rückgriff auf Gründung und Entwicklung einer Universität wie hier in Halle wieder bewußt werden. Adolf Harnack hat zu Beginn dieses Jahrhunderts bei seiner Beschreibung des geistigen und wissenschaftlichen Lebens in Brandenburg-Preußen um 1700 darauf aufmerksam gemacht, daß die Stiftung der Universität Halle im Jahre 1694 einen epochemachenden Einschnitt in der Entwicklung des deutschen Universitätswesens darstellte. „Hier zuerst wurde es (das deutsche Universitätswesen), nachdem es solange zurückgeblieben war, wieder mit den lebendigen Bestrebungen der Zeit verbunden." Er meinte damit „Naturrecht", „Aufklärung", „Toleranz".[2]

Eine Reform des Universitätswesens durch eine Neugestaltung der Verbindungen mit den „lebendigen Bestrebungen der Zeit". Das ist eine bedenkenswerte Botschaft, die die Frage herausfordert, wer denn der gestaltende Akteur sein könne und müsse.

Auch die Humboldtsche Universität entstand aus den Bedrängnissen der Zeit heraus. Die heute viel beschworenen Kriterien der Berliner Universitätsgründung von 1810 waren Autonomie der Wissenschaft, Freiheit und Zweckfreiheit der Forschung, Einheit von Forschung und Lehre, Studium aus Interesse und Neugier mit dem von Humboldt so formulierten Ziel: Es soll „im Lernen das Gedächtnis geübt, der Verstand geschärft, das Urteil berichtigt, das sittliche Gedächtnis geübt, der Verstand geschärft, das Urteil berichtigt, das sittliche Gefühl verfeinert werden".[3] Diese Kriterien entstanden ebenfalls aus den „lebendigen Bestrebungen der Zeit" heraus, ja aus der Not des Staates im Gefolge des Jahres 1806.

Das in der Humboldtschen Reform zum Durchbruch gelangte liberale Prinzip enthält eine häufig übersehene Prämisse. Es geht davon aus, daß die Hochschulen aus sich heraus die entscheidenden Impulse und Kräfte entwickeln müssen. In dem klassischen Essay Wilhelm von Humboldts von 1792, den „Ideen zu einem Versuch, die Grenzen der Wirksamkeit des Staates zu bestimmen", steht als einer der beiden „allgemeinsten Grundsätze" der Theorie aller Reformen der Satz: „Um den Übergang von dem gegenwärtigen Zustande zum neu beschlossenen zu bewirken, lasse man so viel wie möglich jede Reform von den Ideen und den Köpfen der Menschen ausgehen".[4] Das ist es, was den Humboldtschen Leitbegriffen zugrunde liegt. Ohne Berücksichtigung dieses Grundsatzes können sie nicht funktionieren.

4. Die Hochschulautonomie ist die Verwirklichung dieses Grundsatzes. Sie lebt allein von der Bereitschaft der Hochschulangehörigen zu rationaler und sachgerechter Gestaltung der Selbstverwaltungsangelegenheiten, und zwar im Konstruktiv-Positiven ebenso wie in heiklen Angelegenheiten der Haushaltseinsparungen und Mittelumverteilungen. Sie darf weder allein unter Partizipationskriterien, noch allein

unter Effizienzkriterien gesehen werden. In erster Linie ist Verantwortungsbereitschaft aller Mitwirkenden gefordert.

Im Humboldtschen Konzept erwächst die Autonomie aus dem Grundsatz, daß Wissenschaft und Erziehung außerhalb der Wirksamkeit des Staates liegen. Im modernen Sozial- und Leistungsstaat kann dieser Grundsatz so generell nicht mehr gelten. Heute bestimmt sich die Hochschulautonomie aus einem sehr komplexen Verflechtungsverhältnis zwischen Wissenschaftspolitik, Wissenschaftsverwaltung und Hochschulen. Die Hochschulen sind dabei letztlich immer abhängig. Aber das Verhältnis darf dennoch nicht allein von der Hochschulfinanzierung und der Haushaltsmittelverwaltung her bestimmt sein. Die der Universität zufallende Aufgabe, Wissenschaft zu organisieren und zu betreiben durch Forschung und Lehre, muß den ihr eigenen Rationalitätskriterien und Fragestellungen folgen können, also autonom, d.h. staats- und politikunabhängig sein. Die Erfüllung der Aufgaben zwingt aber auch zu der Einsicht, daß der in Art. 5 GG verbürgte Grundrechts- und Freiheitsschutz des Hochschullehrers durch autonome Satzungsgestaltungen modifiziert wird, der dort eingebettet ist. Auch hier gilt wieder: Ohne den Willen zur Mitgestaltung und Leistungsbereitschaft der Leistungsträger und -empfänger kann diese Autonomie und Selbstverwaltung nicht funktionieren.

Das Nichtfunktionieren bedeutet, daß beanspruchte Verantwortung nicht wahrgenommen wird. Die politisch Verantwortlichen außerhalb der Universität, selbst auf Zeit auf demokratischem Wege in ihr Amt gelangt, müssen erwarten dürfen, daß die Universitätsangehörigen ihren Aufgaben in Lehre und Studium, in der Formulierung und Erfüllung von Ausbildungsordnungen gerecht werden. Dies schließt gegenwärtig eine ernsthafte Diskussion des Konzepts der „Hochschulrektoren-Konferenz" (HRK) zur Entwicklung der Hochschulen in Deutschland[5] ein.

Alle zu wählenden Gremien der Martin-Luther-Universität müssen sich konkret mit der Frage einer Reform der Studienstruktur befassen, vor allem mit der Forderung nach einer Aufteilung und Abstimmung der universitären Ausbildung zwischen grundständigem Studium und wissenschaftlichem Aufbau- und Vertiefungsstudium sowie berufsorientiertem Weiterbildungsstudium.

In der Forschung müssen die Hochschulen von den Politikern erwarten dürfen, daß die Marginalisierung der institutionellen Forschungsförderung aufhört. Der Zwang zur Drittmitteleinwerbung schon aus strukturellen Gründen deformiert die „Freiheit, Einheit und Gleichrangigkeit von Forschung und Lehre", um noch einmal die HRK zu zitieren. Erst die Revitalisierung der universitären, also „institutionellen" Forschungsfinanzierung erlaubt in Grenzen eine Verstärkung des heute durchaus möglichen Verbundes von Forschung mit der Lehre und gibt der angestrengten „Gemeinschaft von Lehrenden und Lernenden" ein solides Fundament.

5. Hochschulautonomie bedeutet für das Innenverhältnis eine allseits anerkannte akademische Selbstverwaltung, d.h. in institutioneller Hinsicht vor allem eine Respektierung der Handlungsautonomie der gewählten Selbstverwaltungsorgane durch die Verwaltung der Universität. Sie gehört dazu. Der Kanzler ist gleichsam „Vorstandsmitglied" der Universität. Ohne strikte Rationalität der Verwaltung kann die akademische Selbstverwaltung nicht funktionieren. Flexibilität, Entschlußfreudigkeit, Zügigkeit und Klarheit des Verwaltungshandelns sind allerdings notwendig, damit die Handlungsspielräume der akademischen Selbstverwaltung auch genutzt werden können. Die von der HRK geforderte stärkere Professionalisierung der Fachbereichsleitungen und -verwaltungen sowie die Wahl einer starken Hochschulleitung (Konzept, S. 41) sind deshalb sinnvoll.

Es sollte eine nach Vorstandsmuster geordnete Rektoratsverfassung sein. Nur sie erhält der Universität ihren akademischen Charakter und verhindert die Umformung der Universitäten zu parafiskalischen Zweckgebilden zur Massenausbildung und Drittmitteleinwerbung. Die Rektoratsverfassung prägt das Innenverhältnis der Universität. Anders als bei der professionellen Geschäftigkeit im Präsidialsystem reißen die Verbindungen zu den Fächern und Fachvertretern nicht ab. Relativ kurze Amtszeiten unterstützen dieses.

Die Martin-Luther-Universität hat noch die Chance, im guten Sinne eine „akademische" Universität zu werden, wie es sie in den Alt-Bundesländern kaum noch gibt, wenn die umberufenen und die neuberufenen Professoren und wissenschaftlichen Mitarbeiter dessen eingedenk bleiben und es ihnen gelingt, die Studenten vom Sinn dieser ältesten Tradition einer „alma mater" zu überzeugen. Dazu gehört nicht die Wiedereinführung der Talare als vermeidliches Symbol der Autonomie. Dieser Traditionsbestand kann heute nur streng funktional beurteilt werden: Der Talar symbolisiert die Amtsträgerschaft einer Person. Der Professor ist in Lehre und Forschung heute kein „Amtsträger" mehr, sondern Leistungserbringer. Das Senatsmitglied ist Repräsentant. Amtsträgerschaften gibt es aber sehr wohl auch noch in der modernen, zukunftsorientierten Universität. Das Rektorat ist ein solches Amt, das Prorektorat, das Dekanat. Hier können Symbole stil- und einheitsbildend sein, das innere Klima in einem integrierenden Sinne prägen. Entscheidend ist aber das Bewußtsein von der Notwendigkeit wissenschaftlicher Kooperation in der Verbindung von höchster Fachqualifikation und interdisziplinärer Offenheit. Dadurch erst wird es möglich, die vielfältigen Aspekte der „lebendigen Bestrebungen der Zeit" einzufangen und kreativ umzusetzen in geeignete Forschungsfragen, Lehrveranstaltungen und Studiengänge.

Die Humboldtsche Forderung von 1792, daß jede Reform von den Ideen und den Köpfen der Menschen, die Betroffene sind, ausgehen müssen, verlangt in unserem Falle mehr als die wissenschaftsbezogenen Problemlösungen. Die Universitätserneuerung ist mit der veränderten Personalstruktur nicht abgeschlossen. Die Last der marxistisch-leninistischen Verformung des Denkens und Fragens betrifft die Fakultäten und Institute natürlich unterschiedlich, so unterschiedlich wie der Grad der Systemnähe war. Aber wir wissen heute z.B. auch, daß die schlimmste Form des Mißbrauchs von Menschen, nämlich die Gewinnung sogenannter „IM" durch die Staatssicherheit, alle wissenschaftlichen Fächer durchdrungen hat, die Naturwissenschaften, die Geisteswissenschaften, die Medizin.

Der Prozeß der Erneuerung ist für eine Universität mit gerade gewonnener Autonomie äußerst schwierig, ja gelegentlich qualvoll. Heute kann die Martin-Luther-Universität davon ausgehen, daß sie einen Lehrkörper besitzt, innerhalb dessen jeder einzelne Wissenschaftler eine aktuelle, an den Maßstäben der jeweiligen Standards einer Disziplin orientierte und von außen beurteilte Qualifikation besitzt.

Erneuerung ist aber mehr als die Neubegründung rationaler Wissenschaft. In der alten Bundesrepublik mußten die etablierten Wissenschaften in den sechziger Jahren mit tiefer Beschämung den Vorwurf hinnehmen, sie hätten nie eine tiefergehende Analyse und Bewertung der nationalsozialistischen Destruktion und Verformung von Wissenschaft unternommen. Diese Erfahrung gibt mir als Hamburger den Mut zu einem leidenschaftlichen Ruf an alle neugeordneten Fachbereiche und Fakultäten, nicht nur sogleich mit „normaler" Wissenschaft zu beginnen, sondern sich auf je eigene Art und unter Beteiligung der neuberufenen Professoren, die ihren Beitrag durch Vergleiche einbringen können, mit allen Vorgängen in ihrer Wissenschaft und an ihrer Universität während des SED-Monopols auseinanderzusetzen. Nur so entsteht Glaubwürdigkeit als Basis von wissenschaftlicher Arbeit. Dies ist nicht zuletzt der Studenten wegen geboten. Wir müssen Signale geben in Form von Analysen, Rechenschaften und Symbolen. Erst dann können wir Genugtuung über die vollendete Erneuerung empfinden; erst dann wird man uns glauben.

6. Die unserer Reflexion besonders nahestehenden Universitäten von Halle, Wittenberg und Berlin erweisen sich in historischer Betrachtung ganz offensichtlich als sensible Kristallisationspunkte krisenhafter Zustände und Entwicklungen in der Gesellschaft und im Staatswesen. Ihre Reformen wurden nie für sich als Universitätsreformen verstanden. Vielmehr sollte damit eine Wirkung auf die Reform des gesellschaftlichen Zustandes, der Sitten, des Verhaltens, der Normen erzielt werden. Erst wenn Philosophie und Ethik, Rationalität im Denken

und im kollegialen Handeln, Forscherdrang und Ausbildungsver-
pflichtung in Relation zum Zustand der bestehenden Gesellschaft gesehen werden, erfüllt die Universität das Humboldtsche Ideal und die
Hallenser Tradition des Naturrechts und der Aufklärung, des Pietismus und der Staatswissenschaften.

Das hat auch Konsequenzen für das Bewußtsein der Universi-
tätsmitglieder. Der Kernsatz lautet: „Die Zukunft der Universität wird
vom Zustand der Gesellschaft bestimmt". Wenn dieser Satz richtig ist,
dann müssen sich die Universitätsangehörigen auch um den Zustand
der Gesellschaft kümmern. Deswegen ist es unabweislich, daß die
Universität sich heute gegen Menschenverachtung, Gewalt gegen
Minderheiten und ins Land strömende sogenannte Armutsflüchtlinge
mit allen ihren Kräften und Mitteln wendet. Denn dies kann auch für sie
der Anfang vom Ende einer Kette sein: Das Ende ihres Lebenselixiers
Freiheit, Liberalität und Autonomie. Sie dient damit nicht nur dem
Rechtsstaat, sondern sie besorgt ihre eigene Zukunft. Deswegen auch
ist diese Komponente der Zukunftssicherung keinesfalls allein die
Aufgabe der Geisteswissenschaften, der Philosophen und Politikwissenschaftler. Sie ist im eigenen Interesse genauso Aufgabe der Naturwissenschaftler und Mediziner, der Biochemiker wie der Physiker
und Ärzte.

Nach innen ist dies Zukunftssicherung, weil es niemals wieder zu
einer Professorenvertreibung wie im Jahre 1933 durch ein öffentliches
Scherbengericht im Historischen Saal des Löwengebäudes gegen einen unliebsamen Professor kommen darf. Auch ein solches Geschehen
unterfällt dem Umkreis von Haß und Gewalt gegen Minderheiten.

Der Eindruck von den Brandanschlägen auf Ausländerwohnungen
und vor allem auf Synagogen ist im Ausland verheerend. Jeder Professor, jeder Rektor, jeder Student wird mit Fragen und Zweifeln am Zustand der deutschen Demokratie konfrontiert. Aber es ist nicht nur die
Furcht vor der Isolierung. Es ist unser Wille, die nach dem Kriege geschaffene offene Gesellschaft der Deutschen nicht zerstören zu lassen.
Ausländerfeindlichkeit ist zutiefst Wissenschaftsfeindlichkeit. Wir
dürfen dies nicht hinnehmen!

Was kann und muß die Universität angesichts ihrer geringen
„Macht" tun?

Sie muß entschieden und nachdrücklich beitragen zur Ächtung
der Gewalttäter und jeder anderen Form von Ausländerhaß in der Gesellschaft. Das ist ihr Beitrag zur politischen Kultur der Gesellschaft
und zugleich die ihr gemäße Form der Zukunftssicherung.

7. Einwirkung auf die Gesellschaft heißt auch, das Verhältnis zur
Stadt, zur Region und zum Bundesland neu zu bestimmen. Gerade
heute könnte die Martin-Luther-Universität stärker als in der Vergangenheit zu einem Kristallisationspunkt des städtischen Lebens in Halle

werden. Die Universität ist ein bedeutender Arbeitgeber, Anbieter von Bildung und Ausbildung vielfältigster Art, Nachfrager nach gewerblichen und öffentlichen Diensten. Sie kann Politikberater und Helfer in allen öffentlichen Angelegenheiten sein. Die Verantwortlichen in der Stadt sollten die Universität nutzen und ihre Belange im eigenen Interesse pfleglich behandeln.

8. Im Prozeß der deutschen Einheit sind die Universitäten in den sogenannten neuen Bundesländern mit die ersten öffentlichen Einrichtungen, die die „innere Einheit" verwirklichen. Die personellen Umwälzungen – über deren Rechtsnatur und soziale Problematik hier nicht gehandelt werden kann, derer ich mir im Laufe meines Engagements hier in Halle aber sehr bewußt geworden bin – erzwingen Mobilität. Sie haben damit den Blick auf die Wiederherstellung des guten Brauchs des Universitätswechsels der Wissenschaftler gelenkt. Er dient – und das ist typisch und notwendig für ein vitales Universitätswesen – der eigenen Weiterentwicklung des berufenen Wissenschaftlers und der Bereicherung und Vitalisierung der berufenden Disziplin. Der Universitätswechsel der Hochschullehrer ist ein Lebenselixier der Wissenschaft und der Universitäten. Soweit irgend möglich, sollten die Angehörigen des wissenschaftlichen Mittelbaus über ihre persönlichen Perspektiven in diesem Zusammenhang nachdenken.

Bei dieser Aussage soll nicht verkannt werden, daß eine solche Mobilität nicht von heute auf morgen auf freiwilliger Basis erreichbar ist. Immer ist auch die menschliche und soziale Komponente, nicht zuletzt das Alter eines Wissenschaftlers zu bedenken, der sehr lange, gelegentlich zu lange warten mußte. Doch in Zukunft werden die Promotions- und Habilitationszeiträume und die Bereitschaft zum Ortswechsel wieder eine große Bedeutung erhalten.

So schnell wie möglich sollte er verstärkt von Ost nach West erfolgen. Gegenwärtig führen die Berufungen in allen Fakultäten und Fachbereichen der Universität zu einem Nebeneinander von Fremdberufungen und qualifizierten Hausberufungen. Das kann anders nicht sein.

Die Universitäten werden auch in Zukunft keine Bannerträger der nationalen Einheit sein. Aber sie sind im Begriff, die viel beschworene „innere Einheit" jetzt schon in einem ganz unspektakulären Sinne herzustellen. In einem selbstverständlichen Prozeß der Berufung und Begutachtung wurde der Lehrkörper neu aufgebaut. An dieser Martin-Luther-Universität lehrt z.B. jetzt in den Geisteswissenschaften eine nennenswerte Zahl neuberufener „Westdeutscher". Es ist noch nicht selbstverständlich, daß daraus sogleich eine Kooperation mit den hiesigen Professoren neuen und alten Rechts erwächst. Wenn diese Universität gedeihen soll, dann ist die Integration und Kooperation des neuen Lehrkörpers geboten, ja grundlegende Voraussetzung dafür.

9. Es gibt zwei institutionelle und normative Komponenten der deutschen Vereinigung, die nach meinen Beobachtungen hierzulande allenfalls rational akzeptiert, jedoch noch nicht internalisiert sind: Das ist die Realität der Europäischen Union, die ja eine westeuropäische ist, und das ist die bundesstaatliche Ordnung. Beides sind elementare Lebenswirklichkeiten für die alte Bundesrepublik in 40 Jahren geworden.

Für das Selbstbewußtsein der erneuerten Martin-Luther-Universität ist es ganz wichtig, daß der heutige deutsche Föderalismus als Realität, Vorteil und Chance erkannt wird. In einer Geschichte der Universität[6] gibt es den Satz, daß Halle am Ende des 19. Jahrhunderts seine führende Rolle in Preußen und natürlich auch im Reich verloren habe. Zitat: „Die sogenannte ‚mittlere' Universität in der ‚Provinz' findet zwar eine gewisse Beachtung und gilt für Dozierende wie für Studierende als ein beliebtes ‚Sprungbrett' nach Berlin, aber eine Eigenständigkeit als geschlossene Körperschaft hat sie nicht mehr gewinnen können", ungeachtet einzelner herausragender Leistungen. Ein solcher Satz hat heute seine Gültigkeit verloren. Der Bundesstaat hat zwar eine Hauptstadt, aber es gibt seit 45 Jahren weder eine Residenz noch eine Provinz in der Bundesrepublik Deutschland. Es gibt herausragende Universitätsstandorte. Sie erhalten ihren Rang nicht durch einen Hauptstadt- oder Metropolenbonus, sondern durch weithin anerkannte Leistungen in Forschung, Lehre und ausstrahlender wissenschaftlicher Repräsentativität. Die föderative Ordnung ist der Boden für die Vielfalt der Attraktivitäten, gerade im Wissenschaftsbereich. Diesem Leitbild müssen die hiesigen Wissenschaftler selbstbewußt gerecht werden. Es sollte sich auch in vollkommener Weise den Studierenden vermitteln.

10. Diese Universität zu Halle hat eine achtbare Tradition aus dem Geist der Reformen, eine interessante und vielfältige Grundstruktur wissenschaftlicher Disziplinen und ein vitales, ideenreiches wissenschaftliches Potential, die ihr einen eigenen und selbstbewußten Weg erlauben.

Dieser Weg ist heute eingegrenzt durch gesellschaftlich-politische Eingebundenheit und restriktive rechtlich-finanzielle Rahmenbedingungen. Hinzu kommt der unaufhörliche Wechsel der gesellschaftlich-politischen Ambiance.

Wie aber ist das Verhältnis zwischen Wandel und Hochschulautonomie zu bestimmen? Theodor Litt hat im Jahre 1955 kritisch-engagiert das auf der Humanitätsidee fußende „Bildungsideal der deutschen Klassik"[7] für ungeeignet erklärt, die Probleme der Gegenwart zu meistern. Die naturwissenschaftlich-technische Welt mit ihrem Zwange zur Teilung der Arbeit, die wirtschaftlich-gesellschaftliche Entwicklung, die mit unlenkbarer Folgerichtigkeit am Leitfaden der „Sache" vorwärtsschreite, müsse in einen immer schärfer werdenden Gegensatz zu einer anthropozentrischen Denkweise treten, welche das „Innere" bedingungslos dem „Äußeren" überordne.[8]

In dieser verinnerlichten Interpretation des Bildungsideals hat Litt wohl recht. Es geht nicht mehr, und vor allem nicht allein, um akademische Bildung um ihrer selbst willen. Unsere Aufgabe ist es, die Verbindung zur Welt zu thematisieren. Dabei ist uns der Gedanke fremd, daß die Humanitätsidee nicht die naturwissenschaftlich-technische Welt und die wirtschaftlich-gesellschaftliche Entwicklung leiten könne.

Sind aber die arbeitsteilig verfahrenen Wissenschaften noch in der Lage, über ihre „Sache" hinweg Leitideen im Sinne des Humanitätsideals zu entwickeln? Worum kann es gehen bei diesen Leitideen? Sie könnten umschrieben werden als die Formulierung gewichtiger und grundsätzlicher Beiträge der Universitätsdisziplinen zur Verbesserung der gesellschaftlich-staatlichen Zustände und Entwicklungen.

Zur Erläuterung seien einige Beispiele aus der Hallenser Universitätsgeschichte aufgeführt:

Die Theologie hat einmal entschieden zur Prägung der Menschen und der Gesellschaft sowie zur Reform ihrer Kirche beigetragen. Besteht nicht hier ein dringlicher Katalog an Fragen?
Die Naturwissenschaften haben für sich zur Entschlüsselung unserer Welt grundlegende Beiträge geleistet und in Verbindung mit der Philosophie Aufklärung, Rationalität und Welterkenntnis befördert.
Die Jurisprudenz hat die Rechtsordnung des preußischen Staates im 18. Jahrhundert entscheidend geprägt.
Die Staatswissenschaften haben ihren Ausgang vom 1. Kameralistischen Lehrstuhl von 1727 genommen und dabei über ein Jahrhundert auch die Staatskunst im Blick gehabt. Jurisprudenz, Ökonomie, Soziologie und Politikwissenschaft haben im ausgehenden 19. und im ersten Drittel des 20. Jahrhunderts bei aller Disziplintreue den Blick für die Zusammenhänge unter dem Begriff der modernen „Staatswissenschaften" zu wahren gesucht. Der berühmte „Verein für Sozialpolitik" hat unter Schmoller in Halle seinen Ausgangspunkt gehabt. Hervorragende Bücherbestände, die der Auswertung harren, zeugen hier in Halle von alledem.

11. Warum sollten nicht von den erneuerten Universitäten in Ostdeutschland und insbesondere von dieser Reformuniversität Halle wesentliche Impulse auf die inneren Verhältnisse aller deutschen Universitäten ausgehen? Es müssen interdisziplinär Leitideen entwickelt

werden, die nach innen hin das disziplinäre Arbeiten mit prägen und nach außen ihre Wirkungen in die Gesellschaft hinein entfalten. In dem Bewußtsein, daß die Zukunft der Universitäten bei allen gesellschaftlichen Zwängen nur von innen her wirklich gesichert werden kann, wäre die fächerüberschreitende Kooperation innerhalb der erneuerten Universität sicher auch ein menschlich mitreißendes Vorbild für manche verkrusteten Kooperations- und Arbeitsstrukturen in Hochschulen ohne jene Art von Krisen, wie wir sie hier in Ostdeutschland zu bewältigen haben. Wir gewinnen an Glaubwürdigkeit auf unserem Weg. Auf der Grundlage einer solchen Erneuerung des inneren Zustandes der Universität können auch Antworten und Engagements auf Fragen erwartet werden, die heute die Diskussion über die Zukunft der Universitäten von außen her bestimmen.

Der zweite „allgemeinste Grundsatz der Theorie aller Reformen", den Wilhelm von Humboldt in seinen „Ideen zu einem Versuch, die Grenzen der Wirksamkeit des Staates zu bestimmen" 1792 formulierte, hat seine Geltungskraft also heute nicht eingebüßt: „Um den Übergang von dem gegenwärtigen Zustande zum neu beschlossenen zu bewirken, lasse man, so viel wie möglich, jede Reform von den Ideen und den Köpfen der Menschen ausgehen".

Anmerkungen

1   Frankfurter Rundschau vom 17.9.1992
2   Adolf Harnack, 1900: Das geistige und wissenschaftliche Leben in Brandenburg-Preußen um das Jahr 1700, in: Moderne preußische Geschichte, hrsg. von O. Büsch und W. Neugebauer, Berlin 1981, S. 1243ff., 1258
3   Georg Kotowski, Wilhelm von Humboldt und die deutsche Universität, 1963/-1981, in: Moderne Preußische Geschichte, a.a.O., S. 1357
4   Wilhelm v. Humboldt, 1792: Ideen zu einem Versuch, die Grenzen der Wirksamkeit des Staats zu bestimmen, Reclam Stuttgart 1991, S. 197
5   Hochschul-Rektoren-Konferenz, 1992: Konzept zur Entwicklung der Hochschulen in Deutschland, Dokumente zur Hochschulreform 75/1992, S. 28f.
6   Albrecht Timm, 1960: Die Universität Halle-Wittenberg. Herrschaft und Wissenschaft im Spiegel ihrer Geschichte, Frankfurt/Main, S. 71
7   Theodor Litt, 1955: Das Bildungsideal der deutschen Klassik und die moderne Arbeitswelt, in: Aus Politik und Zeitgeschichte, Nr. 12/13
8   Georg Kotowski: Wilhelm von Humboldt und die deutsche Universität, 1963/1981, in: Moderne Preußische Geschichte, a.a.O., S. 1346ff.

Wolfgang Schluchter

Perspektiven der ostdeutschen Universitäten

Will man in die Zukunft blicken so tut man gut daran, zunächst einen Blick in die Vergangenheit zu werfen. Denn die Zukunft ist zwar offen, aber sie steht unter einschränkenden Bedingungen, die auch Folge vergangenen Denkens und Handelns sind. Spätestens seit Nietzsches unzeitgemäßer Betrachtung vom Nutzen und Nachteil der Historie für das Leben sind wir freilich gewarnt: Der Blick in die Vergangenheit kann auch schaden, sei es, weil er ein lebensnotwendiges Vergessen verhindert, sei es, weil der im Vergangenen immer nur das Noch-Nicht sieht. Würden wir im ersten Falle passiv, zum Handeln unfähig, so im zweiten zwar aktiv, aber in einer ganz überschwenglichen Weise. Würden wir im ersten Fall schlaflos, so im zweiten mutig und feurig, getrieben von der Hoffnung, „daß das Rechte noch komme, daß das Glück hinter dem Berge sitze, auf den (wir) zuschreiten."[1] Doch das eine sei – so jedenfalls Nietzsche – so unhistorisch wie das andere. Wer keine Balance finde zwischen Historischem und Unhistorischem, Erinnern und Vergessen, dem gehe die plastische Kraft fürs Leben verloren, jene Kraft, „aus sich heraus eigenartig zu wachsen, Vergangenes und Fremdes umzubilden und einzuverleiben, Wunden auszuheilen, Verlorenes zu ersetzen, zerbrochene Formen aus sich nachzuformen:"[2]

Wir wissen, daß wir viel von dieser plastischen Kraft brauchen – seit der Herstellung der äußeren Einheit Deutschlands mehr als zuvor. Wir wissen, daß wir sie gerade auch für die Gestaltung unserer Bildungsanstalten brauchen, auch wenn wir diese, nüchtern geworden, vielleicht heute nicht mehr mit Emphase so nennen, freilich auch nicht einfach *„Anstalten der Lebensnoth",*[3] wie sie Nietzsche vorkamen, nach der von ihm konstatierten Erweiterung und Abschwächung der Bildung, ihrer Demokratisierung und Verfachlichung. Wollen wir uns also die von ihm gepriesene plastische Kraft nicht von vorn herein verscherzen, so müssen wir uns an Vergangenes, wie selektiv auch immer, erinnern und dürfen die Gegenwart nicht überspringen. Nur aus deren „Eingeweiden", so belehrt uns Nietzsche weiter, lasse sich ja die Zukunft erraten, wobei wir in keiner besseren Lage als die römischen Haruspices sind, über die sich Cato wunderte, weil sie nicht lachten, wenn sie sich begegneten. Die Zukunft erraten, das kann deshalb nicht mehr und nicht weniger sagen, „als einer schon vorhandenen Bildungstendenz den einstmaligen Sieg zu verheißen, ob sie gleich augenblicklich nicht beliebt, nicht geehrt, nicht verbreitet ist."[4]

Lassen Sie mich also zunächst einen Blick auf die Vergangenheit werfen. Er fällt auf das 19. Jahrhundert, auf die deutsche Teilung und auf den Umbau der ostdeutschen Hochschulen nach der Einigung. Dieser Umbau ist ja inzwischen institutionell und auch personell weitgehend abgeschlossen, hat die Elemente, unter Schmerzen, neu geordnet. Ein Blick darauf und in die Zukunft folgt.

Die Universität Halle, diese beeindruckende Geburt aus dem Geist der Frühaufklärung und des Pietismus vor 300 Jahren, durchschritt, wie alle älteren deutschen Universitäten, Höhen und Tiefen. Eine der Tiefen lag an der Wende vom 18. zum 19. Jahrhundert, als Napoleon Europa mit kriegerischen Mitteln neu ordnete und Preußen darniederlag. Doch Napoleon war eher Anlaß als Ursache, um Universitäten entweder für immer oder vorübergehend zu schließen. Hinzu kam ein Reformbedarf, hausgemacht.

Wir wissen: Die Gründung der Berliner Universität war eine Antwort auf die damalige Krise. Sie prägte die Gestalt der deutschen Universität im 19. Jahrhundert und wurde zum Modell für andere, etwa für die amerikanische graduate school. Wissenschaftshistoriker wiesen nach, daß die reformierten deutschen Universitäten vorübergehend im Mittelpunkt des internationalen Wissenschaftssystems standen.[5] Nicht zuletzt dies erklärt das enorme Prestige, das das sogenannte Humboldtmodell, obwohl immer wieder totgesagt, bis heute besitzt.

Das Humboldtmodell basierte auf drei Postulaten, die freilich nie ohne Abstriche die universitäre Wirklichkeit prägten: der Einheit der Wissenschaften, der Einheit von Forschung und Lehre und der Einheit von Lehrenden und Lernenden. Es basierte ferner auf der Entscheidung, Universitäten als Staatsanstalten zu institutionalisieren, mit dem Recht auf Selbstverwaltung zwar, aber nur im Rahmen staatlicher Ermächtigung.[6]

Wir wissen weiter: Zwar nicht der Staatsanstaltsgedanke, wohl aber die Einheitspostulate waren schon im Kaiserreich weitgehend fiktiv geworden. Die Einheit der Wissenschaften fiel ihrer Spezialisierung zum Opfer, die von Forschung und Lehre der kapitalintensiven und lehrferneren Großforschung, die von Lehrenden und Lernenden der wachsenden Studentenmenge. Diese war seit der zweiten Hälfte des 19. Jahrhunderts in Zyklen von Expansion und Kontraktion gestiegen, weil jeder neue Zyklus verglichen mit dem vorausgehenden auf einem höheren Niveau einsetzte. Es gab nur eine Ausnahme: Nach der nationalsozialistischen Machtergreifung sank die Studentenzahl.[7]

Während des Nationalsozialismus war die Humboldtsche Struktur auch äußerlich deformiert worden, wenn auch, wie Karl Jaspers dies 1945 ausdrückte, der Kern in der Verborgenheit standgehalten hatte. Die Universitäten unterlagen der Gleichschaltung. Nach der bedingungslosen Kapitulation und der Befreiung durch die Alliierten mußten sie sich deshalb reformieren. Im Westen tat man dies unter der Prämisse, die alte Universität sei im Kern gesund geblieben und könne restauriert werden, im Osten zerschlug man sie im Namen der sogenannten antifaschistisch-demokratischen Reform, die in Wahrheit die Bolschewisierung der Universität einleitete.[8] Früh wurden die Wichen gestellt für ganz unterschiedliche Entwicklungen. Sie fanden, in zeitlicher Nähe, ihren sichtbarsten Ausdruck in der III. Hochschulreform im Osten und in dem Hochschulrahmengesetz im Westen. Wie in anderen institutionellen Bereichen, war damit auch hier strukturelle Inkompatibilität erzeugt.

Das läßt sich unter anderem daran zeigen, wie man diesseits und jenseits des Eisernen Vorhangs mit den fiktiv gewordenen Einheitspostulaten umging. Die Reaktionen fielen sehr verschieden aus. Die DDR reagierte auf die wachsende Spezialisierung der Wissenschaften und auf die immer lehrfernere Forschung vor allem durch Stärkung der Akademien, denen zudem im Zusammenhang mit der III. Hochschulreform das Recht, A- und B-Promotionen durchzuführen, übertragen wurde. Daneben investierte sie vor allem in technische Spezial(hoch)schulen. Neue Universitäten dagegen gründete sie nicht. Zum Zeitpunkt des Umbruchs gab es in der DDR 54 Hochschulen (ohne Fachschulen), an denen ca. 130.000 Studenten von ca. 32.000 Lehrpersonen unterrichtet wurden.[9] Die Universitäten, die ja als einzige den Kosmos der Wissenschaften repräsentieren, blieben zwar mehr schlecht als recht erhalten, standen aber zunehmend *neben* den expandierenden forschungsbezogenen Akademien und anwendungsbezogenen technischen Spezialhochschulen. Dies war im Westen anders. Hier blieb die Universität die dominante Institution. Man gründete neue Universitäten, baute Technische Hochschulen zu Universitäten aus, integrierte Pädagogische Hochschulen in die Universitäten. Zwar entwickelte man auch Fachhochschulen, um Bedürfnissen der Berufspraxis entgegenzukommen. Aber sie wurden zunächst eher abschätzig betrachtet und bedeuteten jedenfalls keine ernsthafte institutionelle Konkurrenz für die Universität. Zum Zeitpunkt des Umbruchs gab es in der Bundesrepublik 126 Universitäten und ihnen entsprechende Einrichtungen (unter Einschluß von Kunsthochschulen), an denen ca. 1.200.000 Studenten bei ca. 135.000 Lehrpersonen studierten, daneben weitere ca. 370.000 Studenten an 122 Fachhochschulen bei ca. 28.000 Lehrenden. Trotz eines Kranzes von universitätsfreien Forschungseinrichtungen und trotz der inzwischen gewachsenen Bedeutung der Fachhochschulen konnten hier die Universitäten also das institutionelle Zentrum des Wissenschaftssystems behaupten. Das zeigt sich nicht zuletzt auch an der Organisation der Forschungsförderung.

Fast noch bezeichnender aber war die unterschiedliche Reaktion auf die steigenden Studentenzahlen. Auch die DDR hatte ja zunächst eine höhere Bildungsbeteiligung der Bevölkerung gefördert, wobei sie zugleich eine Veränderung der sozialen Zusammensetzung anstrebte und teilweise auch durchsetzte. So stiegen die Studentenzahlen von ca. 30.000 im Jahre 1950 auf ca. 130.000 im Jahre 1980. Aber seit der III. Hochschulreform hatte man die Zahl, die 1970 noch bei 143.163 lag, auf die von 1980 heruntergeregelt und auf diesem Niveau stabilisiert. Zudem sorgte man für die nötigen Lehrpersonen, indem man nicht in erster Linie die Professoren-, sondern die Mittelbaustellen vermehrte. Wenn die allerdings schwer interpretierbaren Zahlen nicht täuschen, so kamen auf eine neue Professorenstelle über zehn neue Stellen im Mittelbau. In der Bundesrepublik dagegen stiegen die Studentenzahlen von ca. 125.000 im Jahre 1950 auf 825.000 im Jahre 1980 und auch danach kontinuierlich weiter. So waren zum Zeitpunkt des Umbruchs die Zahlen von ca. 1.200.000 Hochschülern und ca. 370.000 Fachhochschülern erreicht. Der gestiegene Lehrbedarf wurde zwar auch hier mittels Vermehrung von Mittelbaustellen bestritten, aber erstens veränderte sich das Verhältnis von Professoren- zu Mittelbaustellen nicht in demselben Maße wie in der DDR, und zweitens hielt der Stellenausbau insgesamt nicht Schritt mit der steigenden Studentenzahl. Die Betreuungsrelation verschlechtere sich kontinuierlich. Im Osten dagegen verbesserte sie sich seit 1970 kontinuierlich, weil die Zahl der Lehrpersonen auch nach Stabilisierung der Studentenzahl bis 1989 weiter stieg. So entstand hier ein in erster Linie lehrender Mittelbau, überwiegend auf Dauerstellen, dessen Mitglieder allerdings wegen der wenigen Professorenstellen selten aufsteigen konnten. Vor allem dieser abgesicherte Mittelbau sorgte an den DDR-Hochschulen für die auch im internationalen Vergleich außergewöhnliche Betreuung der Studenten. Im Westen dagegen bekämpfte man den Mangel an Betreuung zunehmend weniger mit neuen Stellen, als vielmehr mit der Prognose, die eingetretene Überlast werde dereinst schwinden. Man brauche nur auf die geburtenschwachen Jahrgänge zu warten. Die Parole, die zu den unsinnigen und auch unmenschlichen Bildern gehört, lautete: Untertunnelung des Studentenbergs. Man rechnete, wie bei all diesen Prognosen, mit stabilen Präferenzen und Verhaltensweisen. Heute wissen wir: Sinkende Studentenzahlen, gar dramatisch sinkende Studentenzahlen sind nicht in Sicht![10]

Und noch eine Differenz ist wichtig. Sie betrifft die Fächer, die den Zuwachs an Studenten überwiegend aufnahmen. Das waren im Westen die Sprach- und Kulturwissenschaften, gefolgt von den Wirtschafts-, Sozial- und Rechtswissenschaften, im Osten aber die technischen Disziplinen. Letzteres war nicht zuletzt Folge politischer Steuerung. Dies erklärt, weshalb die nach dem Umbruch freigegebene Fächerwahl zunächst eher zu Ungunsten der Natur- und Ingenieurwissenschaften ausschlug. Dies muß nicht so bleiben, wenngleich die dauerhafte Angleichung des ostdeutschen an das westdeutsche Studierverhalten nicht unwahrscheinlich ist.[11]

Ich sagte: Der Umbau der ostdeutschen Hochschulen, der nach der Herstellung der äußeren Einheit eingeleitet wurde, sei institutionell und auch personell weitgehend abgeschlossen. Ich füge hinzu: Er führte zur Verwestlichung der ostdeutschen Hochschulen, institutionell, teilweise auch personell. Trotz der freilich eher bescheidenen Ansätze zur Selbsterneuerung, die es schon vor Einführung der ostdeutschen Länder gab, trotz der enormen Leistungen, die dann die an die Macht gelangten reformorientierten Kräfte seit Erlaß der Hochschulerneuerungsgesetze auf allen Ebenen erbrachten, setzte sich das westdeutsche Modell auf der ganzen Linie durch. Auch im Wissenschafts- und Hochschulbereich wurden die westdeutschen Institutionen auf Ostdeutschland übertragen. Zu einer Synthese aus Ost und West kam es nicht.[12]

Aufgrund des Beitritts der DDR zur Bundesrepublik nach Art. 23 GG (alt) und aufgrund seiner Konkretisierung im Einigungsvertrag war ja nicht erst zu prüfen, ob eine westdeutsche Institution es wert war, übertragen zu werden. Auch reformbedürftige Institutionen standen im Angebot, das zunächst einmal zu übernehmen war. Daß die westdeutsche Universität zu diesen reformbedürftigen Institutionen gehörte, vergaß man vorübergehend. Dies mag man beklagen. Ich behaupte aber, daß es zu ihrer Übernahme nach der (freiwilligen) Aufgabe der Eigenstaatlichkeit der DDR keine Alternative gab. Es war auch nicht möglich, sie gleichsam während der Übertragung, die ja kompliziert genug verlief, zu reformieren. Übertragung *und* Reform in einem, das war einfach zuviel. Dafür waren die Fristen zu kurz, die Finanzspielräume zu eng, die Erneuerung des Lehrkörpers bei radikaler Reduktion der Stellenzahl zu belastend. Unter diesen Bedingungen blieb zunächst nur möglichst schnelle strukturelle Anpassung. Erst allmählich können wir Atem holen und wieder nach Spielräumen für weitergreifende Reformen fragen, nun aber nach Reformen in Ost *und* West.

Um zunächst die Spielräume für den Osten abzuschätzen, sollten wir die gegenwärtige Lage betrachten. Was wurde gewonnen, was verspielt? Lassen Sie uns eine Art Gewinn- und Verlustrechnung aufmachen, wissend, daß solch buchhalterisches Gebaren der Größe der bereits geleisteten Arbeit nur bedingt angemessen ist. Gewonnen wurde die Wissenschaftsfreiheit. Jede ostdeutsche Universität steht heute unter dem Schutz von Art. 5, Abs. 3 GG. Er sichert die Freiheit von Forschung und Lehre. Er gewährt dem Wissenschaftler ein subjektives Recht, eingebunden in die Treuepflicht gegenüber der Verfassung, und der Wissenschaft eine institutionelle Garantie.

Gewonnen wurde auch die Freiheit des Studiums. Wer was studiert, ist nicht länger von sozialer Herkunft, politischer Gesinnung oder gesellschaftlichem Bedarf abhängig. Gewiß muß sich auch die umgebaute Universität überlegen, wie sie ihr Studienplatzangebot, auch unter arbeitsmarktpolitischen Gesichtspunkten, gestaltet. Aber wie das Grundgesetz kein Recht auf Arbeit kennt, so schützt es auch den Einzelnen vor staatlicher Berufslenkung (Art. 12, Abs. 1 GG).

Gewonnen wurde das Recht auf akademische Selbstverwaltung. Aufgrund von Art. 5, Abs. 3 GG und seiner Auslegung durch das Bundesverfassungsgericht ist der Staat nicht nur verpflichtet, funktionsfähige Wissenschaftsinstitutionen zu schaffen, sondern auch die einzelnen Grundrechtsträger an ihrer Ausgestaltung zu beteiligen. Selbstverständlich hat auch dieses Recht Schranken. Es schließt zum Beispiel Rechts- und teilweise auch Fachaufsicht nicht aus.

Gewonnen wurde die zentrale Stellung der Universitäten im Wissenschaftssystem als Ganzem. Man führte die Akademien im wesentlichen auf ihre frühere Funktion, Gelehrtengesellschaften zu sein, zurück. Die leistungsfähigen technischen Spezialhochschulen sind überwiegend in den Fachhochschulen aufgegangen. Verlorengegangene Grundlagenforschung und von der SED für obsolet erklärte Orchideenfächer kehrten in die Universität zurück.

Was aber wurde verloren? Oder besser: Was droht verlorenzugehen? Vor allem die immer wieder gepriesene gute Lehrsituation. Sie hatte mehrere Komponenten: die günstige Betreuungsrelation, die Gruppenbindung der Studenten und die damit verbundenen Zugehörigkeitsgefühle, der Praxisbezug des Studiums. Aber auch die Ausdifferenzierung des Forschungsstudiums, die Offenheit gegenüber der Berufswelt (Fernstudium), die soziale Absicherung der Studenten, der geregelte Übergang ins Berufsleben hielten viele für bewahrenswert.

Wenden wir an dieser Stelle den Blick vom Osten auf den Westen. Was fällt auf? Die ungünstige Betreuungsrelation, die Vereinzelung der Studenten und die damit verbundenen Anomiegefühle, der fehlende Praxisbezug des Studiums. zwar gibt es Ansätze zu einem Forschungsstudium in Gestalt der Graduiertenkollegs, die aber punktuell und thematisch zu eng sind, die Berufswelt endet vor den Universitätstoren, viele Ausbildungsgänge führen am Beschäftigungssystem vorbei. Vor allem aber: Wir sehen überlange Studienzeiten und hohe Abbruchquoten. Die Frage ist: Haben wir damit in die Zukunft der *ostdeutschen* Universitäten geblickt?

Die Antwort ist ja, wenn man den Umbau nicht konsequent fortsetzt. Was ist zu tun? Bevor wir eine Antwort versuchen, sollten wir nach den einschränkenden Bedingungen fragen. Dies führt uns zunächst zu den drei Einheitspostulaten zurück.

Wir können die Einheit der Wissenschaften nicht einfach wiedergewinnen. Längst geht es nicht mehr um zwei Wissenschaftskulturen

– dies ist, wie der Romanist Weinrich einmal süffisant formulierte, der „Snow von gestern" -, denn Verständigungsprobleme zwischen einem Juristen und einem Altphilologen sind heute kaum geringer als die zwischen einem Theologen und einem Physiker. Wir sind ja nicht mehr Juristen, Altphilologen, Theologen und Physiker, sondern innerhalb dieser Disziplinen Spezialisten, und die Gegenfigur zum Spezialisten ist nicht der Generalist, sondern der Dilettant. Schon Max Weber wußte, „daß die Wissenschaft in ein Stadium der Spezialisierung eingetreten ist, wie es früher unbekannt war, und daß dies in alle Zukunft so bleiben" werde, daß sich der Einzelne „das sichere Bewußtsein, etwas wirklich Vollkommenes auf wissenschaftlichem Gebiet zu leisten, nur im Falle strengster Spezialisierung" verschaffen könne. Er sagte: „eine wirklich endgültige und tüchtige Leistung ist heute stets: eine spezialistische Leistung".[13] Bildung durch Wissenschaft, das kann nicht mehr heißen: nach faustischer Allseitigkeit zu streben. Es kann nur heißen: Im Speziellen ein Allgemeines zu erkennen und um die Grenzen zu wissen, innerhalb deren solche Erkenntnis gilt. Eine der wichtigsten Maximen, unter die spezialistische Wissenschaft zu stellen ist, heißt: Selbstbegrenzung – nicht im Sinne von Selbstgenügsamkeit, sondern als Verlangen nach Grenzüberschreitung. Dieses aber läßt sich nur noch befriedigen in der Kooperation mit anderen Spezialisten, als Multidisziplinarität. Die Probleme, mit denen wir es als Spezialisten zu tun haben, machen ja nicht Halt an unseren Disziplingrenzen. Zur Multidisziplinarität aber ist nur fähig, wer in den Fragestellungen und Methoden seiner Disziplin firm ist und zugleich ihre Grenzen eingesehen hat.

Wir können auch die Einheit von Forschung und Lehre nicht einfach wiedergewinnen. Dafür hat sich die Forschung viel zu sehr verzweigt. Wir haben uns angewöhnt zu unterscheiden, etwa nach dem Ziel zwischen Grundlagenforschung und angewandter Forschung, nach dem Ort zwischen Universitätsforschung und Industrieforschung, nach dem finanziellen Aufwand zwischen Großforschung und Schreibtischforschung, nach dem Geldgeber zwischen Antrags- und Auftragsforschung. Weitere Unterscheidungen dieser Art sind wohlfeil. Ihnen allen ist gemeinsam, daß sie nicht stimmen. Doch damit offenbaren sie ein wichtiges Merkmal heutiger Forschung: die Unübersichtlichkeit. Anders gewendet: Es ist heute keineswegs mehr klar, welche Forschung sich für Lehre eignet und, wenn sie sich eignet, wie der Lernende an ihr zu beteiligen ist. Der Transfer von der Forschung in die Lehre ist selbst ein Forschungsproblem geworden. Einst forderte man zu Recht, in den Universitäten müsse neben der Grundlagenforschung mehr Lehrforschung betrieben werden. Heute scheint man zu glauben, man müsse werdende Dozenten in didaktische Seminare schicken, dann sei das Problem gelöst!

Wir können aber auch die Einheit von Lehrenden und Lernenden nicht einfach wiedergewinnen, jedenfalls so lange nicht, wie man sich nicht die Spätphase der DDR zum Vorbild nimmt. Sie hatte am Ende den Anteil der Hochschüler auf ca. 12% eines Altersjahrgangs heruntergeregelt, im Westen lag er zur Zeit des Umbruchs bei 25%. Manche meinen zwar, schon dies sei zuviel und die weitere Steigerung bedrohlich, weil damit Studentenberge und Lehrlingstäler entstünden. Aber erstens ist dies empirisch falsch,[14] und zweitens braucht man nur die Bundesrepublik mit den USA, mit Japan und mit anderen EU-Staaten zu vergleichen, um zu sehen, daß ihre Bildungsexpansion allenfalls Mittelmaß ist. Überall expandierte in den vergangenen Jahrzehnten das Bildungswesen. Nicht die Bundesrepublik, die DDR ist der abweichende Fall. Die Institutionalisierung der Menschen- und Bürgerrechte erfolgte ja in den westlichen Verfassungsstaaten in revolutionären Schüben. Der bisher letzte Schub, der der demokratischen, industriellen und sozialen Revolution folgte, heißt Erziehungsrevolution.[15] Nicht ein Drittel eines Jahrgangs als Hochschüler ist problematisch, sondern die Tatsache, daß nahezu alle an ein und demselben Tisch Platz nehmen müssen, zumal wir bereits wieder auf dem Wege sind, die Fachhochschulen an die Universitäten anzugleichen. Eine hinreichende inter- und intrainstitutionelle Differenzierung unseres tertiären Bildungssystems fehlt.

Dies wird besonders deutlich, wenn wir die USA betrachten. Sie hat ein derartiges tertiäres System. Hier gibt es keine Schwierigkeit, weit mehr als ein Drittel eines Altersjahrgangs aufzunehmen. Dafür waren zwei strukturelle Weichenstellungen maßgebend. Man übernahm zwar das deutsche Humboldtmodell, unterlegte es aber mit dem britischen College. Und man schuf Bedingungen für bildungs*unternehmerisches* Handeln (vom Stiftungsrecht bis zu Studiengebühren), die Anpassung an Marktlagen erlaubten. Als Folge davon entstand institutionelle Vielfalt: Das zweijährige community college gehört heute genauso zum tertiären Bildungssystem der USA wie Stanford und Berkeley, Harvard und Yale. Es gibt für jedes Bildungsbedürfnis eine Institution, übrigens auch für jede Fähigkeit, sich auszubilden und zu bilden! Jedem nach seinen Bedürfnissen, wenn er die geforderten Leistungen, freilich auch die ökonomischen, erbringt!

Nun möchte ich nicht suggerieren, unser Heil liege in der Kopie des amerikanischen Systems. Dennoch scheint mir gerade der Vergleich DDR-USA lehrreich zu sein. Er legt nämlich diese Folgerung nahe: Will man die Einheit von Lehrenden und Lernenden in Grenzen wiedergewinnen, so muß man entweder den Zugang zum tertiären Bildungssystem beschränken (Weg der späten DDR) oder auf hinreichende inter- und intrainstitutionelle Differenzierung achten (Weg der USA). Ich halte nur den zweiten Weg für akzeptabel und sehe gerade in Ostdeutschland nach dem Umbau relativ günstige Bedingungen, ihn zu gehen.

Betrachten wir zunächst die intrainstitutionelle Differenzierung. Hierfür gibt es in Ostdeutschland mit dem Abitur nach zwölf Jahren und dem Forschungsstudium einen einschlägigen Erfahrungshintergrund. Wie auch der Wissenschaftsrat fordert, müssen wir, in einer gewissen Annäherung an das amerikanische System, zu einer vertikalen Gliederung des Studiums in ein berufsbezogenes Grundstudium und in ein forschungsbezogenes Graduiertenstudium kommen. Für das erste ist die Lehrforschung, für das zweite die Multidisziplinarität zentral. Vor allem aber: Das berufsbezogene Grundstudium muß nach 4 Jahren und im Alter von 23 bis 24 absolviert sein. Denn wer ein berufsbezogenes Studium hinter sich hat, besitzt noch keine vollwertige Berufsqualifikation.

Betrachten wir sodann die interinstitutionelle Differenzierung. Sie ist auch in Ostdeutschland durch die Integration der Pädagogischen Hochschulen in die Universitäten und durch die Tendenz zur Angleichung der Fachhochschulen an die Universitäten zurückgegangen. Eigentlich betreibt derzeit nur Baden-Württemberg eine Hochschulpolitik, die die interinstitutionelle Differenzierung verbessert (getrennte PHs, Berufsakademien). Doch wichtiger ist, daß man die Idee der interinstitutionellen Differenzierung auf die Universitäten und ihre Fächer überträgt. Fächer sollten eigene Profile für das berufsbezogene Grundstudium und das forschungsbezogene Graduiertenstudium entwickeln können. Dies schlösse auf mittlere Sicht auch eine Differenzierung des Lehrkörpers ein. Übrigens brauchte man nicht jedes Fach auf der Graduiertenebene auszubauen (Einschränkung des Promotionsrechts). Hierfür könnten außeruniversitäre Bewertungsverfahren maßgeblich werden, wie sie die Niederlande entwickelten. Solche Profilbildung, die ja auch eine Verlagerung von Lehrkapazität vom Grund- ins Graduiertenstudium verlangte, läßt sich bei Überlast außerordentlich schwer erreichen. Da die ostdeutschen Universitäten noch nicht durch Überfüllung stranguliert sind, sollten sie die Gunst der Stunde nutzen und entschlossen in diese Richtung gehen. In gewissem Sinne haben die beiden geisteswissenschaftlichen Neugründungen im Osten, die Universität Frankfurt/Oder und die Universität Erfurt, diesen Weg beschritten. Damit setzen sie, in meinen Augen allerdings noch zu zaghaft, auf eine Tendenz, der ich, um mit Nietzsche zu sprechen, den „einstmaligen Sieg" verheiße, obgleich sie augenblicklich „nicht beliebt, nicht geehrt, nicht verbreitet ist."

Ich verkenne allerdings nicht, daß die Handlungsspielräume *aller* ostdeutschen Universitäten eng sind. Es gibt neben den bereits genannten weitere einschränkende Bedingungen, die ihre Ausgangslage gegenüber der westdeutscher Universitäten sogar verschlechtern. Ich erinnere an die defizitäre Infrastruktur, von den Gebäuden über die

Geräte bis zu den Bibliotheken. Ich erinnere an den Zwang zu weiterem Stellenabbau, der, weil sich gerade Zeitstellen leicht streichen lassen, vor allem den wissenschaftlichen Nachwuchs bedroht. Ich erinnere aber auch an die Probleme, die sich aus der Ungleichbehandlung von ost- und westdeutschen Mitgliedern des Lehrkörpers ergeben. Privilegien wollen verdient sein, und von Einheit können wir auch hier erst reden, nicht etwa, wenn diese verschwunden, sondern wenn sie nicht mehr an westliche Herkunft gebunden sind.

Die plastische Kraft, von der Nietzsche sprach, muß angesichts der vor uns liegenden Aufgaben wahrlich groß sein, ganz besonders im Osten, wo Fremdes umzubilden, Wunden auszuheilen, Verlorenes zu ersetzen ist. Wünschen wir uns, daß wir sie entwickeln, besonders wünsche ich es an diesem Tage aber dieser Universität.

Anmerkungen

1   Nietzsche, Friedrich, Sämtliche Werke. Kritische Studienausgabe in 15 Bänden, hg. von Giorgio Colli und Mazzino Montinari. – München: Deutscher Taschenbuchverlag 1980, Band I, S. 255.
2   Ebd., S. 251.
3   Ebd., S. 717.
4   Ebd., S. 645f.
5   Vgl. etwa die Studie von Ben-David, Joseph, The Scientist's Role in Society: A Comparative Study. – Englewood Cliffs, N.J.: Prentice Hall 1971.
6   Dazu Schluchter, Wolfgang, Auf der Suche nach der verlorenen Einheit. Anmerkungen zum Strukturwandel der deutschen Universität, in: Hans Albert (Hg.), Sozialtheorie und soziale Praxis. Eduard Baumgarten zum 70. Geburtstag. – Meisenheim am Glan: Anton Hain 1971, S. 257-280. Zu Idee und Wirklichkeit der Humboldtuniversität Schelsky, Helmut, Einsamkeit und Freiheit. Idee und Gestalt der deutschen Universität und ihrer Reformen. – Hamburg: Rowohlt 1993, bes. II.
7   Vgl. Windolf, Paul, Expansion der Universitäten 1870-1985. – Stuttgart: Enke 1990. Windolf verweist bei dieser zyklischen Bewegung entlang eines expansiven Trends auf den Sperrklinkeneffekt, d.h. hinter eine erreichte Expansionsstufe wird nicht zurückgegangen, es sei denn, daß sich Katastrophen ereignen oder autoritär eingegriffen wird. Das taten die Nazis 1933 mit einem generellen numerus clausus. Dazu S. 94ff.
8   Dazu Reinschke, Kurt J., Bolschewisierung der ostdeutschen Universitäten nach dem Zweiten Weltkrieg, dargestellt am Beispiel der Universität Leipzig und der TH Dresden, Manuskript 1994.
9   Zu diesen und zu den folgenden Zahlen vgl. Das Bildungswesen in der Bundesrepublik Deutschland. Strukturen und Entwicklungen im Überblick. – Hamburg: Rowohlt 1994, Kap. 14.
10 Zwar sank in Westdeutschland die Zahl der Abiturienten seit dem Höhepunkt im Jahre 1983, und auch die Zahl der Studienanfänger ging seit Anfang der 90er Jahre leicht zurück. Aber der erhoffte demographische Effekt aufgrund geburtenschwacher Jahrgänge wurde durch wachsende Studierneigung abgeschwächt und der verbleibende Entlastungseffekt durch Verlängerung der Verweildauer kompensiert.

11 Vgl. dazu die neuesten Daten für Sachsen-Anhalt in: Bildungsentwicklung und Studiennachfrage in Sachsen-Anhalt. Grund- und Strukturdaten für die Hochschulplanung. Materialien des Instituts für Entwicklungsplanung und Strukturforschung. – Hannover 1994, S. 104f.

12 Dazu Mayntz, Renate (Hg.), Aufbruch und Reform von oben. Ostdeutsche Universitäten im Transformationsprozeß. – Frankfurt/New York: Campus 1994.

13 Weber, Max, Gesammelte Aufsätze zur Wissenschaftslehre. – J.C.B. Mohr (Paul Siebeck), 3. Aufl., 1978, S. 588f.

14 Vgl. dazu Lüttingen, Paul, Studentenberge und Lehrlingstäler. Droht die Akademisierung der Gesellschaft?, in: ISI, Nr. 12, Juli 1994, S. 1-4.

15 Dazu etwa Parsons, Talcott, and Gerald M. Platt, The American University. – Cambridge, Mass.: Harvard University Press 1973, bes. Kap. 1.

Gunnar Berg

Die Universität im Jubiläumsjahr 1994, eine Ortsbestimmung in der Gegenwart

Die Martin-Luther-Universität befindet sich noch im Prozeß ihrer strukturellen und personellen Erneuerung, wenn sich auch in einigen Bereichen Momente der Konsolidierung abzeichnen. In den Montagsvorträgen zur Universitätsgeschichte wurde dieser Prozeß, naturgemäß aus mehr oder weniger persönlicher Sicht, beschrieben. Anders, als viele vielleicht 1990 erwarteten und hofften, trifft wie für die gesamte Gesellschaft auch für die Universität der Ausspruch Georg Christoph Lichtenbergs (1795) zu:

„Eine Republik zu bauen aus den Materialien einer niedergerissenen Monarchie ist freilich ein schweres Problem. Es geht nicht, ohne bis erst jeder Stein anders gehauen ist, und dazu gehört Zeit."

Die von mir heute gewünschte Standortbestimmung kann somit nur ein Zwischenbericht sein, eine Schilderung der Grundlagen, auf denen unsere alma mater weiter aufzubauen ist, und der Keime, aus denen starke Triebe leistungsfähiger Forschung und Lehre sprießen mögen. Gerade in dieser Hinsicht sollen auch Hoffnungen bezüglich der zukünftigen Entwicklung ausgesprochen werden, die in den mehr als vier Jahren Engagement in der Hochschulpolitik gewachsen sind. Damit gibt der Vortrag einerseits eine Darstellung des gegenwärtigen Standes, er ist andererseits aber von persönlich subjektiven Erwartungen an die Zukunft geprägt, die auch Gegenstand der Diskussion in den Selbstverwaltungsgremien der Universität sein könnten. Eine Universität, die das hohe Gut der Hochschulautonomie für sich reklamiert, muß dieses nutzen, jenseits aller Fachegoismen moderne, zukunftsweisende Strukturen aufzubauen. Wir sollten, wie in den vergangenen zwei Jahren geschehen, auch in Zukunft beweisen, daß nicht in allen Fällen Rudolf Mößbauer (1986) recht hat:

„Akademische Selbstverwaltungsgremien haben kaum jemals umwälzende Initiativen und Neuerungen ausgelöst, da solche Gremien in erster Linie die Interessen ihrer Mitglieder vertreten und schützen werden."[1]

Um eine Ortsbestimmung vorzunehmen, ist es zunächst notwendig, Bezugspunkte zu kennen. Eine Ortsbestimmung im „leeren Raum" läßt zu leicht den Schluß zu, selbst im Mittelpunkt zu stehen, und verführt zur Zufriedenheit. Als Bezugspunkte sollen

die Idee der Universität, wie sie traditionell überkommen ist,

und die

Aufgaben der Universität in heutiger Zeit, deren Lösung von der Gesellschaft erwartet wird,

gewählt werden. Es wird sich zeigen, daß daraus in Teilen gegensätzliche Forderungen entstehen, deren Lösung oft nur in einem Kompromiß bestehen kann.

1. Die Idee der neuzeitlichen Universität

Mit den Universitäten Halle 1694 und Göttingen 1737 entstanden die beiden ersten modernen Universitäten, die sich vom scholastischen Bildungsideal abwandten. Mit dem Sieg Napoleons 1806 bei Jena verlor der Staat Preußen die Universität Halle: Die Universitätsgründung in Berlin wurde als Ersatz vorgeschlagen. Da Wilhelm von Humboldt zu dieser Zeit im preußischen Innenministerium für den öffentlichen Unterricht zuständig war, fiel ihm diese Aufgabe zu. Er hielt seine Vorstellungen in einer Denkschrift fest und seitdem wird vom Humboldtschen Ideal der deutschen Universität gesprochen. Das wird noch 1946 von Karl Jaspers in folgender Weise ausgedrückt:

> „Die Universität ist eine Schule, aber eine einzigartige Schule. An ihr soll nicht nur unterrichtet werden, sondern der Schüler an der Forschung teilnehmen und dadurch zu einer sein Leben bestimmenden wissenschaftlichen Bildung kommen. Die Schüler sind der Idee nach selbständige, selbstverantwortliche, ihren Lehrern kritisch folgende Denker. Sie haben die Freiheit des Lernens.
> Die Universität ist die Stätte, an der Gesellschaft und Staat das hellste Bewußtsein des Zeitalters sich entfalten lassen. Dort dürfen als Lehrer und Schüler Menschen zusammenkommen, die hier nur den Beruf haben, die Wahrheit zu ergreifen.
> Die Mächte in Staat und Gesellschaft sorgen aber zugleich für die Universität, weil dort die Grundlage für die Ausübung staatlicher Berufe gewonnen wird, die wissenschaftliches Können und geistige Bildung verlangen."[2]

Und zusammengefaßt:

> „Weil Wahrheit durch Wissenschaft zu suchen ist, ist Forschung das Grundanliegen der Universität.

Weil Wahrheit überliefert werden soll, ist Unterricht die zweite Aufgabe der Universität."[3]

2. Aufgaben der Universität in heutiger Zeit

Es ist Konsens der überwiegenden Zahl der Bildungspolitiker, daß die Aufgabe der Universitäten eine Ausbildung der Studierenden auf wissenschaftlicher Grundlage ist. Das sieht noch nach Humboldtschem Ideal aus, wird aber von der Realität beträchtlich eingeschränkt, die den Bruch solch einer geistigen Kontinuität bewirkt, worauf unter anderem Wolf Lepenies[4] hinweist.

Die Universität befindet sich mitten in der Industriegesellschaft. Sie ist kein kleiner Zirkel von Wissenschaftsenthusiasten, sondern Bildungsstätte eines großen Teiles der Bevölkerung. Die Wissenschaft hat sich spezialisiert und damit haben sich die Fächer in ungeahnter Weise ausdifferenziert. Es existiert nicht mehr der Typ des Universalgelehrten als Mittelpunkt und Anziehungspunkt des universitären Lebens. Die idealistische Wahrheitssuche als ganzheitlicher Prozeß mußte dem mühevollen Auffinden von Mosaiksteinchen der wissenschaftlichen Erkenntnis weichen.

Was kann die Aufgabe der Universität in dieser Situation sein? Selbstverständlich soll sie wissenschaftlich ausbilden. Sie muß dabei aber dafür sorgen, daß ihre Absolventen für ihr Berufsleben vorbereitet sind und daß sie die Chance haben, möglichst frühzeitig noch in der Phase der größten Kreativität in dieses Berufsleben einzutreten. Durch die Spezialisierung der Fächer besteht die Gefahr, daß die Ränder vernachlässigt werden. Das sind aber gerade die Bereiche, in denen durch Verbindung verschiedenartiger Elemente Neues entsteht. Die Universität muß im Interesse der Studierenden und ihrer eigenen Entwicklung schnell auf solche Veränderungen reagieren können.

Die Wissenschaftsentwicklung des 20. Jahrhunderts hat uns gelehrt, daß die Ergebnisse aller wissenschaftlichen Forschung ambivalent sind. Das betrifft, worauf kürzlich erst Hubert Markl[5] hinwies, nicht nur Naturwissenschaften und Technik. Es ist deshalb auch eine Aufgabe der Universität, den Diskurs über die Folgen der Wissenschaft zu führen. Sicher führt das zu keinen wie auch immer verordneten Lösungen gesellschaftlicher Probleme – die Vorstellung der Gelehrtenrepublik Platons erscheint uns heute eher abschreckend –, es stellt aber die Methoden bereit, derer sich die verschiedensten gesellschaftlichen Gruppierungen bedienen sollten, um im Konsens Lösungen zu finden. Gerade

„die zumindest potentielle Universalität der im Rahmen der Hochschule versammelten Disziplinen und Wissensbereiche (eröffnet) zumindest die Chance

inter-, trans- und codisziplinärer Kooperationen und Wechselwirkungen fast
unbegrenzter Vielfalt ... – so wenig solche Möglichkeiten oft leider auch genutzt
werden mögen." (H. Markl 1993)[6]

Damit ist aber auch angezeigt, daß die Universität mehr als bisher in
die Öffentlichkeit wirken muß. Dazu gehört Aufklärung über Wissenschaft, aber auch die Bereitstellung wissenschaftlicher Erkenntnis –
nicht unbedingt die direkte Anwendung, aber zumindest die Bereitstellung von Grundlagen für die Anwendung. Dazu gehört auch die
Beförderung der öffentlichen gesellschaftlichen Auseinandersetzung,
und dazu gehört – heute mehr denn je – die Diskussion des Bildungs-
konzeptes in den Schulen und Gymnasien. In diesen werden die
Grundlagen für die zukünftigen Staatsbürger gelegt, die als Erwach-
sene über komplizierteste Prozesse, Vorgänge und Vorhaben zu entscheiden haben.

Was sollte nach alledem die moderne Universität heute leisten?

Selbstverständlich
Forschung.
Selbstverständlich auch Lehre auf durch dieser Forschung garantierter
wissenschaftlicher Grundlage. Diese aber anders als noch von Humboldt aufgefaßt, als

Lehre für einen berufsbefähigenden Abschluß

nach acht bis zehn Semestern (die Berufsfertigkeit sollte im Beruf erworben werden, da sie im allgemeinen äußerste Spezialisierung bedingt) und

Ausbildung des wissenschaftlichen Nachwuchses
im postgradualen Studium. Weiterhin Ausschöpfen ihrer Potenzen
durch Pflege der

Interdisziplinarität
und Bündelung der materiellen Ressourcen durch
Schwerpunktbildung.
Darüber hinaus
Ausstrahlung in die Öffentlichkeit.

3. Lösungsansätze an der halleschen Universität

Die Lösung der erwähnten Aufgaben erfordert Ansätze sowohl struk-
tureller als auch studienorganisatorischer Art. Während diese haupt-

sächlich den Einsatz des wissenschaftlichen Personals betreffen, beziehen sich jene auf die Konstruktion der universitären Institutionen, die so zu konzipieren sind, daß sie flexibel bleiben und damit die Universität auf kommende Anforderungen reagieren kann.

3.1. Schwerpunktbildung und Interdisziplinarität

Voraussetzung für ein gedeihliches Zusammenwirken der Fachbereiche ist deren ausgewogene Struktur. Die Wissenschaftspolitik der DDR hat ein Übergewicht „förderungswürdiger" Fächer zu Lasten kleiner, vermeintlich „unwichtiger" Fächer erzeugt, bzw. zur Abschaffung einiger Fachrichtungen geführt. Dieses Übergewicht wurde durch die Integration von Teilen der Technischen Hochschule Merseburg und der Pädagogischen Hochschule Halle-Köthen noch verstärkt. Die Folge ist die notwendige Verkleinerung des Personalbestandes in diesen Bereichen mit den leider unvermeidlichen sozialen Konsequenzen. Durch die damit verbundenen arbeitsrechtlichen Probleme ist dieser Prozeß langwierig und noch längst nicht abgeschlossen.

Trotz dieser Schwierigkeiten ist der Neuaufbau gut vorangekommen. Etwa zwei Drittel der Professuren ist besetzt bzw. in Berufungsverhandlungen. Die neu aufgebauten Fachbereiche und Fakultäten haben die Gründungsphase hinter sich und führen in erneuerter Form den vollen Lehrbetrieb durch. In allen anderen Fachbereichen wird nach Studienordnungen gearbeitet, die mit denen aller deutschen Universitäten vollständig kompatibel sind.

Die Schwerpunktbildung an der Universität ist eng mit dem Bestreben nach Interdisziplinarität verbunden. Dabei werden bewahrenswerte Traditionen weitergeführt, es wird aber besonders den Anforderungen der heutigen Zeit entsprochen. Es soll dabei nicht Originalität um jeden Preis erreicht werden, sondern es geht um eine zweckmäßige Konzentration in solchen Bereichen, die hinsichtlich ihres Inhaltes Bedeutung haben und in denen möglichst viele verschiedenartige Fächer zusammenarbeiten können.

Um diesen Anforderungen gerecht zu werden, wurde das Konzept der Interdisziplinären Wissenschaftlichen Zentren (IWZ) entwickelt. Hier soll in der Forschung **und** in der Lehre zusammengearbeitet werden. Das Ziel sind unter anderem neuartige Studienangebote, zunächst als Ergänzungs- bzw. Zusatzstudiengänge. Es wird übereinstimmend z.B. mit den „Empfehlungen des Strukturausschusses der Universität Erfurt"

„... empfohlen, in der Ausbringung immer neuer verselbständigter Studiengänge zurückhaltend zu bleiben."[7]

Bedingung für die Gründung solch eines Zentrums, dessen Konzept begutachtet werden muß, ist, wie der Name es sagt, die Interdisziplinarität. Der Senat ist sich nach eingehender Diskussion einig geworden, diese Zentren finanziell und personell mit zentralen Mitteln der Universität zu unterstützen – ein positives Beispiel dafür, daß ein Selbstverwaltungsgremium sehr wohl bereit und in der Lage ist, im Interesse der Gesamtuniversität Fachegoismen zu überwinden und aus den begrenzten Haushaltmitteln einen Anteil bereitzustellen, der letzten Endes die Ressourcen der Fachbereiche verringert. Die fachlichen Leistungen der Zentren werden regelmäßig durch unabhängige Gutachtergruppen evaluiert, woraus Entscheidungen für die weitere Arbeit abgeleitet werden, was auch zur Schließung der Zentren führen kann. Eine Konkurrenz um die Einrichtung von Zentren und der Zentren untereinander um die materiellen Ressourcen ist durchaus gewollt und erwünscht.

Folgende Zentren existieren zur Zeit bzw. befinden sich in Gründung:

Zentrum zur Erforschung der Europäischen Aufklärung
Es wird eine Tradition der halleschen Universität, die bis in die Gründungszeit zurückreicht, aufgegriffen. Die ausgezeichneten Arbeitsbedingungen in Halle (Bibliotheken, Sammlungen) fordern die Errichtung dieses Schwerpunktes, der durch die Volkswagen-Stiftung mit beträchtlichen Mitteln unterstützt wird, geradezu heraus. Das Zentrum ist bereits mit Tagungen an die Öffentlichkeit getreten.

Zentrum zur Pietismusforschung
Dieses Zentrum, dessen Thematik ursprünglich gemeinsam mit der Aufklärungsforschung bearbeitet werden sollte, wird zweckmäßigerweise selbständig in enger Verbindung mit den Franckeschen Stiftungen arbeiten. Beide Zentren bleiben aber wechselseitig personell miteinander verbunden. Auch hier bildet das in Halle vorhandenen umfangreiche, zum Teil nicht oder wenig erschlossene Material die Basis.

Universitäres Zentrum für Umweltwissenschaften
In fast allen Fachbereichen der Universität (Naturwissenschaft, Technik, Landwirtschaft, Medizin, Jura, Soziologie, Wirtschaftswissenschaften) werden umweltspezifische Einzelthemen behandelt. Es ist Aufgabe des Zentrums, diese zunächst in „Netzwerken mittlerer Reichweite" (J. Huber) zu bündeln und dann Verbindungen zwischen diesen Netzwerken herzustellen. Von diesem Zentrum werden auch starke Wirkungen auf die Region ausgehen. Mitarbeiter der Universität können sich auf diese Weise untereinander abgestimmt und die Vielfalt der universitären Forschung nutzend in Diskussionen einbringen.

Zentrum für Materialwissenschaften
Dieses im Aufbau befindliche Zentrum greift eine Thematik auf, die für die anwendungsorientierte Forschung eine Schlüsselstellung einnimmt. Auf der Basis anerkannter Forschung, die in der Vergangenheit geleistet wurde, wird eine leistungsfähige Materialwissenschaft aufgebaut.

Biozentrum
Es wird auf der in der Region in und um Halle sowohl universitär als auch außeruniversitär betriebenen biowissenschaftlich-biochemisch-biotechnologisch betriebenen Forschung aufgebaut, um die existierenden Kapazitäten zu bündeln, die bereits in der Vergangenheit beachtete Ergebnisse erzielt haben; Wissens- und Technologietransfer dienen als Keimzelle für eine leistungsfähige biotechnologische Industrie, die damit sowohl die durch die Grundlagenwissenschaft geschaffene Basis als auch das durch den traditionellen Chemie-Standort vorhandene Know-how einschließlich der zur Verfügung stehenden Infrastruktur nutzt.

Zentrum für Schulforschung und Fragen der Lehrerbildung
Infolge der Integration der Pädagogischen Hochschule ist die Ausbildung der Lehramtskandidaten für alle Schulfächer an der Universität konzentriert. Da die Fachdidaktiken im Interesse einer besseren Wechselwirkung mit der Fachwissenschaft den Fachbereichen zugeordnet sind, soll das Zentrum die Möglichkeit bieten, fachübergreifende Bildungskonzepte zu entwickeln. Diese zielen, ohne daß der Fachunterricht aufgehoben werden soll, auf abgestimmte Lehrkonzepte, so daß die Schüler die Vielfalt, die Komplexität und die Systemeigenschaften der sie umgebenden Welt erkennen. Angestrebt wird selbstverständlich auch die Erprobung solcher Konzepte, weshalb das Zentrum einen engen Kontakt zu Schulen und Lehrern aufbauen soll.

Die IWZ sind Instrumente moderner Forschung, die Anreize zur Erkundung von Neuem bis in den Bereich der Lehre hinein bieten, diese materiell unterstützen, aber gleichzeitig durch die Konstruktion ihrer Satzungen Flexibilität gewährleisten. Sie bieten insbesondere für die Ausbildung des wissenschaftlichen Nachwuchses interessante neue Möglichkeiten, sollen aber auch Zusatzangebote für die Lehre bereitstellen und sich insbesondere am Studium generale beteiligen. Dieses muß in Zukunft an der Universität angeboten werden, soll aber nicht obligatorisch sein, sondern durch seine Attraktivität die Zuhörer anziehen.

Es ist vorgesehen, wenn auch zur Zeit noch nicht in ausreichendem Maße realisiert, Vielfalt und Interdisziplinarität durch gemeinsame Berufungen mit außeruniversitären Einrichtungen zu erhöhen, wodurch die Universität in die Lage versetzt wird, Forschungs- und Lehrkapazitäten aus ihrem Umfeld (Max-Planck-Institut, Institute der Blauen Liste, Fraunhofer-Institut) zu nutzen.

Insgesamt ist zu erkennen, daß die akademischen Gremien Strukturen entwickelt haben, die anpassungsfähig sind, die sich wegen des Evaluierungsgebotes ständig erneuern müssen und die auch den außeruniversitären Bereich einbeziehen. Dabei ist zu betonen, daß sich am Aufbau dieser Strukturen alle Professoren beteiligt haben. Es wurde mit Absicht keine Lehrstuhl- oder Institutsstruktur mit hierarchischem Anspruch aufgebaut. Die Forderung interdisziplinärer Einheiten hat auch wesentlich zur Integration auswärtiger und einheimischer Professoren beigetragen, so daß der in vielen Bereichen der Gesellschaft zu Recht beklagte Ost-West-Gegensatz an der Universität keine Rolle spielt. Selbstverständlich gibt es auch hier Auseinandersetzungen, doch sind diese der typischen Art, wie sie an akademischen Einrichtungen seit Jahrhunderten üblich sind: stark individuell geprägt, doch nicht durch die Herkunft dominiert.

3.2. Studienorganisation

Es sollen zunächst drei Modelle skizziert werden, die alle Elemente enthalten, die für eine zukünftige Struktur Anregungen liefern könnten, ohne daß sie in allen Einzelheiten übernommen werden müssen.

In den Vereinigten Staaten existieren nur locker administrativ zusammengehaltene Departments ohne strenge hierarchische Struktur. Es existiert kaum ein akademischer Mittelbau. Die Lehre wird außer von den Professoren von Studierenden höherer Semester (Tutoren) durchgeführt.

In der Bundesrepublik (alt und West) dominiert die Institutsstruktur. Die Lehre wird hauptsächlich von den Professoren getragen. Der nur schwach besetzte akademische Mittelbau kann nicht den Rest abdecken, so daß relativ stark Doktoranden (teilweise auch solche aus Drittmitteln bezahlte), kaum aber Studierende höherer Semester eingesetzt werden.

In der DDR mit stark reglementiertem Studienablauf existierte ein zahlenmäßig großer akademischer Mittelbau, der erhebliche Teile der Lehre durchführte. Das führte dazu, daß sich selbst die Hochschullehrer in der Regel nur wenig an der Lehre beteiligten. Der Einsatz von Studierenden höherer Semester und Doktoranden war nur in Ausnahmefällen nötig.

Nach intensiver Beratung in der Strukturkommission (Leitung Prorektor Prof. Dr. H.-H. Hartwich) hat der Akademische Senat der Universität „Leitsätze für die Studienbegleitung und Studienberatung"[8] verabschiedet, die positive Elemente aller drei genannten Modelle vereinigen. Die Träger der Lehre sind selbstverständlich die Professoren. Dort liegen auch die Verantwortlichkeiten. Ein akademischer Mittelbau, der in angemessener, aber gegenüber DDR- Verhältnissen reduzierter Zahl erhalten bleiben soll, ist gemeinsam mit den Professoren für Studienberatung und -begleitung zuständig. Diese werden zu den Dienstaufgaben gezählt. Insbesondere die Studienbegleitung bedeutet, daß nicht auf Initiativen der Studierenden gewartet wird, sondern daß die Angehörigen der Fachbereiche den Kontakt von sich aus suchen, wobei selbstverständlich Individualität und Persönlichkeit gewahrt bleiben. Es kann aber damit gerechnet werden, daß durch dieses Ansprechen von seiten des Lehrkörpers Hemmschwellen bei den Studierenden abgebaut werden. Studierende höherer Semester werden für begleitende, vertiefende Lehrveranstaltungen im Grundstudium als Tutoren eingesetzt. Das trägt erfahrungsgemäß zur besseren Aneignung und Festigung des eigenen Wissens bei, vertieft den Kontakt zwischen den Studierenden verschiedener Jahrgänge und bietet die Möglichkeit, mit einer im Hinblick auf das Studium sinnvollen Tätigkeit zur Finanzierung des eigenen Lebensunterhaltes unterstützend beizutragen, da diese Tutorien vergütet werden. Doktoranden sollten hier nur in Ausnahmefällen eingesetzt werden, da diese ihre gesamte Zeit in der Regel benötigen, eine Dissertation in der angemessenen Zeit von drei Jahren anzufertigen. Selbstverständlich werden bei der Umsetzung dieser Leitsätze fachspezifische Besonderheiten einzelner Einrichtungen zu berücksichtigen sein.

In vorwiegend experimentell arbeitenden Bereichen, dazu gehören auch solche mit aufwendiger Rechentechnik sowie mit umfangreichen Sammlungen, werden Funktionsstellen im akademischen Mittelbau eingerichtet, die für die Betreuung der apparativen Ausstattung sowie für die Beratung der Nutzer zur Verfügung stehen. An der Lehre sind sie durch die Betreuung von Qualifizierungsarbeiten (Magister, Diplom, Dissertation) beteiligt. Nur in Ausnahmefällen werden sie in Lehrveranstaltungen eingesetzt. Bereiche, in denen vorwiegend Fertigkeiten ohne wissenschaftlichen Anspruch vermittelt werden (Unterricht an Musikinstrumenten, Gesangsunterricht, Erwerb von Sprachfertigkeiten in einer Fremdsprache, Sprechunterricht, Üben in Sportdisziplinen), sind mit Lehrpersonal, das ausschließlich mit Unterricht beschäftigt ist, sowie mit Lehraufträgen insbesondere für Muttersprachler und Künstler auszustatten.

3.3. Öffentlichkeit

Um als geistiges Zentrum in der Region akzeptiert zu werden, muß die Universität sich für die Stadt öffnen. Das bedeutet sowohl Angebote (Vorträge, Ausstellungen, Musikveranstaltungen) für die Bürger als auch Mitwirkung bei öffentlichen Aufgaben. Diese sind in zunehmendem Maße zu beobachten: Soziologische Untersuchungen für das Stadtgebiet Halle (H. Sahner und Mitarbeiter), Beteiligung am Technologie- und Gründer-Zentrum gemeinsam mit der Stadt, Initiierung eines Biozentrums, bei dem ebenfalls die Stadt als Partner beteiligt ist. Um jene in der Öffentlichkeit bekannt zu machen, eignet sich selbstverständlich das diesjährige Jubiläum besonders. Naturgemäß zieht es die Aufmerksamkeit auf sich, insbesondere da sich viele Einrichtungen der Universität um ein öffentlichkeitswirksames Auftreten bemühen. Verstärkt wird die Wirkung durch eine enge und freundschaftliche Kooperation mit anderen bedeutenden kulturellen und wissenschaftlichen Einrichtungen der Stadt. Genannt seien nur beispielhaft: Die Deutsche Akademie der Naturforscher LEOPOLDINA, die Franckeschen Stiftungen, Bibliotheken, Theater und musikalische Ensemble, Galerien und Händel-Haus. Es werden viele Veranstaltungen angeboten, die die Universität vorstellen, die aber auch Ergebnisse aus der Universität präsentieren (hierbei sei das bereits seit Jahren sehr gut angenommene Seniorenkolleg nicht vergessen). Um den verschiedenen Bedürfnissen gerecht zu werden, sind deren Niveau und Charakter bewußt unterschiedlich gewählt und so ordnet sich auch das Universitätsstadtfest in diese Reihe ein. Wichtig für die Zukunft ist es, daß der Schwung des Jubiläumsjahres und die damit verbundene Bereitschaft, besonderen Einsatz zu zeigen, genutzt werden, diese hoffnungserweckenden Anfänge zu stabilen Traditionslinien zu entwickeln.

Es müssen künftig auch die universitätseigenen Schätze wieder mehr der Öffentlichkeit präsentiert werden. Es ist viel zu wenig bekannt, daß an der Universität im Verlaufe ihrer Geschichte bedeutende wissenschaftliche und kulturhistorische Sammlungen eingerichtet wurden, anfänglich noch als Kabinette konzipiert, in denen Gegenstände, die mehr oder weniger als Kuriosa galten, aufbewahrt wurden, sehr bald aber schon für Lehrzwecke vorgesehen und den Studierenden zugänglich gemacht wurden.

Im wesentlichen handelt es sich um zwei Gruppen:

Erstens sind das die teilweise bis in die Gründungszeit der Universität zurückreichenden

Kunst- und kulturhistorischen Sammlungen
  Archäologisches Museum
  Münzsammlung
  Papyrussammlung
  Prähistorisch-archäologische Sammlungen
  Sondersammlungen der Universitäts- und Landesbibliothek
  Bibliothek der deutschen Morgenländischen Gesellschaft.

Zweitens betrifft es die im wesentlichen aus dem 19. und 20. Jahrhundert stammenden

Naturwissenschaftlichen Sammlungen
    Anatomische Sammlungen
    Phonetische Sammlung
    Geiseltalmuseum
    Mineralogisch-petrologische Sammlung
    Botanischer Garten
    Herbarium
    Julius-Kühn-Museum für Haustierkunde
    Zoologische Sammlung
    Sammlung mathematischer Modelle.

Leider wurden die Sammlungen während der vierzig Jahre DDR nur sehr mangelhaft oder gar nicht gepflegt. Zumindest wurde ihnen keine besondere Aufmerksamkeit von seiten der Universitätsleitung geschenkt, so daß es im wesentlichen das Verdienst pflichtbewußter Kustoden ist, daß die Sammlungsstücke überhaupt noch in geschlossener Form zur Verfügung stehen. Leider stand es nicht in der Macht der erwähnten Kustoden, auch für angemessene Räumlichkeiten zu sorgen. Das hat zur Folge, daß im Moment Sammlungen gar nicht oder nur in völlig unbefriedigendem Zustand zugänglich gemacht werden können. Es ist eine Aufgabe für die Zukunft, diesen Zustand möglichst bald zu beseitigen und das Angebot für die Stadt Halle, aber auch für ihre Besucher, auf diese Weise zu bereichern.

Es existieren ausgezeichnete Voraussetzungen dafür, daß die Universität in und mit Halle lebt, daß Halle auch in den Augen der einheimischen Bevölkerung wieder zur Universitätsstadt wird. Die im Jubiläumsjahr offerierten Angebote wurden bisher unterschiedlich angenommen, sie haben aber zumindest bei Einigen Appetit erregt und es ist zu hoffen, daß Fortsetzung und Erweiterung zu einer engen Verbindung zwischen der Stadt und „ihrer" Universität führen werden.

4. Fazit: Ortsbestimmung

Das Fazit soll zunächst in einer kurzen Zusammenfassung hinsichtlich des Standes der Erfüllung der im zweiten Kapitel skizzierten Aufgaben der Universitäten in heutiger Zeit gegeben werden.

Im Bereich der *Forschung* kann die Universität trotz gewisser Schwierigkeiten, die mit der Umstrukturierung zusammenhängen, bereits wieder auf gute Leistungen verweisen. Das betrifft insbesondere den Stand bei den eingeworbenen Drittmitteln, aber auch die Zahl der Publikationen, die zunehmende Tendenz aufweist. Betont werden soll ausdrücklich, daß die Wissenschaftler der Universität keine Berührungsängste zu anwendungsorientierter Forschung haben, daß sie im Gegenteil aus der Vergangenheit häufig auf Erfahrungen bei der Zusammenarbeit mit Industriepartnern zurückgreifen können. So ist die Universität neben der Grundlagenforschung auch gegenüber Verbindungen zu Partnern aus Industrie und Wirtschaft offen. Selbstverständlich müssen die aus solchen Kontakten herrührenden Arbeiten eine gewisse Kontinuität gewährleisten und von der thematischen und zeitlichen Zielstellung her als Graduierungsarbeiten geeignet sein.

Für die *Lehre bis zum berufsbefähigenden Abschluß* (acht bis zehn Semester) liegen in allen Fällen neue Studien- und Prüfungsordnungen vor, die völlig mit denen anderer deutscher Universitäten kompatibel sind. In den meisten Curricula wird ein gutes Angebot präsentiert. In Einzelfällen gibt es leider noch Schwierigkeiten, vorwiegend dort, wo Berufungen noch nicht in befriedigendem Maße zum Abschluß gebracht wurden. Ein Grund dafür ist die mangelnde Ausstattung, die – bedingt durch die große Zahl notwendig gewordener Berufungen – nicht in jedem Fall im notwendigen Maß bereitgestellt werden kann. Der Senatsbeschluß vom Juni 1994 hat zur Folge, daß eine behutsame Führung der Studierenden zwar das – in der Praxis sowieso nicht mehr realisierbare – Humboldtsche Ideal völliger „Freiheit des Lernens" einschränkt, er sichert aber, daß die auch in Halle existierenden Vorteile der Universitäten der neuen Bundesländer – gutes Betreuungsverhältnis und ausreichendes Angebot an Praktikums-, Seminar- und Übungsgruppenplätzen – voll zur Geltung kommen und im Interesse der Studierenden dieser Effekt noch durch eine Studienbegleitung verstärkt wird. Zunehmend werden interdisziplinäre Veranstaltungen angeboten, wobei zur Zeit die Verbindung zwischen Natur- und Geisteswissenschaften noch zu wünschen übrig läßt.

Die Lehre zur Ausbildung des wissenschaftlichen Nachwuchses (Doktoranden) ist qualitativ gut. Neben Graduiertenkollegs werden Spezialveranstaltungen für die wissenschaftliche Weiterbildung angeboten. Nicht befriedigend ist das Interesse an Habilitationsstellen. Prinzipiell behindert ist die Nachwuchsförderung an der Universität durch den Mangel an befristeten Stellen für diesen Zweck. Der aus DDR-Zeiten herrührende große Anteil unbefristeter Stellen ist nach wie vor besetzt. Da der aus strukturellen Gründen notwendige Stellenabbau (siehe Kapitel 3.1.) sich wegen arbeitsrechtlicher Probleme nicht so gestalten läßt, wie es sachlich geboten wäre, bedeutet das, daß die wenigen befristeten Stellen, die frei werden, wegen Stellenüberhang nicht besetzt werden können. Hier müssen unbedingt im Interesse der Entwicklung der Universität, die ohne wissenschaftlichen Nachwuchs nicht zukunftsfähig ist, Lösungen gefunden werden.

Die bereits eingerichteten und die noch zu gründenden Interdisziplinären Wissenschaftlichen Zentren (IWZ) sind Ausgangspunkte für *Interdisziplinarität* in Forschung und Lehre. In noch nicht ausreichendem Maß werden fachübergreifende Lehrveranstaltungen angeboten.

Die *Schwerpunktbildung in der Forschung* ist weit fortgeschritten. Das betrifft einerseits die thematischen Inhalte der IWZ:

im Bereich Geisteswissenschaften: Aufklärung und Pietismus,
im Bereich Naturwissenschaft, Technik, Medizin: Biozentrum und Materialwissenschaften,
die gesamte Universität umfassend: Umweltwissenschaften und Schulforschung.

Dazu kommen als Schwerpunkte

in der Medizin: Onkologie sowie Herz-Kreislauf.

Der bisherige Verlauf des Jubiläums hat die *Ausstrahlung der Universität in die Öffentlichkeit* bewiesen. Das Leben an der Universität wird von den Medien, und dazu gehören auch überregionale Medien, in einer Weise wahrgenommen und reflektiert, wie seit Jahrzehnten nicht mehr. Auf dieser Basis aufbauend muß unbedingt fortgesetzt werden, was in erster Linie heißt, daß die Universität mit Angeboten nicht nachlassen darf – und das auch in „normalen" Jahren ohne den Impetus des Außergewöhnlichen, ohne ein Jubiläum.

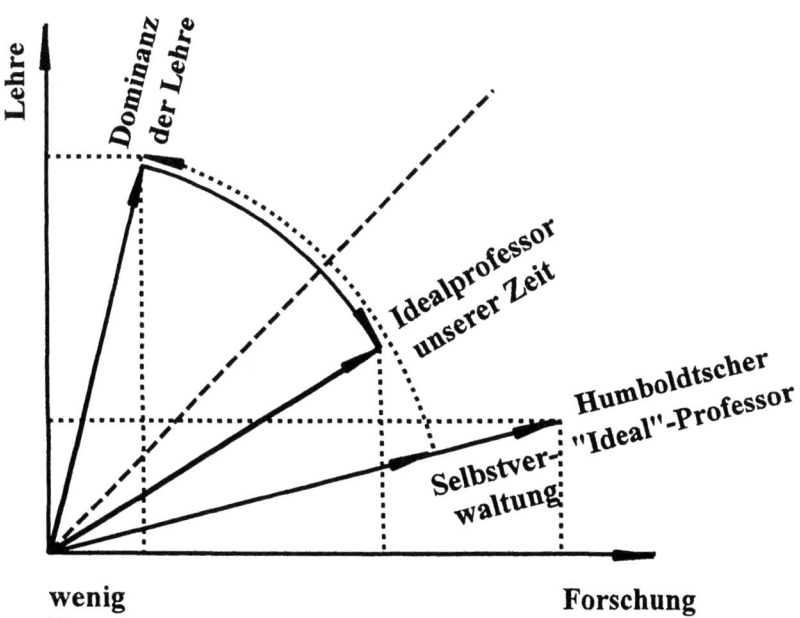

Es soll noch eine Ortsbestimmung im Sinne des Wortes, in einem vereinfachten Koordinatensystem von Forschung und Lehre vorgenommen werden (siehe Abbildung). Die Forschung als Grundlage der Wissenschaft an der Universität wird als Abszisse aufgetragen, die Lehre, die auf dieser Forschung basiert und deren Qualität gewissermaßen eine Funktion von dieser ist, als Ordinate. Die Arbeitskraft eines „mittleren Wissenschaftlers", der die Universität repräsentieren soll, ist durch die Länge des Vektorpfeiles vom Koordinatenursprung aus gegeben. Liegt dieser Pfeil auf der gestrichelten 45°-Linie, so ist sie im wesentlichen gleichmäßig zwischen Forschung und Lehre aufgeteilt. Der ausgezogene untere Pfeil repräsentiert das Humboldtsche Ideal des Wissenschaftlers an der Universität: Arbeit hauptsächlich für Forschung und Lehre mit starker Dominanz der Forschung, auf der dann eine Lehre mäßigen Umfanges aber guter Qualität aufgebaut wird. Um zu dem heutigen Typ des Wissenschaftlers zu kommen, muß zuerst berücksichtigt werden, daß ein erheblicher Teil der Arbeitskraft für Selbstverwaltung aufzuwenden ist, der von dem für Forschung und Lehre zur Verfügung stehenden substrahiert werden muß. Von dem sich so ergebenden Punkt aus erfolgt aber eine Rotation (punktierter Kreisbogen) in einen Bereich mit großem Anteil Lehre. Die Ursachen sind vielfältig: Große Studentenzahlen und deshalb Massenbetrieb – häufig an westlichen Universitäten zu beobachten; Neuaufbau von Studiengängen, wenig kontinuierliche Forschung infolge Umstrukturierungen, großer Einsatz bei der Einrichtung der Selbstverwaltung – an den östlichen Universitäten dominierend. So ist wohl der momentane „Standpunkt" der Universität Halle im wesentlichen auch durch den oberen Pfeil in der Abbildung gekennzeichnet. Wegen des geringen Anteils der Forschung ist das langfristig sicher nicht der anstrebenswerte Ort. Es muß versucht werden, den Anteil der Forschung zukünftig zu erhöhen (Bewegung auf dem ausgezogenen Kreisbogen), wobei unter Beachtung der Aufgaben einer Universität die Forschung in einer angemessenen Größe dominieren sollte. Der mittlere Pfeil symbolisiert wohl den zeitgemäßen Idealprofessor unserer Zeit, der realistischerweise auch einen beträchtlichen Anteil Selbstverwaltung zu bewältigen hat und auch zukünftig haben wird.

Um den gesellschaftlichen Wandel 1989/90 auch an der Universität durchzusetzen, waren zunächst Anschübe von außen notwendig. Doch seit 1992/93 kann sich die Universität mehr und mehr selbstbestimmend entwickeln. In dieser kurzen Zeit, die von einer Atmosphäre guter und freundschaftlicher Zusammenarbeit in vielen Bereichen der Universität gekennzeichnet war, wurden viele gute Ansätze entwickelt, die zukunftsweisend sind, die aber bewußt gepflegt werden müssen.

5. Was sollte die Universität leisten?

Aus der Erfahrung der Umstrukturierung, des Neuaufbaues und der Mitgestaltung einer Universität ergeben sich grundsätzliche Vorstellungen über die Universität heute. Dabei ist selbstverständlich die gegenüber der Vergangenheit veränderte Stellung der Universität mit ihren großen Studentenzahlen und mit allen Zwängen der Forschungsorganisation und Drittmittelbeschaffung zu beachten, dabei schwingen aber auch Wünsche mit, die sicher nicht alle zu erfüllen sind, denen man sich aber anzunähern versuchen kann. Diese Vorstellungen sind selbstverständlich subjektiv und deshalb auch diskussionswürdig. Sie sollen hiermit auch in die Diskussion um die Studienreform eingebracht werden.

In der *Lehre* sollten Grundlagen statt Spezialwissen vermittelt werden, um den sich schnell ändernden Anforderungen gerecht zu werden. Das bringt selbstverständlich für den Absolventen zunächst Schwierigkeiten, oder wie das Hans-Georg Gadamer (1988) ausdrückt

„Wir wissen es voraus und stehen dazu, daß der ausgebildete Student einem neuen Schock ausgesetzt wird, wenn er nach dem Studium die Einführung in das Berufsleben und das Aushalten des damit verbundenen Anpassungsdrucks leisten muß."[9]

Es hat aber den Vorteil größerer Beweglichkeit im späteren Berufsleben, es eröffnet ein viel weiteres Berufsfeld, da die erlernten Methoden die Einarbeitung in Spezialprobleme erlauben. Ich möchte dafür als Beispiel mein eigenes Fach, die Physik, anführen. Seit den zwanziger Jahren haben sich die Physiker mit Erfolg dagegen gewehrt, an Universitäten Spezialstudiengänge wie z.B. Technische Physik einzuführen. Und das mit Recht, denn es hat sich immer wieder gezeigt: Ein guter Elementarteilchenphysiker kann auch gute Festkörperphysik machen; einer guter Festkörperphysiker kann auch Biophysik oder Technische Physik betreiben. Entscheidend ist die Beherrschung der physikalischen Methodik und der physikalischen Denkweise:

„Unter diesen Gesichtspunkten muß die Ausbildung so angelegt sein, daß die Absolventen ... die inhaltliche und methodische Weiterentwicklung ihres Faches kompetent verfolgen und beurteilen können und über ein hinreichend solides Fundament für die notwendige Weiterbildung verfügen."[10]

Die Erfahrung hat gezeigt, daß Physiker, die gemäß dieser Gesichtspunkte ausgebildet waren, sehr gute Chancen auf dem Arbeitsmarkt hatten und auch immer wieder in Bereichen tätig wurden, in denen zeitweilig ein Mangel an Absolventen herrschte oder wo sich überhaupt erst neue Spezialgebiete entwickelten. Das galt in der Vergangenheit für Elektrotechnik und Informatik, das gilt in der Gegenwart und vermehrt in der Zukunft für Umweltwissenschaft und Ökologie.

Wenn hier auch am speziellen Beispiel demonstriert, so gilt das oder besser sollte das gelten für jegliches universitäres Studium. Um nicht mißverstanden zu werden: Es geht nicht darum, kein Wissen und keine Tatsachen und statt dessen nur Kommunikationsfähigkeit oder ähnliches zu vermitteln, sondern es geht darum, die grundlegenden Gesetzmäßigkeiten sowie die Methodik zu lehren, einzuführen, zu vertiefen und das möglichst breit.

Die *Forschung* als Grundlage der Universität und damit auch der Lehre muß als lebendige Wissenschaft betrieben und vermittelt werden. Die Studenten müssen während ihres Universitätsstudiums wenigstens eine Ahnung durch eigene Betätigung davon erhalten, was Wissenschaft will und kann. Denn nur dann wird Hans-Georg Gadamers (1988) Vorstellung erfüllt:

> „Das leistet die Begegnung mit Forschung auch noch in den bescheidenen Formen, die heute für jeden möglich sind, eigenes Urteil wieder zu wagen und nicht einfach Meinungen zu teilen."[11]

Die Universität hat die bewußte Suche nach Gründen zu lehren (Hubert Markl 1986).

> „Es eint aber alle Mitglieder einer universalen Universität die Überzeugung, daß nur soviel Wissenschaft in einer Behauptung ist, als sie sich mit guten, überzeugenden, jedermann nachprüfbaren Gründen belegen läßt, was sich vor allem in der Erfahrung immer wieder bewährt."[12]

So soll dem Studenten durch ständige Auseinandersetzung mit der Lehrmeinung sowohl eine gesunde Skepsis, aber auch die Freude an der rationalen Begründung, an der Ästhetik der Wissenschaft vermittelt werden. Als Minimum fordert Hansjochen Autrum 1988:

> „Wer die Universität erfolgreich durchlaufen hat, sollte zumindest das Zweifeln gelernt haben, das Gesunde wohlverstanden, nicht eine Skepsis schlecthin."[13]

Es ist ohne Zweifel notwendig, der heute großen Zahl Studierender eine Ausbildung zu vermitteln, die ihnen das Rüstzeug für den späteren Beruf liefert, die ihnen die Mittel für lebenslanges Lernen bereitstellt. Dabei darf aber nicht die Wissenschaftlichkeit dieser Ausbildung, die Bildung schlechthin ins Hintertreffen geraten. Die Universität muß ihre Vielseitigkeit, das Zusammenwirken verschiedenster Fachrichtungen und geistiger Strömungen an einem Ort nutzen, allen, die es wünschen, ein Angebot zu offerieren, das die Beschäftigung mit der Vielfalt des Geistes, mit den Fragen und Problemen unserer Zeit ermöglicht. Es wird eine Aufgabe einer Studienreform, die diesen Namen wirklich verdient, sein, diese Gratwanderung zwischen Wissensvermittlung für eine große Zahl und geistiger Auseinandersetzung für alle Suchenden im wissenschaftlichen Disput zu bewältigen.

Anmerkungen

1 Rudolf L. Mößbauer: Universität im Umbruch, in: H. Maier-Leibnitz (Hrsg.): Zeugen des Wissens. Mainz: v. Hase und Koehler 1986, S. 304.
2 Karl Jaspers: Die Idee der Universität. Berlin: Springer 1946, S. 9.
3 Karl Jaspers: Die Idee der Universität. Berlin: Springer 1946, S. 11.
4 Wolf Lepenies: Die Idee der deutschen Universität – ein Blick von außen, in: Die Idee der Universität. Versuch einer Standortbestimmung. Berlin, Heidelberg: Springer 1988, S. 41-71.
5 Hubert Markl: Die zwei Gesichter der Kulturen. Die Kulturwissenschaften liefern die geistige Munition für Überheblichkeit. DIE ZEIT (1994) No. 23, S. 42.
6 Hubert Markl: Die Zukunft der Forschung an den Hochschulen. Vortrag zur Eröffnung der 250 Jahr-Feier der Universität Erlangen am 11.5.1993; Erlangen: Universität 1993 (Erlanger Universitätsreden, 3. Folge, No. 44), S. 9.
7 Empfehlungen des Strukturausschusses der Gründungskommission der Universität Erfurt. Erfurt: Thüringer Ministerium für Wissenschaft und Kunst 1994, S. 11.
8 Leitsätze zum Studium und zum akademischen Prüfungswesen an der Martin-Luther-Universität. Strukturkommission des Akademischen Senats der Universität (Leitung Prorektor Prof. Dr. H.-H. Hartwich). Halle 1994.
9 Hans-Georg Gadamer: Die Idee der Universität – gestern, heute, morgen, in: Die Idee der Universität. Versuch einer Standortbestimmung. Berlin, Heidelberg: Springer 1988, S. 20.
10 Denkschrift „Das Physikstudium an den deutschen Hochschulen – Strukturmerkmale der Ausbildung." Bad Honnef: Deutsche Physikalische Gesellschaft und Konferenz der Sprecher der Fachbereiche Physik 1994, S. 18.
11 Hans-Georg Gadamer: Die Idee der Universität – gestern, heute, morgen, in: Die Idee der Universität. Versuch einer Standortbestimmung. Berlin, Heidelberg: Springer 1988, S. 20.
12 Hubert Markl: Das akademische Ökosystem. Festvortrag aus Anlaß des 60. Geburtstages von Horst Sund, Rektor der Universität Konstanz am 16.10.1986. Konstanz: Universitätsverlag 1987 (Konstanzer Universitätsreden Nr. 159), S. 9.
13 Hansjochen Autrum: Aufgaben und Sinn der Universität im technischen Zeitalter. Festvortrag am 13.10.1988 in Regensburg anläßlich der 81. Fortbildungstagung für Ärzte. Regensburg 1988, S. 8.

Literatur

Autrum, Hansjochen: Aufgaben und Sinn der Universität im technischen Zeitalter. Festvortrag am 13.10.1988 in Regensburg anläßlich der 81. Fortbildungtagung für Ärzte. Regensburg 1988.
Denkschrift „Das Physikstudium an den deutschen Hochschulen – Strukturmerkmale der Ausbildung." Bad Honnef: Deutsche Physikalische Gesellschaft und Konferenz der Sprecher der Fachbereiche Physik 1994.
Empfehlungen des Strukturausschusses der Gründungskommission der Universität Erfurt. Erfurt: Thüringer Ministerium für Wissenschaft und Kunst 1994.
Gadamer, Hans-Georg: Die Idee der Universität – gestern, heute, morgen. In: Die Idee der Universität. Versuch einer Standortbestimmung. Berlin, Heidelberg: Springer 1988.
Jaspers, Karl: Die Idee der Universität. Berlin: Springer 1946.

Leitsätze zum Studium und zum akademischen Prüfungswesen an der Martin-Luther-Universität. Strukturkommission des Akademischen Senats der Universität (Leitung Prorektor Prof. Dr. H.-H. Hartwich). Halle 1994.

Lepenies, Wolf: Die Idee der deutschen Universität – ein Blick von außen. In: Die Idee der Universität. Versuch einer Standortbestimmung. Berlin, Heidelberg: Springer 1988, S. 41-71.

Markl, Hubert: Die zwei Gesichter der Kulturen. Die Kulturwissenschaften liefern die geistige Munition für Überheblichkeit. DIE ZEIT (1994) Nr. 23, S. 42.

Markl, Hubert: Die Zukunft der Forschung an den Hochschulen. Vortrag zur Eröffnung der 250 Jahr-Feier der Universität Erlangen am 11.5.1993. Erlangen: Universität 1993 (Erlanger Universitätsreden, 3. Folge, Nr. 44).

Markl, Hubert: Das akademische Ökosystem. Festvortrag aus Anlaß des 60. Geburtstages von Horst Sund, Rektor der Universität Konstanz am 16.10.1986. Konstanz: Universitätsverlag 1987 (Konstanzer Universitätsreden Nr. 159).

Mößbauer, Rudolf L.: Universität im Umbruch. In: H. Maier-Leibnitz (Hrsg.): Zeugen des Wissens. Mainz: v. Hase und Koehler 1986.

3. Teil
Dokumentation:
Die Dreihundertjahrfeier der halleschen Universität im Jahre 1994

– Eine Dokumentation –

1. Die zentralen Veranstaltungen der Universität im Jubiläumsjahr

23.1.94   **Die Stadt und ihre Universität**
Eröffnung des Jubiläumsjahres

Festvortrag von Prof. Dr. Walter Rüegg, Bern:
„Europäische Städte und ihre Universitäten"

27.1.94   **Tag der Interdisziplinären wissenschaftlichen Zentren der Universität**
Einführungsvortrag von Prof. Dr. Hans-Hermann Hartwich:
„Universitätsreform durch interdisziplinäre Zentren und Netze"

Disputation zwischen Prof. Dr. Heinz Thoma und Prof. Dr. Udo Sträter:
„Aufklärung und Pietismus – Zwei Seiten einer Medaille?"

Vorstellung der Zentren und ihrer Aufgaben

23.-24.3.94   **Zur Situation der Universitäten und der außeruniversitären Forschungseinrichtungen in den neuen Ländern**
Gemeinsames Symposium von Universität und Leopoldina

Der Erneuerungsprozeß aus wissenschaftspolitischer Sicht

Prof. Dr. Gerhard Neuweiler, München:
„Der Erneuerungsprozeß aus der Sicht des Wissenschaftsrates"

Prof. Dr. Wolfgang Schluchter, Heidelberg:
„Die Hochschulen in Ostdeutschland vor und nach der Vereinigung. Über die Rolle von Wissenschaftsrat und Hochschulstrukturkommissionen im Umbauprozeß"

Senator Dr. Manfred Ehrhardt, Berlin:
„Der Erneuerungsprozeß aus der Sicht der Senatsverwaltung für Wissenschaft und Forschung des Landes Berlin"

Staatssekretär Dr. Gebhard Ziller, Bonn:
„Der Erneuerungsprozeß aus der Sicht des

Bundesministeriums für Forschung und Technologie"

Der Erneuerungsprozeß aus universitärer Sicht

Rektor Prof. Dr.Dr. Gunnar Berg, Halle:
„Der Erneuerungsprozeß an der Martin-Luther-Universität
Halle-Wittenberg"

Rektor Prof. Dr. Georg Machnik, Jena:
„Der Erneuerungsprozeß an der Friedrich-Schiller-Universität
Jena"

Rektor Prof. Dr. Gerhard Maess, Rostock:
„Der Erneuerungsprozeß an der Universität Rostock"

Rektor Prof Dr. Cornelius Weiss, Leipzig:
„Der Erneuerungsprozeß an der Universität Leipzig"

Der Erneuerungsprozeß aus der Sicht der Forschung

Prof. Dr. Wolfgang Frühwald, Bonn:
„Erneuerung oder Kolonialisierung?
Forschungsförderung in den neuen Bundesländern"

Prof. Dr. Alfred Schellenberger, Halle:
„Forschung an den Universitäten. Kampf um den Anschluß"

Prof. Dr. Helmut Eschrig, Dresden:
„Der Erneuerungsprozeß aus der Sicht der Max-Planck-
Arbeitsgruppen"

Prof. Dr. Hans-Rudolf Bork, Müncheberg:
„Der Erneuerungsprozeß aus der Sicht der Blaue-Liste-
Institute"

Wissenschaftspolitik und Hochschulautonomie

Staatssekretär Dr. Fritz Schaumann, Bonn:
„Wissenschaftspolitik und Hochschulautonomie aus der Sicht
des Bundesministeriums für Bildung und Wissenschaft"

Frau Ministerin Steffie Schnoor, Schwerin:
„Wissenschaftspolitik und Hochschulautonomie aus der Sicht
des Ministeriums für Bildung, Wissenschaft, Kultur, Jugend
und Sport des Landes Mecklenburg-Vorpommern"

Prorektor Prof. Dr. Hans-Hermann Hartwich, Halle:
„Wissenschaftspolitik und Hochschulautonomie aus der Sicht
der Martin-Luther-Universität Halle-Wittenberg"

Diskussionen mit den Moderatoren
Prof. Dr. Hans-Ludwig Schreiber (Göttingen),
Prof. Dr. Hans-Uwe Erichsen (Bonn/Münster),
Prof. Dr. Benno Parthier (Halle)
und Prof. Dr. Renate Mayntz (Köln)

11.-15.4.94 **Erste Akademische Festwoche: Aufklärung und Moderne**

Festakt mit Grußansprachen des Ministerpräsidenten sowie in- und ausländischer Gäste

Prof. Dr. Alfred Grosser, Paris:
„Deutschland, Frankreich und die Wurzeln der europäischen Grundwerte"

Akademisches Forum Aufklärung und Moderne

Prof. Dr. Reinhard Kosellek, Bielefeld/Chicago:
„Über den Stellenwert der Aufklärung in der deutschen Geschichte"

Prof. Dr. Hans Maier, München:
„Halle und die deutsche Staatswissenschaft"

Prof. Dr. Hans Mohr, Stuttgart:
„Sind die Naturwissenschaften ‚modern'?"

Gründung des Universitätsbundes der drei klassischen mitteldeutschen Universitäten Halle – Jena – Leipzig

Prof. Dr. Manfred Riedel, Halle:
„Europäische Bewegung und deutsche Aufklärung – das geistige Dreieck der Universitäten Halle – Leipzig – Jena im Spiegel der Philosophie"

20.4.94 **Tag der Studienreform**
Prof. Dr. Jan-Hendrik Olbertz, Halle:
„Studienreform – gefälliger Trend oder zeitlose universitäre Selbstverpflichtung?"

1.7.94 **Tag der ausländischen Kommilitonen**

Prof. Dr. Heinz-Gerhard Haupt, Halle:
„Studieren im Ausland"

Dipl.-Chem. Karifa Camara, Halle:
„Studieren in Halle"

24.9.94 **Einweihung einer Büste der ersten deutschen Ärztin – Dorothea Erxleben -, die im Jahr 1756 an der halleschen Universität promovierte**

Einweihung des Kunstwerks in Anwesenheit der Präsidentin des Deutschen Bundestages, Frau Prof. Dr. Rita Süßmuth, und der Bildhauerin, Frau Marianne Traub

19.-31.10.94 **Zweite Akademische Festwoche: Universitätsprofile**

Rektor der Universität

Prof. Dr. Karl-Heinz Hoffmann, Bonn:
„Empfehlungen des Wissenschaftsrates und ihre Umsetzung: Wunschvorstellungen und Realität beim Aufbau der Wissenschaftslandschaft in den neuen Bundesländern"

Prof. Dr. Wolfgang Schluchter, Heidelberg:
„Perspektiven der ostdeutschen Universitäten"

Verleihung der Ehrensenatorwürde an:

– Dr. Gerhard Holland, Frankfurt am Main
Präsident der „Vereinigung der Freunde der Martin-Luther-
Universität Halle-Wittenberg e.V."

– Dr. Wolfgang Röller, Frankfurt am Main
Präsident der „Vereinigung der Freunde der Martin-Luther-
Universität Halle-Wittenberg e.V."

– Prof. Dr. Hartmut Schiedemair, Bonn
Präsident des Deutschen Hochschulverbandes

Tag der Natur- und Technikwissenschaften (20.10.)

Umwelt 2000 – Der künftige Lebensraum der Menschen

Prof. Dr. Hans-Peter Dürr, München:
„Energie und Umwelt: Rolle der Naturwissenschaft bei
ökologisch nachhaltiger Wirtschaft"

Prof. Dr. Karl-Heinz Büchel, Leverkusen:
„Strukturwandel in der chemischen Industrie –
Konsequenzen für die Forschung"

weitere Vorträge von Prof. Dr. Gerhard Röbbelen (Götingen),
Prof. Dr. Peter Schuster (Jena), Prof. Dr. Herbert Paschen
(Karlsruhe) und Prof. Dr. Hans Mohr (Stuttgart)

Tag der Aufklärungsforschung (24.10.)

Aufklärung im europäischen Kontext

Prof. Dr. Jochen Schlobach, Saarbrücken:
„Die Internationale Gesellschaft für die Erforschung des 18.
Jahrhunderts"

Prof. Karol Bál, Wroclaw:
„Aufklärung und Aufklärungsforschung in Osteuropa"

Prof. Alberto Postigliola, Rom/Neapel:
„Aufklärung – ein noch tragfähiges Forschungskonzept?"

Tag der Zeitgeschichte (25.10.)

SED-Herrschaft und Wissenschaft.
Wiederaufbau und Umstrukturierung
der Martin-Luther-Universität 1946 bis 1989

Prof. Dr. Michail Semirjaga, Moskau:
„Die Hochschulpolitik der SMAD"

Prof. Dr. Hermann-Josef Rupieper, Halle:
„Die Umstrukturierung der Martin-Luther-Universität bis zum
3. Hochschulgesetz"

Dr. Benno Tauché, Halle:
„Die Wende an der Universität aus der Sicht eines Zeitzeugen"

Podiumsdiskussion der Zeitzeugen Prof. Dr. Heinz Bethge,
Prof. Dr. Rolf Lieberwirth, Prof. Dr. Siegfried Methfessel, Prof.
Dr. Michail Smirjaga, Dr. Manfred Böttge und Dr. Gerhard Perl

Tag der Sozialwissenschaften (26.10.)

Aufhebung der Bipolarität:
Veränderung im Osten, Rückwirkungen im Westen

Verleihung der Ehrendoktorwürde an

Prof. Dr. M. Rainer Lepsius,
Vorsitzender der Gründungskommission für das Institut
für Soziologie an der halleschen Universität

Prof. Dr. Dr. h.c. M. Rainer Lepsius, Heidelberg:
„Das Legat zweier Diktaturen für die demokratische Kultur im
vereinigten Deutschland"

Prof. Dr. Karl von Beyme, Heidelberg:
„Die Folgen der deutschen Einigung – Versäumte Reformen?"

Prof. Dr. Wolfgang Zapf, Berlin:
„Zwei Geschwindigkeiten in Ost- und Westdeutschland"

Tag der Wirtschaftswissenschaften (27.10.)

Auf verlorenem Posten?
Perspektiven der ostdeutschen Wirtschaft

Podiumsdiskussion unter der Leitung von Dr. Peter Heimann,
Hauptgeschäftsführer der IHK Halle-Dessau und Prof. Dr. Rüdiger
Pohl, Präsident des Instituts für Wirtschaftsforschung, Halle,
Universität Halle;

Tag der Umweltwissenschaften (28.10.)

Ökologische Sanierung und umweltverträgliche Industrie- und
Landesentwicklung in den neuen Bundesländern

Prof. Dr. Joseph Huber, Halle:
„Das Universitätszentrum für Umweltwissenschaften und
seine Aktivitäten in Forschung und Lehre"

Bundesminster Prof. Dr. Klaus Töpfer, Bonn:
„Unterwegs zum ‚industriellen Gartenreich'?
Aktuelle Aspekte der ökologischen Modernisierung und
Landschaftsentwicklung in den neuen und alten
Bundesländern"

Prof. Dr. Wolfgang Haber, München:
„Industrielandschaft, Kulturlandschaft, Natur. Das
Spannungsfeld zwischen Landesentwicklung und Ökologie"

Podiumsdiskussion zum Thema:
„Das ‚industrielle Gartenreich'.
Ist eine umweltverträgliche Landes- und
Landschaftsentwicklung im Raum Halle-Dessau noch
möglich?"

Festsitzung des Akademischen Senats in Wittenberg (31.10.)

Öffentliche Disputation mit Pfarrer Friedrich Schorlemmer,
Prof. Dr. Rüdiger Pohl, Prof. Dr. Alfred Schellenberger, Prof. Dr.
Hans-Hermann Hartwich, Frau Prof. Dr. Erdmuthe Fikentscher,
Prof. Dr. Wolfhard Kohte, Prof. Dr. Manfred Riedel, Prof. Dr.
Reinhard Kreckel zum Thema:
„Leben ohne Arbeit? – Arbeit als Los?"
Moderation: Rektor Prof. Dr. Dr. Gunnar Berg

2. Wissenschaftliche Tagungen und Symposien der Fakultäten und Fachbereiche

28.-29.1.94   Jahrestagung des Bevölkerungsökonomischen Ausschusses
               (Prof. Dr. Alois Wenig)

4.-5.2.94   IX. Hallesches Symposium zur Frühphase des Herzinfarkts
               (Prof. Dr. Wilhelm Teichmann)

7.-9.3.94   Tagung des Fachverbandes „Polymerphysik" (Prof. Dr. Georg
               Michler)

10.-11.3.94   Abschlußkolloquium des BMFT-Verbundforschungsprojekts
               „Symbiontische Wechselwirkungen zwischen
               Mikroorganismen und Pflanzen
               (Prof. Dr. Günther Schilling)

22.-23.3.94 2 Hochschultagung der Landwirtschaftlichen Fakultät
               (Prof. Dr. Heinz Jeroch)

               25.-26.3.94 Frühjahrstagung der Methodensektion der
               Deutschen Gesellschaft für Soziologie (Prof. Dr. Heinz Sahner)

22.4.94   In situ – Elektronenmikroskopie in der Materialforschung
               (Prof. Dr. Georg Michler)

22.-24.4.94   Arbeitstagung „Regional Development: Glasgow meets Halle"
               (Prof. Dr. Heinz Sahner)

11.-15.5.94   Strafrechtskolloquium „Strafrechtserneuerung nach dem
               Zusammenbruch der kommunistischen Herrschaft"
               (Prof. Dr. Hans Lilie)

26.-28.5.94   Tag der Funktionentheorie
               (Prof. Dr. Bodo Dittmar)

27.-28.5.94   Vom Lutherdeutsch zur Sprache der Wende
               (Prof. Dr. Ingrid Kühn)

24.-25.6.94 Modeling and Data Analysis in Pharmacokinetics and Pharmacodynamics (Prof. Dr. Michel Weiß)

5.-8.7.94 Georg-Forster-Kolloquium des Interdisziplinären Zentrums für die Erforschung der Europäischen Aufklärung (Prof. Dr. Heinz Thoma)

10.-15.7.94 16th International Symposium on the Organic Chemistry of Sulfur – ISOCS (Prof. Dr. Werner Schroth)

8.-10.9.94 12. Vortragstagung der Gesellschaft Deutscher Chemiker „Chemieunterricht und Chemieakzeptanz – Chance und Risiko" (Prof. Dr. Heinz Obst)

13.-15.9.94 Jahrestagung der Gesellschaft für Züchtungskunde/ Gesellschaft für Tierzuchtwissenschaft (Prof. Dr. Gerhard von Lengerken)

15.-17.9.94 Wissenschaftliche Tagung der Wirtschaftswissenschaftlichen Fakultät (Prof. Dr. Alois Wenig, Prof. Dr. Rainer Elschen, Prof. Dr. Wolfgang Lassmann)

19.-24.9.94 Internationales Seminar „NUMDIFF-7" (Prof. Dr. Karl Strehmel)

21.-24.9.94 Hermeneutik-Kongreß „Fremdheit und Vertrautheit. Hermeneutik im europäischen Kontext (Prof. Dr. Rainer Enskat)

23.-27.9.94 Jahrestagung der Deutschen Gesellschaft für Geschichte der Medizin, Naturwissenschaft und Technik (Prof. Dr. Josef Neumann)

27.-29.9.94 Wissenschaftliche Fachtagung „Polymerwerkstoffe '94" (Prof. Dr. Slawejko Marinow)

28.9.-1.10.94 38. Jahrestagung der Gesellschaft für Pflanzenbauwissenschaften (Prof. Dr. Heinz Jeroch)

5.-7.10.94 Jahrestagung der Vereinigung der Deutschen Staatsrechtslehrer (Prof. Dr. Michael Kilian)

6.-8.10.94 Fakultätentag der Theologischen Fakultäten (Prof. Dr. Ernst-Joachim Waschke)

14.-15.10.94 35 Jahre Orthoepieforschung an der Martin-Luther- Universität (Prof. Dr. Eva-Maria Krech)

15.-16.10.94 Internationales Kreislauf-Symposium (Prof. Dr. Jürgen Holtz)

17.-19.10.94 Theologische Woche „Reich Gottes und Utopieverlust" (Prof. Dr. Hermann Goltz)

22.-23.10.94 Vom Augendienst zur modernen Ophthalmologie (Prof. Dr. Manfred Tost)

28.10.94   Jahrestagung der Arbeitsgemeinschaft Sozialwissenschaftlicher
            Institute e.V. (ASI) „Transformationsprozesse in Deutschland"
            (Prof. Dr. Heinz Sahner)

28.-29.10.94   1. Hallesches Thorax-Symposium (Prof. Dr. Heinz Neef)

28.-29.10.94   Zwanzig Jahre Nierentransplantationszentrum in Halle
                (Prof. Dr. Jörg Schabel)

8.-9.11.94   Messung optischer Daten mit dem Lichtmikroskop in der
             Werkstofforschung (Prof. Dr. Georg Michler)

9.11.94   225 Jahre Institut für Zoologie und Zoologische Sammlungen der
           Martin-Luther-Universität (Prof. Dr. Erich Ohmann)

10.-12.11.94   Probleme des kommunikativ-funktionalen
                Fremdsprachenunterrichts (Prof. Dr. Bogdan Kovtyk)

16.-19.11.94   Jahrestagung der Deutschen Gesellschaft zur Erforschung des
                18. Jahrhunderts „Aufklärung und Universität"
                (Prof. Dr. Heinz Thoma)

23.11.94   Wissenschaftliches Kolloquium „60 Jahre Geiseltalmuseum"
            (Prof. Dr. Hartmut Haubold)

29.11.-1.12.94   Zur Ernährung monogastrischer Nutztiere
                  (Prof. Dr. Heinz Jeroch)

3. Veranstaltungen außeruniversitärer Institutionen

12.-15.4.94   27. Jahrestagung der AG „Massenspektroskopie"
               (Prof. Dr. Benno Parthier, BL-Institut für Pflanzenbiochemie)

5.-7.5.94   Jahresversammlung der Hochschulrektorenkonferenz

             Festvortrag von Prof. Dr. Heinrich Ursprung, Zürich:
             „Hochschulen im Wettbewerb"

             Vortrag und Plenardiskussion zum Thema:
             Leistungsbemessung – Leistungstransparenz – Leistungsfolgen.
             Von der Gelehrtenrepublik zum Dienstleistungsunternehmen?"

             Podiumsdiskussion zum Thema:
             „Leistungsorientierte Hochschulorganisation"

             Rede und Gegenrede zwischen Prof. Dr. Michael Daxner,
             Oldenburg und Dr. Milbradt, Finanzminister des
             Freistaates Sachsen:
             „Hochschulen im Wettbewerb um staatliche Ressourcen"

19.-22.6.94   Jahrestagung der Deutschen Forschungsgemeinschaft

               Festvortrag von Prof. Dr. Arnold Esch, Rom:
               „Rom zwischen Mittelalter und Renaissance"

3.-4.11.94   Absolvententreffen des Deutschen Akademischen
              Austauschdienstes

4. Akademische Ehrungen

Preisverleihungen

1.7.94   Anton Wilhelm Amo-Preis:
              Zbigniew Janasz, FB Verfahrenstechnik Merseburg

24.9.94   Dorothea Erxleben-Preis:
              Dr. Barbara Bendas, FB Pharmazie
              Dr. Anette Kreuzfeldt, Medizinische Fakultät

19.10.94   Christian Wolff-Preis:
              Dr. Michael Bergunder, Theologische Fakultät
              Dr. Andreas Löffler, FB Biochemie/Biotechnologie
              Dr. Monika Pless, FB Chemie

30.11.94   Forschungsförderungspreis:
              Doz. Dr. Gunter Reuter und Dr. Rainer Dorn, FB Biologie für
              ihre Forschungen auf dem Gebiet der „Drosophyla-Genetik"

Ehrenpromotionen

– Prof. Dr. Manfred Kirchgäßner, München
(27. Mai 1994)

– Prof. Dr. Hans-Uwe Otto, Bielefeld
(3. Juni 1994)

– Rektor i.R. Pfarrer Karl Scholl, Biederitz
(17. Oktober 1994)

– Prof. Dr. M. Rainer Lepsius, Heidelberg
(26. Oktober 1994)

– Prof. Dr. h.c. mult. Siegfried Hünig, Würzburg
(9. Dezember 1994)

Ehrensenatorwürde

– Dr. Gerhard Holland, Frankfurt am Main
(19. Oktober 1994)

– Dr. Wolfgang Röller, Frankfurt am Main
(19. Oktober 1994)

– Prof. Dr. Hartmut Schiedermair, Bonn
(19. Oktober 1994)

5. Ausstellungen im Jubiläumsjahr der Universität

8.-20.2.94   Buchausstellung „Canadian Studies 1993" in Zusammenarbeit
              mit der Kanadischen Botschaft in Bonn

8.3.-3.4.94   „Die Weiße Rose"
              Der Widerstand von Studenten gegen Hitler München 1942/43

17.3-13.4.94 „Antike Münzen"
              Griechische und Römische Münzen aus der Sammlung im
              Robertinum
              Kabinettausstellung in Zusammenarbeit mit dem Institut für
              Klassische Altertumswissenschaften

14.4.-27.5.94 „Der Brocken und sein Alpengarten"
              Sonderausstellung in Zusammenarbeit der Niedersächsischen
              Staats- und Universitätsbibliothek und des Neuen Botanischen
              Gartens der Universität Göttingen

14.-29.5.94   „Altmärker in Halle – 1844 bis 1994"
              Kabinettausstellung zur Studentengeschichte

24.5.-7.6.94 „Turhan Selcuk – türkische Karikaturen"
              in Zusammenarbeit mit dem türkischen Konsulat in Leipzig

              Große Jubiläumsausstellung
              „300 Jahre Universität Halle 1694-1994
              Schätze aus den Sammlungen und Kabinetten

              1. Ausstellungsort:
30.6.-28.8.94 Prinz Max-Palais in Karlsruhe

              2. Ausstellungsort:
30.9.-31.12.94 Saline-Museum in Halle

              3. Ausstellungsort:
27.6.-30.10.95 Braunschweigisches Landesmuseum in Braunschweig

2.-25.11.94   Fotoausstellung „Deutsche, Europäer und ..."
              Porträtfotografie bedeutender hallescher Persönlichkeiten von Very
              Barth, Halle

8.12.-23.12.94 Scittori per un seculo – Italienische Schriftsteller des 20.
              Jahrhunderts – in Zusammenarbeit mit der Deutsch-
              Italienischen Gesellschaft Halle und dem Romanistischen
              Institut der Universität Halle

23.11.-23.12.94 „Vom subtropischen Urwald zur Bergbaufolgelandschaft" im
              Geiseltalmuseum am FB Geowissenschaften

6. Öffentliche Vorträge

19.5.94   Bundesbankpräsident Dr. Hans Tietmeyer, Frankfurt am Main:
„Währungspolitik in Deutschland und Europa"

18.4.-27.6.94 **Montagsvorträge** (Teil I)
Universitätsgeschichte von den Anfängen bis zur Gegenwart

1. Universitätsgründung aus dem Geist des Naturrechts
Die Frühzeit 1694-1730 (Prof. Dr. Rolf Lieberwirth)

2. Glanz und Elend der „Aufklärungs-Universität"
Die Universität 1730-1806 (Prof. Dr. Monika Neugebauer-Wölk)

3. Halle – eine mittlere Universität der Provinz?
Das 19. Jahrhundert (Prof. Dr. Heinz Kathe)

4. Die Universität am Ende der Weimarer Demokratie und unter der NS- Diktatur, u.b.B. der Geschichtswissenschaften
(Prof. Dr. Walter Zöllner)

5. Wiederaufbau und Umstrukturierung der Universität 1945-1949 (Prof. Dr. Hermann Rupieper)

6. Die Universität im Staatssozialismus der DDR, u.b.B. der Naturwissenschaften (Prof. Dr. Martin Luckner)

7. Die Universität im Umbruch 1989/90
(Prof. Dr. Helmut Obst)

8. Die „Wende" von 1989/90 aus der Sicht der Nicht-Etablierten
(Prof. Dr. Johannes Mehlig)

9. Der Prozeß der Transformation 1990 bis 1993 – eine sozialwissenschaftliche Analyse
(Prof. Dr. Hans-Hermann Hartwich)

10. Die Martin-Luther-Universität im Jubiläumsjahr 1994 – eine Ortsbestimmung in der Gegenwart
(Prof. Dr. Dr. Gunnar Berg)

7.11.94-30.1.95   **Montagsvorträge** (Teil II)
Bedeutende Gelehrte der Universität zu Halle

1. Die Bedeutung A.H. Franckes für die Medizin. Zum Verhältnis von Medizin und Pädagogik in der Frühaufklärung (1633-1727)
(Prof. Dr. Josef Neumann)

2. Seele statt Mechanismus. Medizinische Theorie und Praxis bei Ernst Georg Stahl (1659-1734)
(PD Dr. Ingo W. Müller, Bonn)

3. Johann Christian Reil (1759-1813) und die Physiologie des Seelenlebens
(Prof. Dr. Heinz Schott, Bonn)

4. Die halleschen Anatomen Meckel Vater und Sohn: Genial oder skurril?
(Prof. Dr.Dr. Bernd Fischer)

5. Julius Kühn – sein Leben und Wirken
(Prof. Dr. Hellmut Schmalz)

6. Der kühne Vorstoß ins Undendliche – Georg Friedrich Cantor
(Dr. Kurt Richter)

7. Carl Robert als klassischer Archäologe
(Prof. Dr. Manfred Oppermann)

8. „Gelingt es mir jedoch, auch nur da und dort Hilfe zu bringen, dann habe ich nicht umsonst gelebt".
Wissenschaftler und Arzt Emil Abderhalden in Halle
(Dr. Michael Kaasch)

9. Die Erfindung des Philologen – Friedrich August Wolf und Goethe
(Prof. Dr. Manfred Riedel)

10. Victor Klemperer und die Romanistik
(Prof. Dr. Heinz Thoma)

7. Musikalische Veranstaltungen

8.7.93	Benefizkonzert zugunsten des Jubiläums mit Miriam Eichberger (Flöte)
30.9.93	Benefizkonzert zugunsten des Jubiläums mit Cornelius Claudio Kreusch (Piano)
13.1.94	Benefizkonzert zugunsten des Jubiläums mit Conrad Bauer (Posaune)
23.1.94	Festkonzert anläßlich der Eröffnung des Jubiläumsjahres (Philharmonisches Staatsorchester Halle)
12.4.94	Festliches Konzert anläßlich der Eröffnung der Ersten Akademischen Festwoche (Orchester des Opernhauses Halle)
20.-26.6.94	Festwoche des collegium musicum der Universität
20.10.94	Klanghaus-Projekt (Komponistenverband) im Löwengebäude
30.10.94	Festliches Abschlußkonzert in der Konzerthalle (Philharmonisches Staatsorchester Halle)

8. Theatervorstellungen

13.4.94   Aufführung „Hamlet" von William Shakespeare

1.7.94   Premiere „Die Räuber" von Friedrich Schiller

19.10.94   Gastspiel „Die drei Wunder" von Dario Fo

9. Sonstige kulturelle und sportliche Veranstaltungen

11.4.94   Eröffnung des Informationspavillons

25.5.94   Universitätssportfest

2.7.94   Universitätsstadtfest

29.10.94   Jubiläumsball der halleschen Universität

Exkursionen nach Bad Lauchstädt, in den Wörlitzer Park, nach Merseburg, Wittenberg, Naumburg etc.

Stadtführungen und -rundfahrten durch Halle

10. Studentische (und prostudentische) Veranstaltungen

16.-17.3.94 Hochschulinformationstage mit Informationsveranstaltungen der Fakultäten und Fachbereiche für Gymnasiasten

14.4.94   Studentenfete des Rektors im Turm

18.-21.4.94 Halle life für Gymnasiasten (internationale Gruppen aus Nottingham, Linz, Oulu etc.)

16.-19.5.94 Halle life für Gymnasiasten (Gruppen aus Lehrte und Celle)

29.6.94   Studentenfest auf dem Universitätsplatz

1.7.94   Turmfest anläßlich des Tages der ausländischen Kommilitonen

19.10.94   Feierliche Immatrikulation der neuen Studentinnen

11. Publikationen zum Universitätsjubiläum

Universitätspublikationen

–   Festschrift
    „Aufklärung und Erneuerung. Beiträge zur Geschichte der Universität Halle im ersten Jahrhundert ihres Bestehens (1694-1806)", hg. v. G. Jerouschek und A. Sames, Hanau und Halle 1994

- Jubiläumsband
  „Universitätsjubiläum und Erneuerungsprozeß. Die Martin-Luther-Universität Halle-Wittenberg im dreihundertsten Jahr ihres Bestehens 1994", hg. v. H.H. Hartwich, Opladen 1995

- Montagsvorträg zur Geschichte der Universität Halle, Band 1
  „Von der Gründung bis zur Neugestaltung nach zwei Diktaturen", hg. v. G. Berg u. H.H. Hartwich, Opladen 1994

- Montagsvroträge zur Geschichte der Universität Halle, Band 2
  „Bedeutende Gelehrte der Universität zu Halle", hg. v. H.H. Hartwich, Opladen 1995

- 1. Wittenberger Disputation des Akademischen Senats 1993
  „Bindungsverlust und Zukunftsangst. Leben in der Risikogesellschaft" (Thesenvortrag Ulrich Beck), hg. v. H.H. Hartwich, Opladen 1994

- 2. Wittenberger Disputation des Akademischen Senats 1994
  „Leben ohne Arbeit? – Arbeit als Los? Über die Arbeit àls Erwerb, Tätigkeit und Sinn" (Thesenvortrag Friedrich Schorlemmer), hg. v. H.H. Hartwich, Opladen 1995

- Universitätsführer 1994
  „Martin-Luther-Universität Halle-Wittenberg" Hg. v. Rektor der Universität

- Ausstellungskatalog
  „300 Jahre Universität zu Halle 1694-1994. Schätze aus den Sammlungen und Kabinetten, hg. v. R.-T. Speler, Karlsruhe und Halle 1994

- Graphik-Mappe zum Thema „Aufklärung und Erneuerung" mit fünf Originalgrafiken Hallenser Künstler und dem Jubiläumslogo von H. Brade, hg. Rektorat der Martin-Luther-Universität Halle-Wittenberg 1994

Publikationen der Fakultäten und Fachbereiche

- „Reformation und Neuzeit – 300 Jahre Theologie in Halle"
  hg. v. Prof. Dr. U. Schnelle, 1994

- „225 Jahre Zoologisches Institut und Zoologische Sammlungen"
  hg. vom Institut, 1994

- „Aufhebung der Bipolarität. Veränderungen im Osten, Rückwirkungen im Westen", hg. v. E. Holtmann und H. Sahner, Opladen 1995 (Tag der Sozialwissenschaften)

außeruniversitäre Publikationen (Auswahl)

- „Kurtze Nachricht von der Stadt Halle und absonderlich von der Universität daselbst. Reprintausgabe der Rengerschen Buchhandlung Anno MDCCIX"
  Verlag Werner Dausien, Hanau

– „Halle, alte Musenstadt. Streifzüge durch die Geschichte einer Universität"
Mitteldeutscher Verlag, Halle

– „Die Bauten der Universität Halle im 19. Jahrhundert"
hg. v. Angela Dolgner
fliegenkopf verlag, Halle

– „Universitätsgelehrte in den Straßen von Halle", hg. v. Ingrid Kühn
fliegenkopf verlag, Halle

– „Studentensprache und Studentenlied in Halle vor hundert Jahren.
Nachdruck der Ausgabe Halle 1894"
fliegenkopf verlag, Halle

– „Universitätsstadt Halle. Grafik 1950-1990", hg. v. Ullrich Bewersdorff
Union-Druck GmbH, Halle

4. Teil:
Resonanzen

1. Resumee der Universität

Die Universitätsleitung hat in den Vorbereitungen bald erkennen müssen, daß es für eine „Ost-Universität" der „Provinz" außerordentlich schwer ist, eine überregionale Resonanz auf ihre Aktivitäten zu finden. Daran haben alle Besonderheiten und Positiva der Jubiläumsaktivitäten zunächst einmal noch nicht viel geändert. Erst mittels spezifischer persönlicher Kontakte zu den großen überregionalen Zeitungen sowie durch den Besuch einflußreicher Publizisten, Präsidenten und Politiker in Halle konnte erreicht werden, daß sich diese Zeitungen überhaupt mit der Universität und dann auch ihren Aktivitäten befaßten. Gelegentlich war den dann folgenden Artikeln anzumerken, daß ein von allgemeinen optischen Eindrücken geprägtes Bild Halles und seiner Universität die Bewertung selbst zu beeinträchtigen drohte. Aber dies ist natürlich ein Phänomen, das zu generell gilt, als daß es an dieser Stelle vertieft werden dürfte.

Insgesamt betrachtet geht das Rektorat davon aus, daß die eingangs genannten Ziele erreicht wurden, wenn dies auch gelegentlich schwieriger war, als man es sich vorgestellt hatte. Vor allem war die Resonanz, die persönlich übermittelte Resonanz, der Besucher Halles, der Universität und seines kulturellen Angebots überaus erfreulich. Die lokale Presse und vor allem Halles Oberbürgermeister *Dr. Rauen*, haben die Bemühungen der Universität wesentlich unterstützt. Allerdings blieb nicht aus, daß spezifische und personelle Problem der IM-Stasi-Debatte sowie der handfeste Protest einer Gruppe von Studierenden gegen die studentischen Verbindungen während des Universitätsstadtfestes aus der Sicht der Universität über Gebühr Schlagzeilen machten.

Eingesehen haben die Veranstalter, daß es ihnen nur sehr begrenzt gelungen ist, die Studierenden näher an das Geschehen heranzuführen. Die Ausrufung eines „Dies" anläßlich einer besonderen Jubiläumsveranstaltung hat sich nicht bewährt. Auch die Gremienvertreter der Studierenden im Akademischen Senat äußersten wiederholt ihre Skepsis gegenüber dem Unternehmen. Studentische Aktivitäten, die als Eigenbeitrag zum Universitätsjubiläims betrachtet werden könnten, blieben von Seiten der öffentlichen Studentenvertretungen mit Ausnahme des Tages der Studienreform aus.

Während die Bedeutung der Jubiläumsveranstaltungen für die Integration der neuen Professorenschaft, die zu mehr als einem Drittel aus neu berufenen „West-Professoren" bestand, kaum überschätzt werden kann, blieb die Resonanz im Mittelbau, der sich nach wie vor erheblichen Statusunsicherheiten ausgesetzt sah, verhalten. Auch bedarf der Versuch, die Bevölkerung näher an die Universität heranzuführen, sicher ständiger Wiederholung.

2. Überregionale Presse

Dreihundert Jahre Universität Halle
FAZ 26.1.1994, S. 30

„Was ist Oxford gegen Halle?", wurde während der Auftaktveranstaltung gefragt, mit der die Saalestadt die Feiern zum dreihundertjährigen Bestehen ihrer Universität einleitete. Die Frage war freilich nur im achtzehnten Jahrhundert eine rhetorische, als der **alma mater hallensis** tatsächlich eine Führungsrolle nicht nur in deutschen Landen zukam. Heute vermag sie eher Wehmut auszulösen nach einem fernen Glanz, für den Namen wie der des Frühaufklärers Christian Thomasius oder des Pietisten August Hermann Francke stehen. Vor allem die Frühgeschichte der Universität war es denn auch, die zur Erbauung von den Festrednern heraufbeschworen wurde.

Der Berner Soziologe Walter Rüegg, der über die Mutterrolle der Städte für die europäischen Universitäten sprach, nannte die hallesche Geburt von 1694 recht eigentlich die Folge einer „Vergewaltigung". Nach dem Westfälischen Frieden als brandenburgischer Vorposten in Nachbarschaft zu Leipzig installiert, war die „Academia hallensis" zugleich eine katholische Gegengründung zur Wittenberger Universität, an der schon Martin Luther lehrte. Seit 1817 firmierten die einstigen Rivalen unter dem gemeinsamen Dach einer Universität Halle-Wittenberg, die 1933 den Namen des Reformators annahm. Den zumindest legte sie dann auch als „sozialistische" Universität nicht ab.

Sonst blieb in den DDR-Jahren an der nach Ost-Berlin und Leipzig drittgrößten Universität des Landes so gut wie nichts beim alten. Im Zeitsprung über die letzten vierzig Jahre hinweg, so mochte es zum Auftakt der Jubiläumsfeiern scheinen, sollen nun die ehrwürdigen Traditionen als kraftspendende Wurzeln rekultiviert werden. In der Rede des halleschen Oberbürgermeisters Klaus Rauen konnte das schon einmal die Form einer Geisterbeschwörung annehmen. Mit Blick auf die im vergangenen Jahr wiedergegründete Juristische Fakultät, die mit Hilfe von Göttinger Professoren über den Trümmern der ehemaligen „Sektion Staats- und Rechtswissenschaft" entstand, erinnerte Rauen daran, daß auch vor dreihundert Jahren die Juristen die ersten waren, die in Halle den Vorlesungsbetrieb aufnahmen. Während diese Symbolik still verhallte, brandete spontaner Beifall auf, als sich das Stadtoberhaupt den Bedrohungen zuwandte, die höchst gegenwärtig und substantiell die Hoffnungen der Universität gefährdeten. „Unvernünftig" nannte Rauen in Zeiten der Sparzwänge „Neugründungen auf der grünen Wiese" – womit er auf die seit Oktober vergangenen Jahres in Magdeburg bestehende zweite Universität des Landes Sachsen-Anhalt anspielte, die aus drei ehemaligen Hochschulen entstand. Dem aus der Landeshauptstadt zur Jubiläumsfeier nach Halle angereisten Ministerpräsidenten Christoph Bergner blieb nichts anderes übrig, als die neu entstandenen „Rivalitäten" im jungen „Bindestrich-Land" zur Kenntnis zu nehmen. Ihren Hintergrund machte der Rektor der Martin-Luther-Universität Gunnar Berg deutlich, der vom „Wirtschaftsfaktor für die Region" sprach.

Mit derzeit 11.000 Studenten in sieben Fakultäten haben die Hallenser einen sicheren Vorsprung vor den 7.000 vorwiegend in technischen Fächern Studierenden von Magdeburg. Doch will man in Halle schließlich eine Zahl von 18.000 Studenten erreichen. Die Jubiläumsfeiern, die bis in den Herbst hinein andauern, dürfen daher auch als Werbefeldzug in eigener Sache verstanden werden. So stellen sich etwa bei einem Symposion die sechs an der Universität neugeschaffenen interdisziplinären Zentren vor, darunter das in den berühmten Franckeschen Stiftungen angesiedelte Zentrum für Pietismusforschung. Das Motto über den insgesamt vierzig wissenschaftlichen Jubiläumsveranstaltungen lautet: „Aufklärung und Erneuerung". Es bekundet zugleich die Absicht, über das erneuerte Angebot einer nach wie vor um Akzeptanz ringenden dreihundertjährigen Universität aufzuklären.

Siegfried Stadler

300 Jahre Universität Halle-Wittenberg
Rhein. Merkur, 29.4.1994, S. 14

Einst galt sie als erste Adresse in allen Fragen der Bildung. Heute, nach mehr als vierzigjähriger SED-Mißwirtschaft, ist die Martin-Luther-Universität wieder auf dem Weg, ein zukunftsweisendes Hochschul-Modell aufzubauen

Der Wahrheitssuche verpflichtet

Es muß ein turbulenter Abend gewesen sein, damals vor dreihundert Jahren, als die Studenten zu Halle dem Gründungsvater ihrer Universität ein Dankensständchen brachten. Zumindest bei der Nacht-Music für S. Churfürstl. Durchl., vermerkt der Chronist, ging es „nicht so gar ordentlich" her.

Gleichwohl: Kurfürst Friedrich III. von Brandenburg (nachmals König Friedrich I. in Preußen) ließ prunkvoll feiern. Endlich konnte die Alma mater halensis, deren Gründung er bereits 1691 angeordnet hatte, ihren Vorlesungsbetrieb aufnehmen. Jetzt sollte alle Welt – oder zumindest das gelehrte Europa – erfahren, daß er dem wissenschaftlichen Fortschritt eine Wirkungsstätte bot: eine Reformuniversität den Ideen der Aufklärung verpflichtet. In der Gründungsschrift heißt es denn auch, daß an der Fridericiana nicht mehr nur, wie es der Tradition entsprochen hätte, feststehende Wahrheiten überliefert und interpretiert werden sollten, sondern daß es darum ging, „die Wahrheit zu suchen und für diese Suche vorzubereiten."

Neben den klassischen Disziplinen Theologie, Jura und Medizin wurden deshalb besonders die kritischen und praxisorientierten Fächer gelehrt, also Geschichte und Geographie, Naturrecht und experimentelle Naturwissenschaft sowie die Kameralwissenschaft, die sich mit Verwaltungskunde und Volkswirtschaftslehre befaßte. Der Kurfürst wollte nicht nur gelehrte Magister, sondern vor allem „dem Staate nützliche Beamte" heranbilden.

Dieses hochmoderne Konzept hatte sich weit herumgesprochen. Bei Eröffnung der Universität waren bereits mehr als siebenhundert Studenten eingeschrieben – eine immens große Zahl, gab es doch an den knapp dreißig deutschen Hochschulen insgesamt nur neuntausend Studiosi.

Und die Hallenser Professoren waren erste Garnitur. Schon 1690 hatte der Kurfürst den Naturrechtler Christian Thomasius von der stockkonservativen Universität Leipzig nach Halle geholt. Selbstverständlich, daß er hier seine „Einleitung zu der Vernunft-Lehre" publizieren durfte – die Sachsen hatten die Schrift verboten, weil „darinnen philosophische Lehren in teutscher Sprache tractiret würden".

Und ebenso selbstverständlich galt, daß er Vorlesungen auf deutsch hielt, womit er zum Unbehagen seiner Kollegen schon 1687 begonnen hatte.

Auch der Graecist, Orientalist und Theologe August Hermann Francke war, als er in Leipzig angefeindet wurde, in Halle hochwillkommen, ebenso der Philosoph und Mathematiker Christian Wolff, ein Leibniz- Schüler, der den Sachsen viel zu aufklärerisch dachte. Beide Gelehrte wirkten wie Magnete auf die gebildete Jugend. Hinzu kam die glückliche Wahl des ersten Medizinprofessors, des Arztes und Chemikers Friedrich Hoffmann, der nicht nur durch seine „Hoffmannschen Tropfen" nachhaltiges Ansehen errang.

Die Fridericiana stand bald an der Spitze der deutschen Universitäten. Studenten aus Rußland, Frankreich und Italien wollten an dieser „Zitadelle der Wissenschaftsfreiheit" lernen, und das pädagogische Konzept der 1695 gegründeten „Franckeschen Stiftungen" galt als zukunftsweisend für die schulische und soziale Bildung.

Halles Ruhm erreichte sogar Ghana. Im Jahr 1727 immatrikulierte sich hier (und in Europa überhaupt) der erste Afrikaner: Anton Wilhelm Amo. Der „Schwarze Philosoph" beendete seine Studien in Wittenberg als Magister. Er hielt dort, in Halle und Jena, Vorlesungen, bis er, um weiteren rassistischen Anfeindungen zu entgehen, in seine Heimat zurückkehrte.

Zu der Zeit war in Halle ein unfreier Geist eingekehrt. Friedrich Wilhelm I., der Soldatenkönig, seit 1713 auf dem Thron, hatte Christian Wolff 1723 „bei Strafe des Strangs" außer Landes verwiesen, „weil seine Lehre die Disziplin der Armee untergrabe". Tatsächlich hatte der Rationalist, der schon lange von den Pietisten als „Religionsverächter" diskriminiert wurde, in seinen „Vernünftigen Gedanken von dem gesellschaftlichen Leben der Menschen" (1721) dafür plädiert, Kriege zu vermeiden und Konflikte durch Verhandlungen zu lösen. Erst Friedrich II. (der Große) holte ihn 1740 als Professor des Natur- und Völkerrechts an die Fridericiana zurück.

Bis zur Jahrhundertwende zog sie immer noch mehr Studenten an als andere Hochschulen – durchschnittlich waren tausend Studiosi inskribiert. Später hochberühmte Leute waren darunter, etwa Johann Christoph Adelung und Johann Joachim Winckelmann – und für 1805 und 1806 stehen die Brüder Eichendorff im Matrikel. Zudem ist eine Pioniertat zu vermelden: Im Jahre 1754 wurde in Halle mit Dorothea Christiane Erxleben die erste Frau an einer deutschen Universität zum Doktor der Medizin promoviert.

Dem modernen Geist steht die Universität, die in diesen Tagen ihren dreihundertsten Geburtstag feiert, wieder offen. Nach sechzig Jahren Diktatur – ein Demokratisierungsversuch 1945/46 wurde rasch unterdrückt – übt sie jetzt den freien wissenschaftlichen Diskurs. Dazu gehört, daß die traditionellen Fakultäten und Fachbereiche ohne Ansehen ihres „ökonomischen Nutzens" restituiert beziehungsweise neu aufgebaut wurden. Eine immense Anstrengung, die vor allem für Jura, Wirtschaftswissenschaften, Geschichte, Philosophie und Sozialwissenschaften zu leisten war.

Hinzu kommt, daß Hochschulreform in den jungen Ländern nicht nur eine Neubestimmung von Studieninhalten und ihrer Vermittlung bedeutet; vielmehr mußten gleichzeitig alle Universitätsangehörigen persönlich und fachlich überprüft und bewertet werden. 237 Hallenser Hochschullehrer – darunter alle Vertreter der parteihörigen Rechts-, Wirtschafts- und Gesellschaftswissenschaften – erhielten ein negatives Votum. Nur achtzig ehemalige Wissenschaftler wurden Professoren neuen Rechts, 220 sind noch im Mittelbau, viele auf befristeten Stellen.

Inzwischen sind knapp fünfzig Prozent der für die gesamte Universität vorgesehenen 417 Professuren besetzt – in einer „verträglichen Mischung", so Universitätsrektor Gunnar Berg, von Hochschullehrern aus den alten und den neuen Ländern. Rund ein Drittel Westler, das zeigt die Erfahrung, beleben die akademische Arbeit und halten den sozialen Neid der schlechter dotierten Ost-Kollegen „bedeckt". Querelen wie im benachbarten Leipzig gibt es in Halle nicht.

Der Physiker Gunnar Berg, der am liebsten Philosophie studiert hätte, aber Naturwissenschaften wählte, „weil man da nicht systemkonform sein mußte", wurde erst nach der Wende auf einen Lehrstuhl berufen. Und gleich auch zum Sektionsdirektor gewählt. Im vorigen Jahr akzeptierte er die Wahl zum Rektor. Ein Amt, nach dem er sich nicht gedrängt hat, das er aber mit Mut, Fleiß und äußerster Korrektheit ausübt. Wo nötig, tritt er gegen Wissenschaftsminister Rolf Frick an und rechnet ihm vor, daß er nicht zwei Universitäten aus- und fünf Fachhochschulen aufbauen kann und gleichzeitig die Finanzmittel drastisch reduzieren darf. Er streitet für die Besetzung ausgeschriebener Professuren, fördert aber den Personalabbau in Bereichen, in denen das Verhältnis zwischen Forschungs- und Lehraufgaben und Studentenzahlen nicht stimmt. Er lobt die Disziplin seiner 11.500 Studenten, läßt sie aber auch deutlich wissen, was er von „Herumstudiererei" hält: nichts.

Die Universität Halle, darauf zielt ihre Reform, will sich insbesondere durch innovative Forschung auszeichnen. Den stärksten Impuls erhofft sie sich von der Einrichtung Interdisziplinärer Zentren, von denen sich sechs im Aufbau befinden. Sie sollen „fragmentiertes Wissen hochkompetenter Spezialdisziplinen nutzbar machen für die Bedürfnisse von Gesellschaft, Wirtschaft, Staat und zum Schutz von Natur und Umwelt", so Prorektor Hans-Hermann Hartwich – der Hamburger Politikwissenschaftler lehrt seit 1992 in Halle. Demnächst also werden je ein Zentrum für Pietismus-, Aufklärungs- und Schulforschung, für Materialwissenschaften sowie ein Bio- und ein Umweltzentrum den Weg in die wissenschaftliche Zukunft weisen.

Natürlich möchte Halle wieder eine Spitzen-Universität werden. Sie weiß aber aus Erfahrung, wie unwägbar die Entwicklung verläuft. Schon einmal hat sie den Stab abgeben müssen, weil das geistige Leben andernorts zu pulsieren begann: in Berlin. König Friedrich Wilhelm III. hatte sogar, als Halle von 1807 bis 1817 unter französischer Verwaltung stand, anno 1810 den Verlust durch die Gründung einer neuen Hochschule kompensiert: Name und Programm verbinden sich mit dem des gelehrten Staatsmannes Wilhelm von Humboldt. Halle, seit 1817 mit der nicht mehr funktionsfähigen Universität Wittenberg vereinigt, mußte sich immer mehr bescheiden.

Indes: Ganz vergessen wurde die Alma mater halensis et vitebergensis, wie sie nun akademisch umständlich hieß, vom Landesvater nicht. Friedrich Wilhelm III. bewilligte vierzigtausend Taler für ein neues Universitätsgebäude mit Aula und Hörsälen. 1832 wurde der Grundstein gelegt, zwei Jahre später der spätklassizistische Bau eingeweit – das beengte und auch unwürdige Untermietverhältnis mit der Stadt war beendet. Zuende ging damit auch die Ära der privaten Vorlesungen in den Wohnungen der Professoren. 1868 ließ die Stadt, wenn auch nicht großzügigen Herzens, die beiden gußeisernen Löwen vom Marktbrunnen auf die Freitreppe des Auditoriengebäudes umsetzen – bis heute begrüßen sie von dort die Vorlesungsbesucher. Die anderen Bauten des Universitätsforums entstanden in den zwei Dezennien um die Jahrhundertwende: das Robertinum, das Melanchthonianum und das Thomasianum, ältere Gebäude erhielten eine historisierende Putzfassade.

Wieviel klassizistische Pracht da zusammensteht, ist sehr wohl zu erkennen – trotz Baugerüsten und -lücken. Die Hochschule, die 1933 durch die geschickte Namensänderung in Martin-Luther-Universität (MLU) der Umbenennung durch die Nationalsozialisten zuvorkam, will sich bei der Wiederherstellung nicht von Eile treiben lassen. Daß rasches Umbauen nicht nur viel Kraft fordert, sondern auch nicht immer auf den besten Weg führt, gehört inzwischen zum akademischen Grundwissen – zumindest in den jungen Ländern. Die MLU sollte es nutzen und sich an die Spitze der Reformer setzen. Sie kann vor den westdeutschen Hochschulen universitäre Bildung wieder als Selbstwert anbieten und nicht zuvörderst als Vehikel zur Berufsfindung. Rektor und Kollegium haben das Ziel erkannt. Ihr Entschluß: Klasse statt Masse. Und das heißt maximal 18.000 Studenten. Innovatives gedeiht nun mal besser, wo's klein und fein ist.

Birgitta Mogge

Die Martin-Luther-Universität in Halle wird 300 Jahre alt – ein Grund zum Feiern?
Die Zeit, 21.1.1994, S. 34

Die Lorbeeren der Zukunft

An Christian Thomasius, den geistigen Gründer der Universität, erinnert ein Haufen Schrott – viel mehr ist von den Häusern der Thomasius-Straße in Halle nicht übriggeblieben. Die Dächer sind eingestürzt, die Fenster zertrümmert, die Fassaden vom Gift der Luft zerfressen. Auch das Thomasianum, die Lehrstätte der Juristen, ist heruntergekommen. Seitdem 1945 eine Bombe das Dach getroffen hat, regnet es herein. Seit einigen Wochen jedoch umstellen Baugerüste das Haus, ein neues Satteldach soll vor Regen schützen, die Fassade wird renoviert. Aus gegebenem Anlaß: Die Martin-Luther-Universität Halle-Wittenberg wird 300 Jahre alt. Für kurze Zeit jedoch war die Festvorfreude überschattet: Tausende demonstrierten am vergangenen Donnerstag auf dem Marktplatz in Halle gegen die vermeintliche rechtsradikale Schandtat. Auch wenn der Anlaß von der Rollstuhlfahrerin inszeniert wurde – in Halle schwelt der Neonazi-Terror, in Deutschland ist die Gefahr noch immer akut. Ist das die Kulisse für ein Jubiläum?

Ob es denn überhaupt einen Grund zum Feiern gebe, fragt sich auch der Rektor der Universität Gunnar Berg. Rund 1,6 Millionen Mark kosten die Festreden, Symposien, Ausstellungen und Konzerte, die am Sonntag beginnen und sich über das ganze Jahr verteilen (die Universität Heidelberg gab für ihre 500-Jahr-Feier mehr als zehn Millionen Mark aus). Ja, meint Berg, man könne feiern, aber dürfe sich nicht nur „auf den Lorbeeren der Vergangenheit" ausruhen; vielmehr solle die Feier künftige Entwicklungen aufzeigen und den Hallensern ihre Universität näherbringen.

Die Lorbeeren der Vergangenheit. Als der Naturrechtler Christian Thomasius (1655 bis 1728) vor 300 Jahren seine Antrittsvorlesung hielt, raubte er der Wissenschaft ihre Geheimsprache: Statt auf lateinisch hielt er die Vorlesung als erster deutscher Wissenschaftler in seiner Muttersprache; seine Ideen sollten weite Verbreitung finden. Unter seiner Ägide wurde Halle zum Zentrum der Aufklärung, die Universität war eine der modernsten in Deutschland. Hier konnte der Theologe und Pietist August Hermann Francke (1663 bis 1727) seine fortschrittlichen sozialen Ideen verkünden und eine Armenschule gründen, hier konnte Dorothea Christiane Erxleben 1754 als erste Frau einen Doktortitel (Medizin) erringen. In der ersten Hälfte des 18. Jahrhunderts war Halle Trutzburg der Rebellen und Reformer.

Lorbeeren welken. „Weder die einen noch die anderen hätten hier zu SED-Zeiten überleben können", sagt der Indologe Johannes Mehlig. „Achtzig Prozent der Professoren waren Parteimitglieder, fast alle waren dem Regime treu. Entweder waren sie intelligent und linientreu – dann waren sie nicht ehrlich. Oder wie waren ehrlich und linientreu – dann waren sie nicht intelligent." Mehlig selbst haßte das System. Den größten Teil seiner akademischen Laufbahn verbrachte er in politischer Abstinenz und innerer Emigration und nahm in Kauf, im Mittelbau der Universität zu versauern. Nach dem Prager Frühling verbot man ihm sogar zu publizieren, denn er schreibe die Sprache des Klassenfeindes. Zehn Jahre später jedoch waren ideologische Bedenken auf einmal zweitrangig: Jetzt sollte Mehlig veröffentlichen, denn seine Bücher („Weisheit des alten Indien", „Ozean der Erzählungsströme") wurden auch im Westen verlegt und brachten Devisen. Mit der Wende wurde Mehlig im Neuen Forum und bei der Erneuerung der Universität aktiv. 1992 schließlich, im Alter von 64 Jahren, ereilte ihn der Ruf zum ordentlichen Professor – eine späte Karriere.

Die Karriere vieler anderer Kollegen hingegen ist beendet. Die Rechts-, Wirtschafts- und Gesellschaftswissenschaften wurden gleich nach der Wende abgewickelt und etwa 100 Professoren und Dozenten entlassen. Die restlichen 450 Mitglieder der Lehrstühle mußten sich vor ostdeutsch besetzten Personalkommissionen politisch und moralisch verantworten – 147 von ihnen wurde dabei ihre Regimetreue zum Verhängnis, sie mußten die Universität verlassen. Von den restlichen 300 ehemaligen Professoren und Dozenten haben nur etwa 80 den Sprung geschafft und wurden Professoren neuen Rechts. Die anderen 220 Wissenschaftler bleiben, wenn sie Glück haben, im Mittelbau hängen, vielen steht jedoch die Entlassung bevor. „Bei diesem ganzen Verfahren sind auch hervorragende Wissenschaftler auf der Strecke geblieben, die heute resigniert haben und sich in ihr Schneckenhaus verkriechen", sagt Angela Biege, Dozentin am Institut für Sprachwissenschaft und Phonetik. „Und manche Westprofessoren, die nach Halle berufen werden, sind nicht gerade erste Wahl."

Vorbehalte auf beiden Seiten. Noch immer prallen bei der Begegnung von Ost und West Welten aufeinander. Zu schmerzlich war der radikale Neuaufbau. „Viele haben das nicht verkraftet", sagt Mehlig. „Die Psychiatrie hat hier alle Hände voll zu tun." Auch viel Unrecht sei geschehen. An dem Mediziner Eckhard Ulrich habe man Rufmord begangen. Er wurde öffentlich beschuldigt, für die Stasi gearbeitet zu haben – tatsächlich aber hatten die Akten der Gauck-Behörde Ulrichs Unschuld bewiesen. Zu spät. Seelisch zerrüttet nahm er sich im Frühjahr 1992 mit Tabletten das Leben.

Die Neugestaltung ist noch nicht beendet. Der aufgeblähte Personalapparat der Universität soll schrumpfen, bis Ende 1995 müssen noch etwa 800 Assistenten, Techniker und Handwerker entlassen werden (bei einem Jahresetat von 270 Millionen Mark verschlingt allein das Personal der Universität 225 Millionen). Derweil laufen die Berufungen der neuen Professoren auf Hochtouren. Inzwischen sind sieben Fakultäten mit rund 80 Studiengängen entstanden. 11.500 Studenten haben sich eingeschrieben. Wie üblich versprechen sie sich von Jura und Betriebswirtschaft die besten Karrierechancen; daher müssen sie sich auch wie an westdeutschen Universitäten durch überfüllte Vorlesungen und Seminare quälen. In den

anderen Fächern hingegen sind die Zustände oftmals paradiesisch: Hauptsemina-
re in den Geisteswissenschaften haben selten mehr als zwanzig Teilnehmer, die
Bibliotheken der Fachbereiche sind modern und üppig bestückt.

Dennoch haben sich bisher nur 450 westdeutsche Studenten eingeschrieben.
Einer von ihnen ist Patrick Hilbrenner; weil es die zentrale Vergabestelle für Stu-
dienplätze so wollte, hat es den 25jährigen Medizinstudenten nach Halle verschla-
gen. Inzwischen kann er sich sogar vorstellen, in dieser Stadt eine Praxis aufzuma-
chen. So schlimm, wie viele Westler dächten, sei Halle gar nicht. Geschmackssache.
Bis in den letzten Winkel ist diese Stadt morbide, die verfallene Pracht macht Geschichte lebendig. Zahllose Baukräne ragen aus den Ruinen und weisen in die Zukunft. Seitdem die Chemiefabriken Buna und Leuna stillgelegt wurden, ist der be-
stialische Gestank verweht, der die Hallenser jahrzehntelang mit Atemnot und
Asthma peinigte. Nun, meint Hilbrenner, könne man in Halle leben. Immerhin
muß er sich achtzehn Wohnheim-Quadratmeter mit einem Kommilitonen teilen –
in einem Wohnheim, das ebenso heruntergekommen ist wie der Rest der Stadt.
Zwanzig Millionen Mark wären nötig, um die Studentenbuden zu sanieren, drei
Millionen stehen dem Studentenwerk in diesem Jahr zur Verfügung. Andere Zimmer sind in Halle kaum zu haben.

Die rund 2.000 Studiosi, die Anfang des 18. Jahrhunderts in Halle ein Zimmer
suchten, hatten weniger Probleme – viele Hallenser boten Zimmer zur Untermiete,
die „Schlummer-Wirtin" war eine feste Institution. Und das, obwohl „Schlägereien,
Tumulte und andere Unordnungen" unter Studenten alltäglich waren, wie es in
der Dreyhaupt-Chronik von 1750 heißt. Mehrfach stürmten die Studenten das
Hauptgebäude der Universität; 1704 hatten sie „die Fenster eingeworffen, und mit
geladenen Pistolen hinein geschossen".

Als die Studenten im Dezember 1993 das Rektorat besetzten, ging es ruhiger
zu – nach zwei Stunden friedlicher Blockade zogen sie wieder ab. Es war der ver-
spätete Protest gegen eines der schärfsten Hochschulgesetze in Deutschland, das
zwei Monate zuvor in Kraft getreten war. Vier Jahre Regelstudienzeit sind eingeführt, und mit dem Paragraphen 76 krönt ein echter Clou reaktionärer Gesinnung
das neue Gesetz: „Das Ministerium wird ermächtigt, Aufgaben, Rechte und Pflich-
ten der Studentenschaft, die Wahl und die Tätigkeit ihrer Organe (...) durch Verordnung zu regeln." Dies sei eine Knebelung mündiger Studenten, empört sich
Ulrich Decker, der Vorsitzende des StudentInnenrats. Im Ministerium kalkulierte
man mit dem, was auch Decker seinen Kommilitonen bescheinigen muß: „Viele
Studenten haben noch eine DDR-Mentalität – sie mucken nicht auf." Wichtiger als
die Hochschulpolitik ist ihnen die Sorge um ihre ungewisse Zukunft.

Und die Lorbeeren der Zukunft? Die Universität Halle solle „klein, aber fein"
bleiben, mehr als 18.000 Studenten könne sie nicht verkraften, meint der Hamburger Politologe Hans-Hermann Hartwich, der als Prorektor für Strukturerneuerung
die Reform der Universität emsig vorantreibt. Es sei gelungen, „innovative Gei-
ster" nach Halle zu berufen, Interdisziplinarität werde künftig großgeschrieben.
„Man kann hier wunderbar gestalten. Die Menschen sind offen, und es bestehen
nicht so schreckliche Mauern wie zum Beispiel in Hamburg. Hier tut sich was."

                                                                                          Oliver Junker

300 Jahre Universität Halle-Wittenberg
SZ, 13.4.1994, S. 11

Die neue Geburt der Alma mater

**Im Jubiläumsjahr will die nach Martin Luther benannte Hochschule
ihren Lehrbetrieb reformieren**

Die Mutter ist bekannt. Sie kann den wachsenden Bauch nicht leugnen. Aber wer
ist der Vater? Wird es eine glückliche Geburt sein, unterstützt von einer qualifizierten Hebamme?

Das Kind wird von örtlichen Gelehrten, obwohl noch im **status nascendi,** gerne
selbst als „nährende Mutter", als „Alma mater" bezeichnet: die Martin-Luther-
Universität Halle-Wittenberg. Sie feiert jetzt mit einer Akademischen Festwoche
ihren 300. Geburtstag und gibt im Jubiläumsjahr doch reichlich Anlaß zum Nachdenken über ihre erneute Geburt.

Als Mütter der Universitäten, erklärte der Schweizer Hochschulforscher Professor Walter Rüegg in einem Vortrag anläßlich des hallischen Jubiläums, ließen
sich unschwer die Städte ausmachen. Wenn auch gerade im Fall Halles die Mutterrolle nicht freiwillig, sondern eher als Ergebnis einer Vergewaltigung zustande
gekommen sei; die Stadtbehörden hätten nämlich zu Beginn mehr auf die Kosten
als auf den vielfältigen Nutzen einer solchen Einrichtung gesehen. Erbittert wei-
gerte man sich daher beispielsweise, das städtische Waagehaus kostenlos als Vor-
lesungssaal zur Verfügung zu stellen. Heute ist das Verhältnis zwischen Stadt und
Universität erheblich besser.

Als größter Arbeitgeber wird sie auch von den Stadtoberen geschätzt. Außerdem poliert sie das Negativimage auf, das Halle selbst bei der eigenen Bevölkerung hat. Nicht einmal jeder zehnte Bürger hält seine Stadt für modern, nur jeder
fünfte sieht in Halle „zunehmend eine Stadt mit gesunder Umwelt". Das Attri-
but „gepflegt" nehmen gar bloß knapp drei Prozent der Hallenser in den Mund,
wie eine repräsentative Meinungsumfrage des Instituts für Soziologie der Universität im vergangenen Jahr gezeigt hat. Im krassen Gegensatz dazu sind sich drei
von vier Bewohnern einig, daß Halle „eine bedeutende Hochschul- und Universitätsstadt" ist.

Berühmte Lehrer

Die Ermittlung des Vaters der „Alma mater" gestaltet sich indes nicht ganz so ein-
fach – heute wie schon vor 300 Jahren. Der brandenburgische Kurfürst Friedrich
III. ordnete 1691 die Gründung der Universität an und weihte sie 1694 persönlich
ein. So trug sie auch bis ins Jahr 1933 als „Academia Fridericiana" seinen Namen.
Unter den geistigen Vätern der jungen Universität finden sich Namen berühmter
Hochschullehrer. Christian Thomasius etwa, Jurist und Philosoph, aus Leipzig
vertrieben und seit 1690 in Halle tätig. Er erfreute sich größten Zulaufs aus allen
Bevölkerungsschichten, nicht zuletzt da er als einer der ersten Professoren auf
deutsch dozierte und nicht – wie damals üblich – auf lateinisch. Zur gleichen Zeit
lehrten Christian Wolff, ein Mathematiker und Philosoph von europäischem Rang,
und August Hermann Francke. Der Theologieprofessor und Pastor Francke begründete den hallischen Pietismus als Gegenbewegung zur damaligen Erstarrung
in den katholischen wie auch den reformierten Kirchen. Und das nicht nur *ex*

catedra, sondern auch voller Drang, das Gelehrte in die Tat umzusetzen. Davon zeugen noch heute die Franckeschen Stiftungen mit Waisenhaus und Lehr- und Erziehungsanstalten.

Gerade auch die von Francke eröffnete Möglichkeit für mittellose Kinder und Jugendliche, höhere Schulen und schließlich die Universität zu besuchen, haben die hallische Hochschule bereits kurz nach ihrer Gründung zur größten Deutschlands gemacht. Erst 1817 wurde die Universität mit der in Wittenberg vereinigt. Auf dem ganzen Kontinent galt sie zudem als eine der ersten Adressen in allen Bildungsfragen. Im Mittelpunkt stand eben nicht die Unterordnung unter herrschende Dogmen, sondern es ging um „Aufklärung und Erneuerung". So lautet jetzt auch das Jubiläumsmotto. Doch können und wollen die heutigen Väter diesen hehren Anspruch auch im Alltag umsetzen?

An der MLU, wie sie sehr zum Mißfallen einiger Alteingesessener abgekürzt wird (verband man mit M und L in der DDR doch vor allem Marxismus-Leninismus) verteilen sich derzeit rund 11.300 Studierende, 6.500 Mitarbeiter und 200 Professoren auf 19 Fachbereiche. Das ist ein bundesweit gängiges, aber nicht gerade innovatives Strickmuster des Forschungs- und Lehrbetriebs. Angespornt durch den Willen zur Erneuerung rang sich vor einem Jahr der Senat der Universität zur Einrichtung **Interdisziplinärer Wissenschaftlicher Zentren** durch, deren sechs jetzt im Aufbau sind.

Der „Motor" der Reform, Professor Hans-Hermann Hartwich, ein 1992 aus Hamburg an die Saale gewechselter Politikwissenschaftler, äußerte sich im Januar eingehend über die geplante Neuorganisation: „Das ist der Grundgedanke der Bildung von Interdisziplinären Zentren und Vernetzungen: Die Suche nach problemadäquaten institutionellen Bündelungen in der Universität, die fragmentiertes Wissen hochkompetenter Spezialdisziplinen nutzbar machen für die Bedürfnisse unserer Gesellschaft, Wirtschaft, Staat, für die Menschen und zum Schutze von Natur und Umwelt." Es geht also hinaus aus dem Elfenbeinturm? Ein Zentrum für Pietismusforschung und eins für Aufklärungsforschung, daneben Schulforschung und Materialwissenschaften, schließlich Biozentrum und Umweltzentrum: das klingt eher nach einem Brückenschlag zwischen der Aufarbeitung hallischer Wissenschaftsleistungen und der Orientierung an Zukunftsthemen. Ohne Zweifel ist dies ein mutiges Unternehmen. In den nächsten Monaten wird sich zeigen, ob das Team um Universitätsrektor Gunnar Berg – der Physiker war mangels politischer Linientreue erst nach dem Zusammenbruch der DDR zu professoralen Ehren gelangt – mit den geplanten Zentren die Weichen zur Erneuerung richtig gestellt hat.

Knapp 50 Prozent der geplanten 416 C-Stellen der Universität sind schon mit den „Professoren neuen Rechts" besetzt. Das sind mehrheitlich ostdeutsche Wissenschaftler, denen in den internen wissenschaftlichen Personalkommissionen ein positives Votum gegeben wurde. Bisher hat die Universität bis zu 35 Prozent westdeutsche Professoren in ihre Reihen aufgenommen. Es handelt sich entweder um junge Wissenschaftler, die erst am Beginn ihrer Karriere stehen, oder aber um alte Hasen, die dem Reiz eines Neuanfangs erlegen sind. Dabei müssen alle damit rechnen, daß ihnen sehr genau auf die Finger gesehen wird. Denn da sind sich der Physikstudent Klaus-Dieter Schicke und der Historiker Jens Stiehler vom StudentInnenrat einig: in Einzelfällen habe man auch eine „Entsorgung von kritischen Leuten per Rausschmiß" beobachten können.

Mehr Wahlfreiheiten

Insgesamt sehen die beiden Studentenvertreter aber durchaus positive Seiten in dem Umbruch. Das Studium lasse jetzt mehr Wahlfreiheiten und sei besser strukturiert als früher. Im Freizeitbereich werde mehr geboten, und zwar noch zu erschwinglichen Preisen, wofür nicht zuletzt auch die selbstverwalteten Studentenklubs, eine Besonderheit ostdeutschen Studentenlebens, sorgen. Sogar die im Westen vielbeklagte Wohnungssituation ist ihrer Meinung nach akzeptabel. Etwa 10.000 Wohnheimplätze existieren in Halle, Merseburg und Köthen, das heißt, fast für jeden Studenten steht ein Platz zur Verfügung. Große Ansprüche an Komfort darf man freilich nicht haben.

Einen Wermutstropfen gibt es nach Meinung der Studenten aber doch in der Mixtur der neuen Strukturen: das Landeshochschulgesetz Sachsen-Anhalts vom Oktober 1993. Von den Empfehlungen einer ministerialen Kommission ist dort die Rede, deren Umsetzung die Landesregierung „zur fachlichen Ausrichtung in Forschung, Lehre und Studium" (§ 5,3) anordnen kann -adieu universitäre Selbstverwaltung. Auch die verfaßte Studentenschaft soll durch eine Verordnung des Wissenschaftsministeriums reglementiert werden. „Das Ziel ist, auf dem kalten Weg studentische Interessenvertretung totzustellen", kritisiert Schicke.

Die Hebamme Staat überschreitet aber mit den von studentischer Seite beklagten gesetzgeberischen Aktivitäten nicht nur ihren Aufgabenbereich der Geburtshilfe. Sie droht gerade durch die schwer durchschaubare Finanzpolitik, ihren fortschrittlichsten Patienten zu vernachlässigen. Die Erneuerung der Martin-Luther-Universität sowie der gleichzeitige Aufbau einer Uni in Magdeburg und weiterer fünf Fachhochschulen überfordern den Staatssäckel und gehen vor allem zu Lasten des Jubilars. Schlimmstenfalls wird so die Totgeburt einer ganzen Kinderschar verursacht.

Michael Ruhland; Mitarbeit: Franz Barjak

Die Autoren

Prof. Dr. phil. **Walter Rüegg**, 1918, Professeur émérite, Université de Berne, Schweiz, 1965-70 Rektor der Universität Frankfurt am Main; Soziologie, Humanismusforschung. 1991: A history of the universities in Europe. Herausgeber einer großen Publikationsreihe über die Geschichte europäischer Universitäten.

Prof. Dr. phil. **Alfred Grosser**, 1925, Professeur émérite an der Sorbonne, Institut d'études politiques, Paris, geb. in Frankfurt/M., Emigration, 1937 französische Staatsbürgerschaft, 1975 Friedenspreis des deutschen Buchhandels „als Mittler zwischen Franzosen und Deutsche, Ungläubigen und Gläubigen, Europäern und Menschen anderer Kontinente", 1993: Mein Deutschland, Hamburg.

Prof. Dr. phil., Dr. h.c. mult., **Hans Maier**, 1931, o. Professor für Christliche Weltanschauung, Religions- und Kulturtheorie an der Universität München seit 1988. 1970-86 Bayerischer Kultusminister. 1976-88 Präsident des Zentralkomitees der Deutschen Katholiken. 1962 Habilitation in Politikwissenschaft mit einer Schrift über die ältere deutsche Staats- und Verwaltungslehre. 1962-87 Ordinarius für Politikwissenschaft in München.

Prof. Dr. rer. nat., Dr. h.c. mult. **Hans Mohr**, 1930, Vorstand der Akademie für Technikfolgen-Abschätzung, Bereich Biochemie/Ökologie in Stuttgart. 1960 o. Universitätsprofessor für Freiburg/Breisgau, Forschungsschwerpunkte Photomorphogenese, Umweltbelastung, evolutionäre Ethik. Mitglied der „Leopoldina" (seit 1966) und der Heidelberger Akademie der Wissenschaften (seit 1982).

Prof. Dr. phil., Dr. h.c. **Manfred Riedel**, 1936, seit 1993 Universitätsprofessor für Philosophie an der Martin-Luther-Universität Halle-Wittenberg. Ab 1970 o. Professor für Philosophie an der Universität Erlangen-Nürnberg. 1990 italienischer Nietzsche-Preis. Vorsitzender der Martin-Heidegger-Gesellschaft seit 1991.

Prof. Dr. rer. pol. **Wolfgang Schluchter**, 1938, o. Universitätsprofessor für Soziologie an der Universität Heidelberg seit 1976, 1973-76 Professor an der Universität Düsseldorf. Seit 1986 Visiting Professor an der Universität Berkely, Californien. Forschungsschwerpunkt: Max Weber. 1991 Hochschulstrukturkommission des Landes Sachsen-Anhalt. 1991-93 Gründungsdekan für Soziologie und Politikwissenschaft an der Universität Leipzig.

Prof. Dr. rer. pol. **Hans-Hermann Hartwich**, 1928, seit 1973 Universitätsprofessor für Politikwissenschaft, Schwerpunkt Regierungslehre, an der Universität Hamburg, 1970 o. Universitätsprofessor an der FU Berlin. 1991/92 Gründungsdekan für Politikwissenschaft und Philosophie an der Martin-Luther-Universität Halle-Wittenberg. 1992-95 Universitätsprofessor für Regierungslehre und Policy-Analysis in Halle. 1992-94 Prorektor für Strukturreform und Entwicklungsplanung der Martin-Luther-Universität.

Prof. Dr. rer. nat. et Dr. Ing. **Gunnar Berg**, 1940, Universitätsprofessor für Experimentelle Physik an der Martin-Luther-Universität Halle-Wittenberg und Rektor der Universität für die Amtsperioden 1992-94 und 1994-96. Promotion zum Dr. Ing. an der Bergakademie Freiberg, Habilitation in Physik in Halle. Vorstandsmitglied der Deutschen Physikalischen Gesellschaft.